皮拉罕人的家庭。

在维系人身安全、狩猎和采集食物等诸多方面，皮拉罕人十分依赖社会关系。

婚姻也没有仪式，只要同居，两人就是伴侣。

穿着裙子的妇女，以及赤身裸体的孩子。

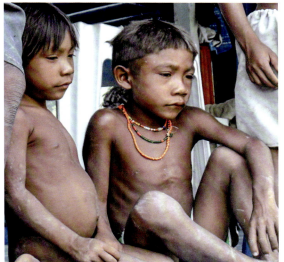

皮拉罕儿童。

皮拉罕人关爱彼此，照顾彼此。

皮拉罕人从不意志消沉。

皮拉罕人并不排斥与陌生人的接触。

皮拉罕人用河流来辨别方向。

船是皮拉罕人唯一的交通工具。

村里的男孩喜欢飞机。

我带来了上发条的录音机，并且教皮拉罕人怎么使用。

皮拉罕人的话语体系是向内交流，只拥抱不会挑战皮拉罕人观念的话题。

整整 8 个月的时间，没有一个皮拉罕人学会从 1 ~ 10 的数字。

皮拉罕人不相信细菌的存在。

对皮拉罕人而言，项链的装饰作用是次要的，它的主要目的是辟邪。

皮拉罕语虽然没有递归，却拥有许多生动的故事。

马代拉河，世界上第 2 长的支流（仅次于密苏里河），流量位居世界第 5 位，河盆面积 3 倍于法国国土。

亚马孙流域里常见的三层甲板船。

河边一所典型的皮拉罕房子。

用来遮阳的棕榈房，经不住风暴的吹打。

较为坚固的女儿房，皮拉罕人在里面睡觉休息。

消失或出现的本身才是皮拉罕人感兴趣的地方。

皮拉罕人给了我们一个机会去探索，没有公平、正义和罪恶等绝对真理，人生会有怎样的可能。

［美］丹尼尔·L. 埃弗里特　◎著
（Daniel L. Everett）

潘丽君　◎译

亚马孙深处的奇幻蘑菇

与语言学家同行，采集皮拉罕族的幸福智慧

Don't Sleep, There Are Snakes

Life and Language in the Amazonian Jungle

中国科学技术出版社
·北 京·

本书中文简体字版通过 **Grand China Publishing House（中资出版社）** 授权中国科学技术出版社有限公司在中国大陆地区出版并独家发行。未经出版者书面许可，不得以任何方式抄袭、节录或翻印本书的任何部分。

北京版权保护中心引进书版权合同登记号　图字：01-2024-2659

图书在版编目（CIP）数据

亚马孙深处的奇幻蘑菇：与语言学家同行，采集皮
拉罕族的幸福智慧 /（美）丹尼尔·L. 埃弗里特
(Daniel L. Everett) 著；潘丽君译 . —— 北京：中国
科学技术出版社，2025. 1. —— ISBN 978-7-5236-0984-2

Ⅰ . K777.8

中国国家版本馆 CIP 数据核字第 20242578CQ 号

执行策划	黄　河　桂　林	
责任编辑	申永刚　王双双	
策划编辑	申永刚	
特约编辑	郎　平	
封面设计	东合社	
版式设计	孟雪莹	
责任印制	李晓霖	

出　　版	中国科学技术出版社
发　　行	中国科学技术出版社有限公司
地　　址	北京市海淀区中关村南大街 16 号
邮　　编	100081
发行电话	010-62173865
传　　真	010-62173081
网　　址	http://www.cspbooks.com.cn

开　　本	787mm×1092mm　1/32
字　　数	256 千字
印　　张	12
版　　次	2025 年 1 月第 1 版
印　　次	2025 年 1 月第 1 次印刷
印　　刷	深圳市精彩印联合印务有限公司
书　　号	ISBN 978-7-5236-0984-2/K·456
定　　价	89.80 元

致中国读者的信 🔥

　　一万年前，穿过现已沉降为海的白令陆桥，智人从中国的某一地方如潮水般迁入美洲，成为美洲原住民。皮拉罕人是这支迁移大军中的原初成员，他们的文化语言极具特色。偶尔看到巴西华人，皮拉罕人会意识到彼此的相似之处，说他们看上去就像兄弟。现代皮拉罕人的祖先曾经也生活在中国这片土地上，我期待在读到他们的故事时，中国读者会享受这一过程。

丹尼尔·L. 埃弗里特

Don't Sleep, There Are Snakes

Don't Sleep, There Are Snakes

―――――――

本书记录的是发生在过去的事，
但生活是关于当下与未来的。

谨以此书献给我的爱人
琳达·安·埃弗里特（Linda Ann Everett），
感谢她一直以来的支持和鼓励。

爱，是人世间最美好的事。

―――――――

本书赞誉

Don't Sleep,
There Are Snakes

张继焦

国际人类学与民族学联合会副主席、中国社科院民族学与人类学研究所民族社会研究室主任

文化无所谓先进、落后，每个民族的文化都有相对的价值。了解异文化的意义，不但在于知晓外族文化之形式和内容，而且在于以此为镜，反观本民族文化的内涵和真谛。

爱德华·吉布森（Edward Gibson）
麻省理工学院认知科学教授

丹尼尔·L. 埃弗里特是我见过的最有趣的人。该书是他和皮拉罕人共同生活的故事，非常精彩。同时，他对皮拉罕人语言和文化的观察，以及得出的结论也令人大惊。无论他的假设是对还是错，埃弗里特已促使许多研究者重新评估文化、语言和认知关系的基本假设。

约翰·赛尔 (John Searle)

美国人文科学院院士，清华大学、华东师范大学荣誉客座教授

该书非常出色。首先，这是一部自传，记述了作者与亚马孙河丛林中的皮拉罕人的共同经历，非常有感染力。其次，这是一个记录皮拉罕人生活的通俗民族志，非常出色。最后，也许是最重要的一点，关于皮拉罕语，作者收集的资料和得出的结论与当代流行的正统语言学理论背道而驰。如果他是对的，那么他将改变我们对人类语言的认知。

《时代》周刊

一个麦茨河两岸关于语言和信仰的故事……值得一读。

《科学》

生动而迷人。对于那些很少接触田野调查的读者来说，该书会让他们感受到语言学和语言研究中的狂热。

《新科学家》

既非常有趣，又让人深深感动。

《独立报》

注定会成为通俗民族志的经典之作。

《亨茨维尔时报》

引人入胜，讲述了一个基督徒"皈依"的故事，并为我们传播了亚马孙印第安人如何认识世界的知识。

《明尼阿波利斯星坛报》

在亚马孙丛林中，皮拉罕人依靠采摘和狩猎为生。该书深入他们的生活之中，讲述了一个迷人的故事。

《人物》

一部精神上的冒险故事，满分好评。

《芝加哥论坛报》

在人类学、语言学和心理学的交汇之处，埃弗里特扔下了一颗炸弹。

《克利夫兰老实人报》

引人入胜……展现出作者极佳的品质：坚韧，有洞悉力，幽默而谦卑。

《哈泼斯杂志》

《亚马孙深处的奇幻蘑菇》让热带雨林听起来像一个奇幻的蘑菇。

Don't Sleep,
There Are Snakes

*Life and Language
in the Amazonian Jungle*

本书涉及的皮拉罕语

Don't Sleep,
There Are Snakes

尽管皮拉罕语（Pirahã Language）是已知语言中语音数量（音位）最少的，但它的发音仍有一定难度。我在此略述，希望能给读者提供些微帮助。以下是皮拉罕语发音的一些基础指南，这些标记，是我和两位深入亚马孙流域传教的前辈——阿洛·海因里希斯（Arlo Heinrichs）和史蒂夫·谢尔登（Steve Sheldon）一起为皮拉罕语研究开发出来的。

b 位于首字母时发 mama（妈妈）中的 m；介于元音字母 i 和 o 之间时，则要抖动嘴唇发颤音（就像有些美国小孩模仿汽车发动的声音）；除此之外，一律发 baby（婴儿）中的 b。

g 位于首字母时发 no（不）中的 n；介于元音字母 o 和 i 之间时，则直接发成 g（例如 xibogi，牛奶）或是接近 like 中的 l 的音（这种发音在其他语言中是没有的，要先发 l 的音，然后伸出舌头让它置于双唇之间，并碰到下嘴唇）；除此之外，则发 god（上帝）中的 g。

p 发 pot（盆）中的 p。

t 发 tar（柏油）中的 t。

k 发 skirt（裙子）中的 k。

x 是个声门塞音。其发音就像是英语中以 uh-uh 表示否定意见时，中间的那个音节（即横线"-"代表的音节）。这不是一个完整独立的辅音，也不会出现在英语字母表中。在国际音标中用符号 / 代表。

s 发 sound（声音）中的 s；但当 s 在 i 之前时，发 sugar（糖）中的 sh。

h 发美式英语中 here（这里）中的 h。

i 通常发 hit（打）中的元音 i，但偶尔会发 bed（床）中的元音 e；在少数情况下，也会发 bread（面包）中 ea 的音。

a 发英式英语中 father（父亲）的长元音 a。

o 通常发 who（谁）中的元音 o，不过偶尔也会发 abode（住所）中的元音 o。

重音符（ˊ）代表高音调，通常写在元音上方。如果元音上方没有该符号，则表示低音调。以 PERmit（重音在前，名词，意为许可证）和 perMIT（重音在后，动词，意为许可）为例，大写的字母表示高音调。在皮拉罕语中，每个元音都有相应的音调，至于是高音还是低音，则取决于单词在句子中的位置和功能。

在书中许多地方，我尝试着把皮拉罕语翻译成地道的英语。但这样做的结果，却偏离了皮拉罕人使用语言的真实状况。例如，许多英语翻译都会用到关系从句，但这些在皮拉罕语中却并不存在。对皮拉罕语的语法感兴趣的人，可以仔细阅读本书中皮拉罕人的故事，或是参考我所写的其他几本关于皮拉罕语的语言学著作，如

《亚马孙语言手册》(*Handbook of Amazonian Languages*)中的一个章节。本书中的故事均直译而来，对大多数读者而言，书中的故事是能够理解的（尽管对不会皮拉罕语的人来说，这些翻译还是很难理解）。

Don't Sleep, There Are Snakes

*Life and Language
in the Amazonian Jungle*

前　言

Don't Sleep,
There Are Snakes

　　科学，不仅仅是一群穿着实验衣的研究人员，在杰出科学家的带领下做研究。它也可以是独立的个体，在艰苦卓绝的环境中奋力追求，或许过程中会有失落伤感的时刻，但他终究从重重困难中突破，获得了新知识。

　　这本书谈到的内容便是后一种类型的科学研究工作，描述了我与巴西原住民皮拉罕人（Pirahã）共同生活、经历亚马孙文化严酷考验后的成长智慧。本书也描述了皮拉罕人的生活以及他们教会我的关于科学与待人处事的知识。这些新的理念深刻地改变了我的生活，并且让我的日子变得跟以前有所不同。

　　这些是我学到的课程，毫无疑问，其他人也可能有不同的体会。而将来的研究人员也可能会有别的收获想分享。总之，我们都只是尽力而为，坦陈自己的所思所想。

在探究这些晦涩知识领域的过程中，我学到了宝贵的一课，那就是不要盲目接受伟人的怀疑，以及他们指控的欺诈或愚蠢行为，不要受他们的影响而反对那些被公认为明智诚实的人通过反复观察得出的事实。整个科学的历史向我们表明，每当受过教育的科学人士出于先验的荒诞，或不可能的理由站出来反对一项新的研究或发明时，那么这些反对者往往是错的。

——阿尔弗雷德·华莱士
（1823—1913 年，英国博物学家、人类学家、生物学家）

没有人强迫我们接受这样的偏见，认为人类的本质通常清楚地显现在人类的普世文化中，而不会呈现在某个民族的特有文化中……相反，恰恰有可能在某个民族的文化特殊性中，人类的普遍特征才能够淋漓尽致地显现。

——克利福德·纪尔兹
（1926—2006 年，美国人类学家）

探索生命和语言的本质

"快看！他就在这儿，神灵伊嘎凯。"

"我看到他了，他威胁要伤害我们。"

"大家都过来看伊嘎凯。快，他就在河岸上！"

我从沉睡中苏醒，不确定自己是在做梦还是真真切切听到了这段对话。

1980 年 8 月，正值亚马孙流域的旱季。这是一个星期六的早上六点半，阳光灿烂，但还算不上太热。从麦茨河畔吹来的微风，轻轻地拂过我河畔边的简陋小屋。我睁开双眼，看到头上的茅草屋顶，经过多年灰尘和烟尘的洗礼，棕榈已从原来的黄色逐渐变得暗沉。我的住所与两间结构相似的皮拉罕小屋相邻，里面分别住着阿侯比西一家人和科贺一家人。

待在皮拉罕村的那些日子里，许多早晨，我从皮拉罕人呛鼻的烟味以及巴西阳光的温度中醒来。温暖的阳光照在我脸上，光线因蚊帐的隔绝而变得温和许多。孩子们要么嬉戏打闹，要么哭喊着找妈妈讨奶喝。喧闹声在村子里此起彼伏，当然也少不了犬吠声。很多时候，我睁开眼睛，从梦中醒来时，往往发现有皮拉罕小孩（甚至是大人）透过房屋棕榈木板的缝隙盯着我看。然而，这个早晨却非比寻常。

这会儿我完全醒了，被外面皮拉罕人的吵闹声惊醒。我坐起来，朝周围张望。只见一群人聚集在麦茨河岸上，在离我六米远的地方扯着嗓子大喊。所有人的目光都聚焦在河的对岸。我起床，想去外面看个究竟，反正这么吵我也根本没法再睡下去。

我从地上捡起运动短裤，用力抖了抖，确保里面没有蜘蛛、蝎子、蜈蚣等不速之客。然后我穿上短裤和人字拖，迅速朝外面走去。就在我家右侧的河滩上，皮拉罕人三五成群地聚在一起，越来越激动。我还看到有衣衫不整的妇女从路上跑过来，怀里的婴儿用力地咬住嘴里的乳头。

妇女们穿着无袖无领的中长款裙子，不管工作或睡觉，她们都穿着同一身衣服，上面有经年积累下的暗棕色污渍。男人们都穿着运动短裤或者仅仅缠着块腰布。他们没带弓箭，这让我松了一口气。小孩子们通常赤身裸体，因为直接暴露在大自然中，所以他们的皮肤相当粗糙。婴儿的屁股也因为长期着地而起了茧子。由于饮食起居经常要围着篝火，这里每个人看上去都灰头土脸的。

气温只有22℃，虽然湿润，但比起正午时刻的37℃来说，天气还算舒适。我用力揉了揉惺忪的睡眼，转身向我的语言老师科贺问道："出什么事了？"他就站在我右边，肤色黝黑，身材健硕，全身紧绷地盯着对岸。

"你没看到他就在那边吗？"他不耐烦地说，"住在云端的伊嘎凯就站在对岸朝我们叫嚣，说我们一旦敢走进丛林，他就要杀了我们。"

"在哪里？"我继续追问，"我没看到他啊。"

"就在那里！"科贺生气地说道，眼睛一动不动，盯着明显空无一物的河岸中央。

"在河岸后的树林里吗？"

"不！就在河岸上。看！"他又恼怒地说道。

与皮拉罕人一起待在丛林里时，我经常看不到他们已经发现了的野生动物。我这双毫无丛林经验的眼睛无法像他们一样敏锐。

但这次不同。我可以确信，距离我们不过90米的白色河岸上真的什么都没有。然而，我有多确定那里什么也没有，皮拉罕人便也多确定那里有什么。也许那儿曾经有过什么蛛丝马迹，而我不小心错过了。但他们坚持说伊嘎凯还在那里，他们正盯着他看。

大家继续向河岸边看去。我身边6岁的女儿克里斯疑惑地问我："爸爸，他们在看什么？"

"我也不清楚，爸爸跟你一样，什么也没看见。"

克里斯踮着脚尖，朝河对岸望去，接着又看了看我，然后又看了看那些皮拉罕人。她跟我一样困惑。

我和克里斯离开那些皮拉罕人，朝家里走去。我刚刚目睹了什么？从那个夏日的早晨算起，已经20年过去了，我一直试图理解两种文化碰撞的意义：欧洲文化和皮拉罕文化的现实如此不同，这代表什么呢？我无法向皮拉罕人证明河岸上什么也没有，而他们也无法说服我那里真的有什么东西，更别说是神灵了。

作为科学家，客观性是我笃信的价值观之一。我曾经认为，要是我们更努力一些，自然就能看到其他人眼中的世界，也能更容易尊重彼此的观点。但是我从皮拉罕人身上学到的是，即便是我们对环境的感知，也都受到自身的期望、文化和经历的左右，而显现出不同文化无法克服的量性。

晚上，当皮拉罕人回去睡觉时，大家都会有不同的表达方式。有些人只是说："我得走了。"但他们通常会说："别睡，这里有蛇。"这句话乍听起来会让人惊讶，但逐渐地，已经成了我最喜欢的晚安问候。皮拉罕人这样说，是出于两个方面的原因：第一，他们相信少睡一点能"让自己变得更坚强"，这是他们共同认可的价值观；第二，丛林里危机四伏，熟睡会让他们失去戒备，无法对付村子里时刻出没的食肉动物。皮拉罕人的夜晚充满欢声笑语，他们很少一次睡很久。夜里的村子很少完全寂静无声，也很少有人会一口气沉睡好几个小时。

多年来，我从皮拉罕人身上学到很多，而这恐怕是我最喜欢的一课。诚然，那里生活艰难，危机四伏，我们可能得时不时地牺牲睡眠，但既然生活还在继续，那就不妨承受其中的甘苦吧！

我26岁来到皮拉罕部落，现在，我已经老到可以享受老年人优待政策了。我把自己的青春给了他们。我患过很多次疟疾。我也记得，有好多次，皮拉罕人或其他人威胁到了我的生命。我已记不清，多少次我曾背着沉重的箱子、袋子和木桶，艰难地穿越亚马孙丛林。但正因为那段难忘的丛林岁月，我的孩子们知道了皮拉罕人。我孩子的成长过程也少不了皮拉罕人。而且，我还收获了一群跟我一样年迈的朋友。正所谓不打不相识，他们曾威胁要杀掉我，却都在后来的生活中成了我的生死之交。

这本书记载了30多年来我研究皮拉罕人，以及与他们共同生活的所思所学。那段时间里，我竭尽所能理解他们看待、理解和谈论世界的方式，并把学到的知识传达给我科研界的同事们。在这段旅程中，我看到了许多迷人的景色，也经历了这辈子再也不愿经历的困境。但我依然感恩自己经历的一切，正因如此，我才得以拥有更宝贵的视角去看待生命和语言的本质，才能学到从其他方式中没办法得到的珍贵想法。

皮拉罕人教会我，即便没有天堂的舒适与地狱的恐惧，面对生命和死亡时，我们也能够有尊严并感到心满意足，面带微笑驶向生命的混沌深渊。这一切，都是我从皮拉罕人身上学到的，我在有生之年对他们深怀感激。

Don't Sleep, There Are Snakes

*Life and Language
in the Amazonian Jungle*

目 录

Don't Sleep,
There Are Snakes

第一部分
亚马孙流域的生活 1

第 1 章　进入皮拉罕人的魔幻世界　　　　　　/ 2

第 2 章　足以承载任何想象的未知之地　　　　/ 26

第 3 章　要命还是要信仰?　　　　　　　　　/ 35

第 4 章　酗酒、暴力与死亡威胁　　　　　　　/ 66

第 5 章　物质文化与仪式感的缺乏　　　　　　/ 81

第 6 章　皮拉罕社会的核心　　　　　　　　　/ 98

第 7 章　"今晚神灵会来"　　　　　　　　　/ 135

第 8 章　丛林谋杀案　　　　　　　　　　　　/ 168

第 9 章　自在生活的专属土地　　　　　　　　/ 176

第 10 章　卡巴克罗人:亚马孙巴西人的生活　/ 188

第二部分
皮拉罕语   **209**

第 11 章   皮拉罕语的发音   / 210

第 12 章   皮拉罕语单词   / 228

第 13 章   人类需要多少语法？   / 240

第 14 章   价值与话语：文化和语言的共生关系   / 249

第 15 章   递归：语言就像俄罗斯套娃   / 267

第 16 章   语言与真理：皮拉罕人与外人   / 292

第三部分
尾 声   **315**

第 17 章   "被洗脑"的传教士   / 316

结 语   为什么要关心其他的文化和语言？   / 331

致 谢   / 337

共读书单   / 341

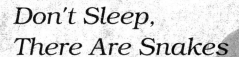

Don't Sleep,
There Are Snakes

*Life and Language
in the Amazonian Jungle*

第一部分
亚马孙流域的生活

Don't Sleep, There Are Snakes

第 1 章

进入皮拉罕人的魔幻世界

坐标巴西。1977 年 12 月 10 日，一个天朗气清的早晨，我们坐在美国暑期语言学院（Summer Institute of Linguistics）提供的一架小型六座客机上等待起飞。

飞行员德维恩·尼尔（Devin Neil）正在做飞行前的最后检查，看装载是否平衡。他步行绕机一周，评估其外部受损情况，并从油箱中抽取一小瓶燃油来检验。他还检测了螺旋桨的性能，看其是否运转正常。多年以后，这样的仪式我已司空见惯，像每天刷牙一样习以为常。但那时，我第一次见到这种情形，颇感新奇。

在起飞前，我开始拼命想象皮拉罕人的模样。这个亚马孙流域的印第安人部落到底是什么样子？我该如何与之共处？我该如何行事才算妥帖？他们第一次见到我时会有什么反应？我又该如何回答？我脑补着各种可能的画面。这个我即将见到的族群，与我们有诸多不同，有些我可以预料，而另一些则恐怕不能。实际上，我不辞辛劳，远赴万里之外，绝不仅仅是为了见他们一面而已。相反，

2

我身负传教的艰巨使命。我受聘于美国福音派教会，负责给亚马孙流域的皮拉罕人"洗脑"。我要说服该部落的人信仰上帝，像我们一样接受基督的洗礼和教化。尽管我从未见过皮拉罕人，对他们知之甚少，但我依然坚信自己能够改变他们。而这，正是绝大多数传教工作的要义。

德维恩坐在驾驶舱里，我们低着头，听他祷告，祈福飞行平安。接着，通过敞开的窗口，他朝机舱外大喊："注意避让！"随后，他启动引擎。发动机预热完毕后，德维恩用对讲机向波多韦柳港的空中交通管制中心汇报——波多韦柳港是巴西朗多尼亚州的首府，以这里为中转基地，之后我多次往返亚马孙流域。

得到相应的指令后，飞机开始滑行。跑道上瞬间尘土飞扬，德维恩顺势加推引擎。飞机呼啸着腾空而起，砖红色的瓦砾跑道越来越模糊，最后消失在我们身后。

在我们下方，这座城市的大片空地逐渐被丛林取代。波多韦柳港的开阔平地渐渐消失，树林变得越来越密。风景已然改变，飞机越过浩瀚的马代拉河，地面是一片绿色的海洋，郁郁葱葱的树木如菜花般向四面八方尽情生长。我不由得浮想联翩，树林里都有些什么动物呢？如果飞机掉下去，我们不会被美洲豹吃掉吧？曾有不少报道指出，许多坠机事故的遇难者并非死于事故本身，而是死于丛林里的野兽袭击。

我即将见到的皮拉罕人神秘而特殊。我对该族群知之甚少，只知道他们的语言异乎寻常。研究他们颇具难度，不少语言学家、人类学家和传教士都望而却步。他们的语言与其他人类语言毫无关系。

而我对皮拉罕语的了解也几乎只是皮毛。我仅仅从磁带上听过其发音，看过一些语言学家和传教士对它的研究。皮拉罕语跟我听过的任何语言都截然不同。显然，掌握这门语言是我首先面临的一大难题。

随着飞机不断爬升，冷风逐渐从我头顶上方的小通气孔灌进来。我调整一下坐姿，努力让自己更舒适一些。我把身体向后靠，开始思索接下来的工作计划，以及这次旅行的目的与其他人有何不同。飞行员只要完成他的日常工作，就能及时回家吃晚饭了。他的父亲也随同而来，就当作是一次旅行。

传教机构的机修工唐·巴顿（Don Barton）也陪我一起过来，他正好可以度个小假，从平日里枯燥繁忙的维修工作中得到暂时的喘息。只有我一个人任务艰巨，朝着余生将要致力的工作和事业而去。我将见到那些我打算与之共度余生的人，我希望能带着他们走向天堂。要做到这一点，我首先要学会流利地使用他们的语言。

接近中午时，飞机开始受到上升气流的猛烈冲击，在亚马孙流域的雨季，这很常见。晕机，这一更为严峻的问题粗鲁地打断了我的幻想。在接下来的 105 分钟里，我们在森林上空飞行，微风吹来，我不禁感到一阵恶心。我不停地搓揉小腹，努力不让自己吐出来。德维恩递给我一份金枪鱼三明治，上面铺满了洋葱。"饿不饿，要不要来一块？"他体贴地问道。"不用了，谢谢。"我答道，一股酸水在口中不停地打转。

接着没多久，我们来到了波斯多诺沃地区附近的皮拉罕村，飞机开始绕着跑道盘旋，这样飞行员就可以巡视周边，找个合适的地方降落。这一举动使我的胃翻腾得更加厉害，为了不让自己吐出来，我用尽了所有的气力。在着陆前，有几个时刻简直黑暗到极点。我甚至忍不住想，宁可飞机坠毁爆炸，也比被晕机症状折磨得死去活来要好。我承认这种念头很短视，但我当时的确是这么想的。

两年前，史蒂夫·谢尔登、唐·巴顿以及美国教会的一些青少年已经在丛林中修了一条跑道。要在丛林中开辟这样一条飞机跑道，首先要砍掉 1 000 多棵树，并且要把它们连根拔起，否则树桩烂在地上会使周边的泥土松软——如果这样，飞机降落时容易失去支点和重心，可能发生机毁人亡的惨剧。把树根清除后，要在方圆几米内用泥土填补留下的空隙，然后还要在没有重型压平设备的情况下确保跑道水平。如果这一切都搞定了，那么就只剩下最后一步：把跑道弄成 9 米宽、550 ～ 650 米长。我们马上要着陆的跑道大概就是这个样子。

我们降落那天，跑道上的草大约齐腰深。我们无法知道草坪上是否有原木、狗、锅或其他可能会损害飞机、伤害我们的硬物。德维恩已经在跑道上空"嗡嗡"地绕了一会儿，他希望皮拉罕人能理解其中的意思。史蒂夫曾向皮拉罕人解释过，看到这种情况，他们应该立即跑出去，检查跑道上是否有危险的碎石（跑道中间曾有皮拉罕人建房子，为了让我们顺利着陆，房子被拆除了）。果然，几个皮拉罕人走了出来，他们离开跑道时，带走了一些虽然细小，但却足以让飞机侧翻的树枝。一切都很顺利，我们安全平稳地着陆了。

飞机停稳后，丛林的湿热朝我袭来。我眯着眼走出机舱，感到一阵头昏眼花。皮拉罕人围住我们大声地嚷嚷，他们微笑着，显然是认出了德维恩和唐。唐用葡萄牙语告诉他们，我想学习皮拉罕语。尽管皮拉罕人不太懂得葡萄牙语，但他们也似乎明白了，我是来取代史蒂夫·谢尔登的。谢尔登上次离开时，也用皮拉罕语向他们解释过我的来意，他说将会有一个矮矮的、满头红发的男子来和他们一起生活。他还说，我想学习他们的语言。

在前往村子的路上，我们意外地遇到了沼泽。沼泽中的水温热、浑浊且漫过膝盖，我扛着物资在其中行走，担心会有东西咬伤我的脚踝。在雨季快结束时的麦茨河洪峰中，这份忐忑是我初到皮拉罕村时的独特体验。

我第一次见到皮拉罕人时，有一件事让我印象深刻。那就是他们很快乐，每个人的脸上都挂着灿烂的笑容，没有一个人面色阴沉或沉默寡言。他们也不像其他文化中的人那样，遇见陌生人时通常会表现出排斥感和距离感。他们热情地和我们说话，向我们介绍他们认为有意思的东西，比如头顶飞过的鸟儿、他们狩猎时常走的路，以及村里的小屋、小狗等。一些男人戴着印有政治口号和巴西政治家名字的帽子，穿着亚马孙流域的商人卖给他们的浅色衬衫和运动短裤。妇女们都穿着相同的短袖上衣和长度略微过膝的裤子。这些衣服最初都颜色不同、图案各异，但现在都被他们小屋里的灰尘染成了棕色，变得脏兮兮的。

不满十岁的儿童在村子里赤身裸体地跑来跑去。每个人都在欢笑。最让我感动的是，他们都轻声缓步地向我们走来，仿佛我们变成了他们的新宠。我从未想到会有这样一个温馨的欢迎仪式。人们纷纷把他们的名字告诉我，虽然大部分我都没能记住。

我记住的第一个人叫科西欧（Kóxoí）。在一片右边有条小路的宽阔干净的空地上，我看见他头顶艳阳，正蹲着用火煮东西。科西欧衣衫褴褛，穿着破烂的运动短裤，光着脚，没有穿上衣。他很瘦，身上连块肌肉都没有，深棕色的皮肤看上去就像是皮革。他的脚掌很宽，脚底起了一层厚厚的、仿佛坚不可摧的茧子。他抬起头来看了看我，然后叫我到他那里去。

那是一片被太阳烤得炙热的沙地，他正在那里烧的东西，像是一张大老鼠的皮毛。晕机带来的恶心感还没有消退，烧焦的动物皮毛的气味成为压倒我的最后一根稻草，我开始忍不住干呕起来。这只动物一直在滴血，它的身上满是泥灰，舌头悬挂在牙齿之上。

我把手放在胸口，向他说道："我叫丹尼尔。"

他辨认出这是一个名字，作为回应，他立即也摸着胸口，并说出了他的名字。然后我用手指了指他正在焚烧的动物。

"Káixihí." 他心领神会地回答。

我立即重复一遍他的话。同时心想，天哪！难道是 9 千克重的老鼠汉堡？谢尔登曾告诉我，皮拉罕语是有声调的，就像汉语、越南语或很多其他语言一样。也就是说，我除了要注意辅音和元音外，还得仔细聆听每个元音上的音调。我得好好说这生平第一个皮拉罕单词了。

接着，我俯身捡起一根木棍，指着它说道："Stick（木棍）。"

科西欧笑了，说："Xií."

我跟着说："Xií." 然后我扔掉棍子，说："我扔掉了 Xií。"

科西欧看着我，想了一下，然后迅速地说道："Xií xi bigí

káobíi."后来我才了解到,这句话的字面意思是:"棍子它地上掉了。"

我复述了这句话,并拿出口袋里的本子和笔,用国际音标把它们记了下来。我把"Xií xi bigí káobíi"翻译成"棍子掉到了地上"或者"你扔掉了一根棍子"。之后,我又一次性捡起两根棍子,然后把它们同时扔在地上。

他说:"Xií hoíhio xi bigí káobíi."一开始我想,这句话的意思大概是:"两根棍子掉到了地上。"后来我才明白,这句话正确的意思是:"更多的棍子掉到了地上。"

我又捡起一些叶子,然后依样画葫芦,重演了整个过程。我演绎了一些其他的动作,比如跳、坐、敲击等,科西欧热心地当着我的启蒙老师。尽管谢尔登建议我忽略他的工作(因为他不确定那是否准确),但我还是听了他记录皮拉罕语的磁带,看了他编纂的简短的皮拉罕语单词列表。然而,听皮拉罕语的发音和看它的书面语言是完全不同的两件事,它们完全对不上号。

为了检测自己辨别音调的能力,我又问了他几个我知道的皮拉罕单词,这几个单词在不同的语调下有不同的意义。

我问他"刀子"怎么说。

"Kaháíxíoi."他说。

接着,我又问他"箭杆"怎么说。

"Kahaixíoi."当我指着放在旁边的一柄箭杆时,他说。来巴西之前,我在美国暑期语言学院里学习一门叫作"领域语言学"的课。这门课我修得相当不错,在此以前,我从未察觉自己具备如此良好的语言天赋。

在与科贺及其他人一起工作的一小时里，我证实了谢尔登以及阿洛·海因里希斯的一些早期研究发现：皮拉罕语中大约只有11 个音素（或音位），最基本的句子结构是 SOV（主、宾、谓）。在世界上的所有语言中，这种句子结构是最常见的。但皮拉罕语的谓语动词却非常复杂，现在我才知道，它的每个动词有至少 65 000 种可能的变式。随着我对这门语言的了解逐渐深入，我不再担心自己能否解决这个问题。

在语言学习之外，我还想了解这个族群的文化。

我首先注意到的是这里房子的空间布局。乍一看，似乎村子并没有什么特殊的格局。从机场跑道到史蒂夫·谢尔登的住所（现在是我的家），一路上，村民的小屋都分布在不同的地方。但后来我发现，所有房屋都修建在更靠近河流的路边。这些房屋外边，都能看到蜿蜒的河流。每一座小屋都建在河岸附近不超过 20 步的地方，并且在纵向上彼此平行。村子里共有 10 间小屋，每间小屋都被丛林或灌木包围。

依照此地的习俗，兄弟一般都会相邻而居。后来我还了解到，在有些村子里，姐妹之间也会尽量住在相邻的地方。但在另一些村子里，邻居之间没有任何血缘关系。

我们一行人把给养从飞机里搬出来并运到谢尔登的家里。我和唐在储藏室里整理出了一点空间，以便存放食用油、汤料、罐装咸牛肉、速溶咖啡、咸饼干、面包、大米和豆子等生活用品。德维恩和他的父亲四处转了转，拍了些照片，然后他们准备回去了，我和唐又陪着他们回到了飞机旁边。飞机起飞时，我向他们挥手告别。飞机慢慢地向上爬升，皮拉罕人兴奋地尖叫起来，他们齐声大喊："Gahíoo xibipíío xisitoáopí（飞机正起飞离开）！"

那天下午两点钟，和皮拉罕人住在充满大自然气息的麦茨河边，在某种前所未有的力量的驱使下，我生平第一次萌发了想要冒险的冲动。史蒂夫留下了一艘进口的渔船（一种宽敞稳定的铝制船，有近一吨的载货能力），我和一群皮拉罕男子坐在房子的前屋，看见唐把那艘船推到了河里，测试其发动机是否运转正常。这是一座典型的"皮拉罕式"房子，只不过面积更大一些。房子用木头支起，就像建造在高跷之上。房子的墙只有一半，没有门，也没有隔断，除了孩子们的卧室和储藏室外，没有任何封闭的空间。

我坐在这里，拿出便笺本和铅笔继续学习语言。每个皮拉罕男人都很健康，他们虽然瘦小，但很壮实，仿佛身体只由肌肉和骨骼组成。他们笑容可掬，仿佛沉浸在彼此的幸福之中。"丹尼尔"，我重复自己的名字。一阵窃窃私语后，卡布基（Kaaboogí）站了起来，用蹩脚的葡萄牙语说："在皮拉罕语里，你叫欧吉艾（Xoogiái）。"于是，我拥有了一个皮拉罕名字。

此事在我预料之中。唐之前就告诉过我，他们会给所有的外国人起名字，因为他们不喜欢叫外国名字。后来我得知，他们给外国人命名的方法，是看外国人与哪个皮拉罕人外貌相似。那天，人群中有一个名叫欧吉艾的年轻人，不得不承认，我们看起来确有几分相似。在接下来的十年中，我的皮拉罕名一直是欧吉艾。

直到后来，为我取名的卡布基——现在叫阿侯阿帕蒂

（Xahóápati）告诉我，我已经太老了，欧吉艾不再适合我，于是他们又给我取了一个新的名字，叫艾碧凯（Xaíbigaí）。而大约六年之后，他们又给我改了一个老人的名字——鲍艾西（Paóxaisi）。后来我了解到：皮拉罕人会随着时间的推移修改自己的名字；当皮拉罕人在丛林里遇到神灵时，他们通常也会与之互换姓名。

我知道了在场其他人的名字，他们分别是：卡巴西、阿侯比西、欧吉艾、白提吉、艾凯拜和艾艾。妇女们不参与谈话，只是站在屋外，不停地朝里看。当我对着她们说话时，她们也只是痴痴地笑着。我在纸上记录了一些皮拉罕短语，诸如"我的铅笔掉了""我在纸上写字""我站起来""我的名字叫欧吉艾"之类的句子。

接着唐把船发动起来，所有男子立即跑出了屋外。他们都想坐着唐的船，在河里兜上几圈。忽然之间人去楼空，我抬头四处张望，发现村子里几乎没有中心地带。小屋三三两两地聚集在一处，它们隐没在丛林中，只有狭窄的小路连通彼此。此时已是午后，天气炎热而潮湿。村子里鸡犬之声相闻，我听见婴孩啼哭，看到皮拉罕人的家里飘出炊烟。

既来之，则安之。我立即进入了工作状态，并尽可能仔细地收集语言资料。每当我问一个皮拉罕人，我可否将会话"记录在纸上"，以便研究时，尽管他们都很乐意，但也总会告诉我，我应该跟另一个皮拉罕人一起完成这项工作。他们会说："Kóhoibiíihíai hi obáaxáí. Kapiiga kaagakaáíbaaí." 我慢慢明白，这句话的意思是：科贺比伊伊艾（Kóhoibiíihíai）能教我说皮拉罕语。于是，我向传教机构里的同事打听，他们是否认识这个人。

11

"是的，巴西人叫他伯纳尔多（Bernardo）。"

"为什么叫他伯纳尔多？"我问道。

"巴西人不会皮拉罕语，所以他们给皮拉罕人取葡萄牙语名字。"

"我想，皮拉罕人之所以给外国人取名，恐怕也是同样的原因。"他继续说。

所以，我一整天都在等科贺比伊伊艾打猎归来。太阳快落山时，皮拉罕人指着河流下游的远处大声喊叫。在夕阳的余晖中，我依稀看到一名舵手，他驾着独木舟，朝村子的方向缓缓驶来。为了避开麦茨河强大的水流，他紧靠着河岸前进。村里的皮拉罕人都朝着船上的男子大喊，他也一直大声地回应。大伙儿开心地笑着，只有我不知为何，一头雾水。等独木舟停在岸边，我才明白了他们如此兴奋的原因：船上有一堆鱼、两只死了的猴子和一只很大的凤冠鸟。

我顺着泥泞的河畔朝独木舟走去，试着用刚刚学到的短语跟这位猎人打招呼："Tii kasaagá Xoogiái（我叫欧吉艾）。""科贺（Kóhoi）。"他抬起头看着我，双手交叉放在胸前，面无表情地哼了一声。许多皮拉罕人都呈现出亚洲人的特征（比如，卡布基看上去就像柬埔寨人），但科贺看上去却更像是一个非洲人。科贺头发微卷，皮肤呈浅黑色，下巴方正，留着胡须，坚毅的眼神透露出他的自信和掌控力。他身着橙黄色裤子，没穿鞋子和上衣，貌似漫不经心地躺在独木舟里。然而，绷紧的肌肉却表明他高度警觉，正迅速地打量着我。尽管他不比村子里的其他人高大，但实际上，他要更强壮一些。此时皮拉罕人欢呼着跑到他面前领取食物，他一边分发，一边划分每个人应得的部分。

第二天上午，我和科贺一起在史蒂夫的大房子里工作。下午我在村子里四处走了走，向皮拉罕人询问了一些他们语言的问题。我和皮拉罕人之间没有可以有效交流的共通语言，在这种情况下，我只好按照标准语言学的方法采集数据：拿一个物品询问当地语言的发音，并且不管正确与否，都把发音记录下来。然后，立即找其他人来验证。

皮拉罕语的一个特点立刻引起了我的兴趣，即该语言中没有用于维护社会或人际关系的句子或词语，语言学家称之为具有"交际功能"的语言。皮拉罕语中没有用于认识他人或与他人寒暄的语句，也没有像"你好""再见""你好吗？""对不起""没关系""谢谢你"之类的，表达善意、相互尊重但同时又不透露太多信息的表述。在皮拉罕文化中，他们不需要这种沟通方式。总的来说，皮拉罕语的句子都是直截了当的表意语，用于寻求、发布信息或命令。

多年以来，我已慢慢习惯了这一现象，有时甚至忘记了这对我们而言是多么新奇。每当有人与我一同拜访皮拉罕地区时，他们总会问我，怎么用皮拉罕语寒暄。当我告诉他们，皮拉罕语中没有这类表达方式时，他们都惊诧地望着我，把眼睛瞪得大大的。

皮拉罕人来到村子里，他们会说："我到了。"但多数时候，他们什么也不会说。要是你给某人一件东西，他们偶尔会说"好"或"这可以"。但他们这样的表达更多是指"事情达成"，而不是"谢谢"。他们一般会通过回赠礼物或者一些善意的举动（比如帮你搬运东西）来表达感谢。同样，要是有人做了冒犯或伤害别人的事，他们也不会说"对不起"，顶多会说"我不好"或类似的话。但实际上，这样

13

的话他们也很少说。他们用行动而不是语言来表达感谢或歉意。其实即便在西方社会,寒暄的方式也千差万别。我在学葡萄牙语时,就有巴西人对我说:"美国人的'谢谢'太多了。"

在一整天的语言学习后,第二天下午,我给自己泡了一杯浓浓的速溶黑咖啡,坐在陡峭的河岸边凝视麦茨河。唐和几个皮拉罕人开船钓鱼去了,村子里变得更加宁静。

那时大约下午 5 点 45 分,是一天中最美好的时刻,阳光渐渐变成橘黄色,在褐色的天空和翠绿色丛林的映衬下,河水的暗影显得格外美妙动人。我悠闲地坐在岸边,一边啜饮咖啡,一边欣赏大自然的慷慨馈赠。忽然,两只灰色的小海豚从河里一跃而出。我被这一景象惊呆了,淡水中竟然有海豚!就在它们现身的刹那间,两艘皮拉罕人的独木舟也从河湾处迅速冲出,船上的人倾尽全力划桨,试图追上它们。这是一场追逐的游戏。

海豚显然也乐在其中。它们总是时不时地浮出河面,在恰到好处的地方躲开独木舟的追击。就这样,这场游戏持续了近半个小时,直至夜色降临才落下帷幕。独木舟和岸上的人都大笑不已,而当他们停止追逐时,海豚也消失在无尽的河流里。

我意识到自己身处于亚马孙流域,这是一个奇妙的自然世界。能够生活在皮拉罕人的魔幻世界里,是大自然给我的恩赐,我倍感荣幸。我刚来这里两天,就已经有了许多新奇的经历:听到了犀鸟的尖叫和金刚鹦鹉刺耳的哭泣,闻到了从未见过的植物所散发的香气。

接下来在皮拉罕地区的日子里，我一边学习皮拉罕语，一边观察他们的生活日常。皮拉罕人的一天通常在早上 5 点就开始了。不过他们的夜间睡眠很少，这是新的一天，还是一天从不结束呢？我不知道哪一种说法更为确切。作为一名外来者，我总是被小屋里的女性闲聊声吵醒。她们总是大声地谈论当天要做的事情，没有特定要跟谁说话。这个女人会说谁和谁将要出去打猎或钓鱼，然后盘算她想要得到怎样的猎物；那个女人则会在自己家里大声喊出她们想要煮的食物。

打鱼是男性最常见的活动。他们大都在天亮之前出发，划船几小时到他们认为最理想的钓鱼地点去。如果打鱼需要持续一整天，他们还可能会带上家人。但通常情况下，他们会选择单独前往或与一两个朋友结伴而行。要是河水干涸形成了一个池塘，很多人都会聚集在那里，因为那里肯定有大量无法逃脱的鱼。皮拉罕人主要用弓箭打鱼，也会使用通过交易获得的渔线和饵钩。他们通常黎明时出发，在划船的欢笑声中开始一天的征程。不过，他们至少会留一个男人在村子里看守家园。

男人出去后，妇女和儿童也会陆续离家，去丛林里割草或者拔木薯（又称树薯，是一种块茎类植物）。这项工作辛苦耗时，需要持久的耐力。但和她们的丈夫一样，妇女们也在丛林里说说笑笑地干活。她们通常会在下午早些时候回家。在男人返回之前，她们就会拾掇好柴火，以备烹饪丈夫捕捞回来的猎物。

几天之后，我的访问就匆匆结束了。1977 年 12 月，巴西政府命令：所有传教人员离开印第安保留地。我们不得不收拾行李打道回府。尽管只有几天的时间，但无论如何，我已不枉此行。我近距离地接触了皮拉罕人，切身感受了他们的语言。在那最初的日子里，我还学会了一点点皮拉罕语。

由于是被迫离开，所以我担心自己无法再回到皮拉罕地区。美国暑期语言学院也同样忧心，于是他们想方设法，试图帮我绕开政府的禁令。他们向位于巴西圣保罗的坎皮纳斯州立大学（State University of Campinas）发出申请，让我成了一名该校的语言学研究生。美国暑期语言学院希望能通过巴西圣保罗的坎皮纳斯州立大学获得政府授权，允许我长期逗留在皮拉罕地区。尽管我向巴西圣保罗的坎皮纳斯州立大学发出申请是为了获得授权，但没有想到的是，他们给我提供了一个非常好的学术研究氛围。

如美国暑期语言学院所希望，我在巴西圣保罗的坎皮纳斯州立大学的工作得到了回报。巴西国家印第安人基金会（Brazilian National Indian Foundation）的主席伊思玛斯·德·阿劳霍·奥利韦拉（Ismarth de Araujo Oliveira）将军允许我携带家人返回皮拉罕地区，进行 6 个月的数据搜集以完成我的硕士论文。

那一年的 12 月，我带着妻子凯伦、7 岁的大女儿莎伦、4 岁的小女儿克里斯以及年仅一岁的儿子卡莱布，从圣保罗乘公共汽车前往波多韦柳港，开启了我们一家人的皮拉罕村之旅。3 天后，我们抵达波多韦柳港，驻扎在这里的美国暑期语言学院的传教士可以帮助我们前往皮拉罕村。我们在波多韦柳港待了整整一个星期，为即将到来的探险做心理层面的准备。

对一个西方家庭而言，到亚马孙流域生活并非易事。实际上，在前往皮拉罕村之前，提前好几个星期，我们就已经开始做准备了。传教士们在波多韦柳港帮我们订购了不少物资，以备不时之需。我和凯伦必须把能想到的，丛林生活中我们可能会用到的东西都买好。东西很多，事无巨细，从洗衣皂到生日礼物、圣诞礼物等，不一而足。1977—2006 年，我多次往返皮拉罕村。在此期间，我们在满足自身医疗需求的同时，也需要为当地人提供医疗上的帮助。购买药物所费不赀，购物清单上的药物有阿司匹林、抗蛇毒素，以及乙胺嘧啶、氯奎宁、奎宁一类的抗疟疾药。

我们还要给孩子准备教科书和学习用品，以便他们可以在村庄里自学。每次我们回到波多韦柳港的驻地，孩子们都要参加由美国暑期语言学院主办的考试，考试结果会受到加州政府的认可。学习材料和一大堆生活用品被打包在一起，这些东西包括：一整套百科全书和字典，好几百升的汽油、煤油、丙烷，靠丙烷保温的冰箱，罐头肉、奶粉、面粉、大米、豆类、卫生纸，以及用于和皮拉罕人交换的物品等。

买好物资之后，为了给孩子们的到来做好准备，我和传教士迪克·尼德（Dick Need）决定提前去皮拉罕村收拾房屋。从早上6 点开始，我和迪克每天都夜以继日地工作。我们带上的食物很少，因为必须带的工具太重太多了，飞机无法负荷。我们几乎完全依靠坚果为生（也许我们可以找皮拉罕人要一些鱼肉，但由于我们还不熟悉当地文化，不确定这样做是否会太过唐突。所以我们还是决定，吃皮拉罕人主动送给我们的巴西坚果）。我们修理了房子的屋顶和地板，建了一个新的橱柜。在几个皮拉罕人的帮助下，我们还清理了机场跑道，以便迎接飞机的到来。我了解自己的孩子，对他们而言，房子的第一印象至关重要，这直接影响到他们愿不愿意留下来。从这个层面来讲，我感到十分内疚。我向他们要求得太多了。因为我的缘故，他们不得不离开熟悉的朋友和城市生活，在陌生的语言环境和丛林中，与皮拉罕人生活数月。

家人将要到达的那一天，我天不亮就起床了。在黎明的曙光中，我走到机场，检查跑道上是否有由水位下降而引起的凹陷。我还仔细排查了跑道，确保没有皮拉罕人无意间掉落的大块木材。

我很兴奋，因为我在皮拉罕村的使命即将开始。但如果没有家人做坚强的后盾，恐怕我无法坚持下来。我们需要互相支持，这也是他们的使命。他们即将来到的这个世界，没有电力供应，没有医生，也没有西方世界里的娱乐生活，从很多方面来讲，这仿佛是时光倒流，回到了远古时代。这对孩子们而言是个巨大的挑战，但我相信他们能处理得很好。我知道凯伦能够对这样的生活应对自如，她经验丰富，孩子们也能从她的一言一行中获得信心和力量。

凯伦在一个叫萨德乐玛（Sateré-Mawé）的印第安部落长大，从 8 岁起就在亚马孙流域生活。她喜欢这样的生活，在这里传教对她来说轻而易举。很多时候，我也从她那掌握一切的信心中获得了力量。她是我见过的最坚毅、称职的传教士。

在飞机降落的 5 分钟前，皮拉罕人开始大喊着朝机场跑去。两三分钟后，我感受到了这份躁动，也兴奋地跑了出去，迎接来到这片丛林的家人。飞机降落后，凯伦和孩子们热情地朝大家挥手。飞行员打开了舱门，我走过去用力地握了握他的手。凯伦走下飞机，开心地笑着，并试图与皮拉罕人交流。莎伦、小狗"眼镜"、妹妹克里斯和弟弟卡莱布也一起从舱门里走了出来。

孩子们虽然有些不知所措，但看到我后还是很高兴。他们也向皮拉罕人露出了灿烂的笑容。等飞行员准备返回波多韦柳港时，迪克一边登机一边说："丹尼尔，今晚我就可以在波多韦柳港享用美味多汁的牛排了，我会想你的。"

在皮拉罕人的帮助下，我们把所有物资都搬到了房子里。短暂休息后，在我的带领下，凯伦和孩子把家的里里外外都检查了一遍。房子还需要好好收拾一下，几天后，我们就能在此正常地工作和生活了。我们把物资包打开，开始布置房子。凯伦做了蚊帐、可以遮盖菜肴的桌布、衣服和其他物品。她负责照顾我们的家庭，让孩子们在家里接受教育；我则全身心地投入语言学的研究。想要把美国基督徒文化带到皮拉罕村，我们一家还要做许多的功课。

我们所有人，甚至凯伦在内，都没有想过即将面临的会是怎样的新生活。第一个夜晚，我们全家人在煤气灯下共进晚餐。漆黑的客厅中，我看到莎伦的小狗"眼镜"正在追逐一个跳来跳去的物体。那东西正朝我跳了过来，我停止了进食，想看清楚是什么东西。突然，那黑乎乎的东西跳到了我的膝盖上。我拿起手电筒，一看，是一只灰黑色相间的狼蛛，直径至少有 20 厘米。但我有备而来，并不害怕。因为担心这里有蛇虫鼠蚁，所以我一直带着一根硬木棍子。我没有用手拍狼蛛，而是迅速站起来，借助腰部的力量用力一甩，把狼蛛扔到了地上。这下，我的家人都瞪着大大的眼睛看着我和这个毛茸茸的家伙。我一把抓过木棍,朝它猛地一击。前屋里的皮拉罕人一直看着这一幕,我打死狼蛛后,他们问我那是什么。

我说:"Xóooí(狼蛛)。"

"我们不杀蜘蛛,"他们说,"它们吃蟑螂,而且不伤人。"

一段时间后,我们才慢慢适应了类似的文化差异。当时我们觉得,承蒙上帝的庇佑,我们才得以幸存。而这类经历也给我们留下了很多值得分享的故事。

虽然我是一个传教士,但我的首要任务是语言学研究。首先,我要弄清楚皮拉罕语的语法,记录研究成果,然后再把《圣经》翻译成皮拉罕语。

很快我发现,语言研究不仅仅需要才智,更要全身心投入其中。它要求研究者沉浸于敏感且不太愉快的外国环境,这个环境我们并不熟悉,一般人恐怕难以应对。

对于一个从事田野调查的研究者来说,因其长期生活在一个新文化中,他的身体、思想、情感,特别是自我意识都会变得非常紧张,而且文化的差异越大,这种紧张感就会越强。我们来思考一下田野调查人员面临的困境:在一个新环境中,你可能空有一身本领而无法施展。你在这里看到的、听到的、感受到的,都与你原先习以为常的、地球上其他生命所持的观念不同,甚至截然相悖。这就像电视剧《迷离时空》(*The Twilight Zone*)中的桥段,你无法理解周边发生的事,它们猝不及防,完全超出认知之外。

我满怀信心地开始实地调查研究工作。我受到的语言学训练,足以让我顺利完成最基本的田野调查，比如收集、储存数据，并进行资料分析。

我每天早上 5 点半起床，打至少 250 升的生活用水，为家人准备早餐。8 点钟的时候，我已经坐在办公桌前，开始搜集资料的工作了。我遵循几项不同的野外工作指南，还为自己制订了语言学习计划。回到村子的头两天，我画了一张村落房屋分布的草图，并标注了房主的姓名。图纸粗糙却卓有帮助。我想知道他们怎样生活、对他们而言什么是重要的、孩子与大人的活动有何不同、他们都聊些什么、他们现有的行为模式是怎么形成的、他们怎样打发时间。我也下决心要学会他们的语言。

我努力每天记住至少 10 个单词或短语，并研究不同的"语言学领域"（即对身体部位、健康术语、鸟类名称之类的单词进行归类）和语法结构（包括主动与被动、过去式与现在时、陈述句与疑问句等）。我把所有新单词都填入 7 厘米宽、12 厘米长的索引卡上。除了按照发音把每个新单词抄写到卡上之外，我也会记录听到这个单词时的语境，并猜测它最有可能的意义。我在每张卡片的左上角都打了洞，这样就可以用圆环把 10 ～ 20 张卡片穿在一起，再通过这个环，将卡片系在我的裤子上。

我会经常运用卡片上的单词，以对话的方式测试自己的理解是否正确。我不想让皮拉罕人不断嘲笑我的发音和语法错误，这会拖慢我的进度。我深知语言学的首要目标是：找出皮拉罕人说话时，哪些发音是他们能理解，并有实际意义的。语言学家称这些发音为"语言的音位"，它们是设计书写系统的基础。

在一次与皮拉罕人进行丛林探险时，我实现了语言学习上的首次突破，明白了皮拉罕人如何看待他人与自身的关系。我指着一根树枝问道："这叫什么？"

他们说："Xií xáowí."

然后，我特意指着树枝笔直的部分，重复道："Xií xáowí."

"不，"他们不约而同地笑了，指着树枝间的连接处说，"这才是 xií xáowí。"他们看着我指的那部分继续说道："那个，叫 xii kositii。"

xii 指的是"树木"，所以我推测：xáowí 的意思是"弯曲的"；kositii 的意思是"笔直的"。不过，我还得验证我的猜测。

那天傍晚，回家的路上有一段笔直的长道。我知道 xagí 是"路径"的意思，所以我用手指着路，试着说："Xagí kositii."

"Xaió（对）!"周围人立即回应道，"Xagí kositíi xaagá.（这条路是直的。）"

当小路向右拐弯时，我又试着说："Xagí xáowí."

"Xaió!"他们一起高声回答，咧着嘴笑着说道，"Soxóá xapaitíisí xobáaxáí.（你已经精通皮拉罕语了。）"

然后他们又补充说："Xagí xaa-gaia píaii."后来我了解到，这句话的意思是："路也是弯曲的。"

这个办法很棒。才短短几步路，我就学会了"笔直"和"弯曲"这两个单词。我一边走路，一边记下皮拉罕人教给我的单词：Híaitíihí（皮拉罕人）、xapaitíisí（皮拉罕语）、xaoai（外国人）和 xapai gapai（外语）等。

那时，我已经掌握许多描述身体部位的单词：Xapaitíisí（笔直的头）由单词 xapai（头）和 tii（笔直的），再加上后缀 si 组合而成；Híaitíihí（他是笔直的）由单词 hi（他）、ai（是）、tii（笔直的），再加上后缀词 hi 组合而成；"外国人"是"分叉"的意思，就像"树枝中的分叉"一样；"外国语言"则是"弯曲的头"。

虽然我进步神速，但还有更多未知的东西等着我去发现。

一开始的成功令人愉悦，但在短短几天的工作中，根本看不出皮拉罕语难以学习和分析。

皮拉罕语最困难的部分并非在于语言本身，而是语言学习中需要面对的"单语"环境。"单语"的语言学场景非常罕见，意味着研究者与被研究者之间没有共通的第三方语言。我在皮拉罕地区一开始便面对这种现实条件，当地人只说皮拉罕语，不会讲葡萄牙语、英语或者其他任何别的语言（除了少数有限的短语）。

我进退两难：在学会他们的语言之前，我必须先研究它。我不能奢求别人帮我将皮拉罕语翻译成其他的语言，或是让一个皮拉罕人用别的语言给我解释。在我到达皮拉罕村前，绝大部分"单语"实地研究的方法还只停留在坐而论道的务虚阶段。即便条件令人痛苦，但船到桥头自然直，我还是研发出了一些办法。

然而，研究工作依然不易。一个典型的事例：很长一段时间后，我才慢慢学会用皮拉罕语表达"怎么说"。

"这个怎么说？"我指着河流上游，一个站在独木舟上的男子。

"Xigihí hi piiboóxio xaaboópai.（上游的男人来了。）"

"这么说对吗？ Xigihí hi piiboóxio xaaboópai？"

"Xaió. Xigihí piiboó xaaboópaitahásibiga.（对，上游的男人过来了。）"

"这两句话有什么区别？"

"没有区别，它们是一样的。"

显然，从语言学的角度来看，这两句话肯定是有区别的。但是由于我独自学习皮拉罕语，便也无从得知二者的区别。直到学会了皮拉罕语我才明白，第一句话的意思是"男子从上游过来了"，第二句话的意思则是"我看到一个事实，一个男子从上游过来了"。正是这种细微的差别，使语言学习变得异常困难。

之前我已经提到过，皮拉罕语是有声调的，这是学习皮拉罕语的又一个难点：你必须弄清每个元音的音调高低。除了欧洲人的语言，世界上的许多语言都是如此，从这个意义上说，英语是没有音调的。我决定用重音符号来表示元音中的高音，而在低音上不做任何标记。我用"我""粪便"这一对单词来做一个简单的阐释：

Tií（我）中的第一个 i 是低音，而最后一个 i 是高音，也可以写成 "tiI"。

Tíi（粪便）中第一个 i 是高音，而第二个 i 是低音，也可以写成 "tIi"。

皮拉罕语之所以难学，另一个原因是它可以发声的字母很少，只有 3 个元音（i、a、o）和 8 个辅音（p、t、h、s、b、g、k、声门塞音 x）。这便意味着，相比于那些声母较多的语言，皮拉罕语的单词要更长。足够的发音差异才能使短单词和其他单词区别开来。但是如果你的语言跟皮拉罕语一样，只有几个不同的发音音节，那么每个单词就需要更多的空间。也就是说，它们需要更长的单词来区分彼此。最初，我对皮拉罕语的印象是：大多数单词听上去都是一样的。

皮拉罕语难学的最后一个原因在于，它缺少其他语言具备的一些要素，尤其是句子的构成方式。例如，皮拉罕语中没有比较级，所以我找不到"这个很大"或"那个更大"之类的表述；皮拉罕语中没有代表红色、绿色、蓝色等颜色的单词，只有一些描述性的短语，比如，用"像血一样"来表示红色，用"还没有成熟"来代表绿色；皮拉罕语中也没有过去式。当寻找某些你以为存在，而实际上并不存在的东西时，你就会浪费好几个月的时间。这不仅使事情变得困难，有时也令人沮丧。但我还是乐观地认为，只要有足够的时间和精力，我一定能弄清楚这门语言。

然而，未来并非掌握在我们手中，计划也只是一厢情愿。我愚蠢地以为自己可以专注于语言学习，却忽略了身处何地。但事与愿违，毕竟，我们是在亚马孙丛林。

第 2 章

足以承载任何想象的未知之地

只要你学会在亚马孙流域生活，皮拉罕村绝对是个放松身心的好地方。而实现这个目标的第一步是学会忽略，甚至享受这里的炎热。实际上，这事做起来并不困难。在着衣适当的情况下，正常人完全能够在 30 ～ 43℃的气温下生活，况且丛林中还有大片树荫。除了过于潮湿之外，这个麦茨河畔的小村始终凉爽和让人放松。汗水蒸发本可以有效地降低体温，但在这里，过大的湿度只会让你脚底生疮、胯部溃烂。而与这种气候长年累月角力的皮拉罕人，他们的皮肤早已干涸，极少出汗。

亚马孙三字不仅是一个地理区域的名词，更代表了一种令人敬畏且振奋的力量。亚马孙热带雨林占地约 777 万平方千米：约占地球总面积的 2%，占整个南美洲大陆的 40% 多，与美国大陆的国土面积差不太多。

从波多韦柳港到位于亚马孙河口流域一带的贝伦市（玻利维亚与巴西边境交界处），乘喷气式飞机需要 4 个小时。若是天气晴好，你会看到在大地上肆无忌惮地蔓延的丛林，视野所及之处，都是辽阔无边的绿色地毯，一条由北向南的蓝色水流点缀其间，最终汇入"流动的大海"（当地图皮族印第安人对亚马孙河的爱称）。

亚马孙河从秘鲁发源，最终汇入大西洋。它绵延超过6 400千米，河口处超过320千米宽，泥沙堆积，最终形成了马拉诺岛——一个面积超过瑞士国土的巨大三角洲。亚马孙流域一带有大面积黑暗和未知的区域，足以承载人们的任何想象。事实上，关于这片神秘而广袤的土地，已经有无数描述其生态、历史、原住民及政治的书籍出版。16世纪初，在西班牙人和葡萄牙人发现这片新大陆后，它就吸引了无数富有想象力和冒险精神的欧洲人及其后代前来探险。我最喜欢的两位美国作家——马克·吐温（Mark Twain）和威廉·詹姆斯[①]（William James）也感受到了这里的魅力。

1857年，马克·吐温离开俄亥俄州，希望从新奥尔良出发前往亚马孙流域，试图从可可贸易中大捞一笔。但马克·吐温很快放弃了他的计划，转而决定到密西西比河接受训练成为一名领航员。试想我们因此错过了多少精彩的故事啊！要是马克·吐温执行了他原来的计划，我们就能读到《亚马孙河上的生活》而非《密西西比河上的生活》（*Life on the Mississippi*）了。

与马克·吐温不同，威廉·詹姆斯真的到过亚马孙河，并勘察了其主流和部分重要支流。

1865年，詹姆斯与哈佛大学的生物学家路易斯·阿加西斯

---

① 美国心理学之父。他是美国本土第一位哲学家和心理学家、实用主义的倡导者、美国机能主义心理学派创始人之一，也是美国最早的实验心理学家之一。

（Louis Agassiz）沿着亚马孙河及其支流穿越巴西。他们在那里进行了为期 8 个月的勘察，收集动物标本。人们可能会说，去过亚马孙流域的人最理想的职业应该是博物学家，毕竟地球上超过三分之一的已知生物都生活在那里。但探险结束后，詹姆斯放弃了成为一个博物学家。他决心专注于哲学和心理学的研究，并最终成为美国实用主义哲学流派创立和发展的中坚力量。

大部分亚马孙雨林分布在巴西境内。巴西国土面积居世界第 5 位，超过美国本土 48 个州[①]的面积总和。巴西人口近 1.9 亿，人种多样，有葡萄牙人、德国人、意大利人及其他欧洲人种，也有不少亚洲人，这里是日本本土之外日本人最多的地方。

对于绝大多数巴西人而言，亚马孙流域就像欧洲或北美一样遥远而神秘。尽管他们会因它独一无二的美景及其对外国游客的吸引力而倍感自豪，但实际上，大多数巴西人从来没有去过丛林。60%以上的巴西人都聚居在距离亚马孙流域约 3200 千米远的东南部地区。但这并不意味着巴西人会交出该地区的控制权，他们也不会采用外国的法律来治理亚马孙流域。

巴西盛行这样一种理念："A Amazônia é nossa（亚马孙是属于我们的）！"一些巴西人对其他国家染指这片区域的担忧甚至到了妄想症的地步，例如有些巴西同事一直向我强调，美国的官方教科书上清楚地写着："亚马孙流域属于美国。"

---

① 美国共有 50 个州，本土位于北美洲中部，包括 48 个州。另外两个本土之外的州是阿拉斯加州和夏威夷州。阿拉斯加州位于大陆西北岸，夏威夷州则位于太平洋中部。

就像世界上最大的自然历史博物馆的馆长一样，每一个巴西人都支持保护亚马孙地区矿产、水、植物、动物等资源的多样性。他们不想接受美国或欧洲国家的指导，因为这些国家已经摧毁了大面积的森林。

在巴西内部，由保护亚马孙流域而引发的局部冲突也此起彼伏，这些冲突常常见诸各大报端。其中一个著名的例子与奇科·门德斯有关。门德斯组织工人用环保的方式开发亚马孙流域的资源，却遭到不认可这一理念的雇主谋杀。但这样的故事具有误导性。在现实中，对于如何保护亚马孙流域的资源，他们的共识远大于分歧。

巴西环保署（Instituto Brasileiro do Meio Ambientee dos Recursos Naturais Renováveis，又称巴西环境与可再生自然资源管理局）的成立也许是巴西人对保护该区域具有浓厚兴趣的最好证据。巴西环保署设备齐全，有一支专业的队伍，每个人都由衷地关切亚马孙流域的自然风光和资源。

亚马孙流域有两种河流：混浊的白色河流和水色深黑的河流。这两类河流的发源地海拔只略高于河口，因此它们都流速缓慢。与水色深黑的河流相比，混浊的白色河流中往往有丰富的动植物种群，因为这类河流中有更丰富的营养物质。

第一次到皮拉罕村时，我就发现了一种会叮咬人的 V 形翅膀小苍蝇。这种苍蝇会吸你的血，被它们叮咬过的地方会特别痒。如果你的皮肤跟我的一样敏感，那么被咬过的地方还会留下明显的疤痕。你不能讨厌蟋蟀和马蝇，尽管它们在你周围发出嗡嗡的响声，总是叮咬你大腿、耳朵、脸颊和屁股，叮咬那些你注意不到的、身体隐蔽的部分。因为驱赶它们会迅速带来挫败感，还不如任其自然。我曾希望这些昆虫的神经系统能更发达一些，这样我就可以好好折磨它们了（通常，这样的想法会一闪而过）。

晚上也有昆虫骚扰。如果你在河岸边住一晚而不挂蚊帐（就像我在马代拉河那样），那么这必将是你人生中最漫长且悲惨的夜晚，因为总会有黑压压的一群蚊子在你身边嗡嗡地叫，在你的鼻孔、耳朵旁飞来飞去，钻进你的衣服、吊床，甚至厚厚的牛仔裤里咬你。只有你想不到，没有它们咬不到的地方。你得清楚一个事实：如果想让自己好受一些，不要裸露任何肌肤。

由皮拉罕人及穆拉人[①] 控制的河流叫马代拉河。它是亚马孙河的最长支流，流量位居世界第 5 位，河盆面积 3 倍于法国国土。马代拉河有数以百计的支流，其中一条是里约·德·马梅卢斯河——河口宽约 720 米的水色深黑的河流，8 月份时，河流的平均宽度约为 360 米、深度约为 13.5 米。马梅卢斯河的主要支流就是皮拉罕人居住的麦茨河，而且只有皮拉罕人居住在这里。麦茨河河口宽约 180 米，河流平均宽度为 27 米，深度因时因地而异。在雨季肆虐前，有些地方的水深仅有 1.8 米；但等雨季结束时，那里的水深可达 24 米。

麦茨河呈茶色，流速约为 22 千米 / 小时。雨季时，麦茨河水色浓重；旱季时，麦茨河水浅而明澈，水底的沙床清晰可见。爱因斯坦曾指出：河曲上两点间的距离约等于这两点的直线距离乘以 π。

---

① 一个与皮拉罕人密切相关、没有自己语言的部落。

图 2.1　河道弯曲、水色深黑的麦茨河。

这个公式适用于麦茨河。从空中鸟瞰，麦茨河就像一条穿林而过的巨大蟒蛇。如果在雨季结束后溯流而上，你会发现几处非常密集的弯道，船只航行引起的波浪会在淹没的树丛间留下水晕。这个水晕传播迅速，在下一个拐角处，船只甚至会跑进自己造成的水波里。麦茨河畔的风光美丽怡人。

　　在河上畅游，有时我会浮想联翩，是否这便是伊甸园的样子？这里微风和煦、河水清澈，有白色的沙滩、碧绿的树林、火红的金刚鹦鹉和令人望而生畏的角雕，丛林中犀鸟鸣啭、猿啼四起，偶尔还会传来漫山的美洲虎啸。

　　皮拉罕人的聚居地位于亚马孙州霍伊镇以东 80 ~ 96 千米，麦茨河河口与跨亚马孙高速公路交汇的地方。这是一个直线距离约

80 千米、水上距离约 240 千米的狭长地带。我工作的村庄依傍着跨亚马孙高速公路，叫作福基利亚·格兰德。手持 GPS 仪上显示该地的坐标为：西经 62° 16.313′，南纬 7° 21.642′。

解释远古人类如何在亚马孙流域生活，以考古学家贝蒂·梅格斯（Betty Meggers）和安娜·罗斯福（Anna Roosevelt）为代表，分别有两种不同的观点。以梅格斯为代表的一派认为，亚马孙流域的土壤不适合农耕，因此在史前时代，这里无法产生庞大的人类文明，只有一些以狩猎为生的部落定居于此。以斯坦福大学的已故学者约瑟夫·格林伯格（Joseph Greenberg）为代表，部分语言学家也持相同的观点，他们认为通过百令路桥[①]，曾有三波移民浪潮席卷美洲。第一波移民潮发生在距今约 11 000 年前，他们在第二波移民的驱使下被迫南迁。而在第三波移民因纽特人[②]的迁徙浪潮下，第二波移民也被迫跨越大陆桥。第一波移民在南美洲定居，除了印加人外，他们主要以狩猎和采摘为生。

根据格林伯格的研究，从各种现存和灭绝的语言间的关系中，可以找到人类在美洲地区迁移的证据。他指出，在墨西哥以南地区，各语言间的关系比中美洲和北美洲更密切。在格林伯格看来，皮拉罕语更接近南美洲的一些语言，属于宏观奇布查语系。但是，这个假想无法得到验证，我发现的证据表明，皮拉罕语和现已灭绝的穆拉语都属于单一语系，与任何已知的语言都没有关系。

---

① 即白令海峡，连接现今的美国阿拉斯加西岸和俄罗斯西伯利亚东岸。第四纪冰期时，海面下降变为陆地。
② 分布在从西伯利亚、阿拉斯加到格陵兰的北极圈内外，分别居住在格陵兰岛、美国、加拿大和俄罗斯。属蒙古人种北极类型。

然而，我们无法证明，在遥远的过去，皮拉罕语跟亚马孙流域出现过的其他语言有没有关系。历史语言学①致力于分类和重建语言史，但现今的研究水平无法让我们回溯过去并肯定地说，皮拉罕语和亚马孙流域的其他语言不是从同一种语言发展而来的。

罗斯福及其同事提出了另一种有别于梅格斯和格林伯格的观点。罗斯福等人认为，亚马孙的曾经和现在都能够容纳和维系大型文明，智人开始在南美洲生活的时间比他们预计的要更早。如果罗斯福的观点没错的话，那么马拉诺岛上可能诞生过文明。

一些如皮拉罕语和穆拉语的孤立语言的存在，可以用来证明罗斯福的观点。因为要"消除"语言间的相似性，使之分立成一种单独的语言，必须要有"足够"的时间。但是，如果皮拉罕人和他们的语言是从早期定居的美洲人中分离出来的，那么梅格斯或罗斯福的理论都能解释皮拉罕语言文化的独特性。也许，我们永远都无法知道皮拉罕人和他们的语言源自何处。早期文档中没有只言片语关于这个种族的资料，也没有任何与之相关的语言是如何灭绝的记录。如果有的话，我们可以使用历史语言学的比较法，来再现皮拉罕人及其语言的一些历史。

已有的证据表明：皮拉罕人并非起源于他们目前居住的地区。在现居的区域里，他们无法用地道的词汇描绘某个种类的猴子。例如，在图皮－瓜拉尼语系中，巴西猴叫 paguacu，而皮拉罕人借用了这个名词。paguacu 是外来词，从葡萄牙语或图皮－瓜拉尼语系中引入。没有证据显示，皮拉罕人放弃了他们语言中的一个词语。由

---

① 一门研究语言变化的学科，以历史比较法为基础，研究语言间的亲属关系。

此可以推断，皮拉罕人的起源地没有这个种类的猴子，所以他们的语言里也没有描述它的词语。

我渐渐明白，皮拉罕语跟任何已知的语言都没有关系，我要攻克的是一门困难而独特的语言。

我们一家人慢慢调整，努力适应亚马孙流域的生活。我们完全自力更生，除了自己，无法向任何人寻求帮助。我们变得比以前更加紧密，在家人的陪伴下，我感到满足和享受。我们自认为能更好地管控生活，但是亚马孙流域很快就提醒我们，谁才是这里真正的主人。

第 3 章
要命还是要信仰？

　　尽管信徒之路充满危险，但我们还是以基督徒的身份开启了在皮拉罕地区的发现之旅。一天傍晚，凯伦开始抱怨皮拉罕人让她很紧张。她当时正在煎烤食蚁兽，像往常一样，有十几个皮拉罕人围在她身边。当地人对我们的烹饪和饮食习惯感到好奇，他们也很想尝尝食蚁兽肉排的味道。她让我陪她一起去机场跑道，那里仿佛成了我们的私家公园，它不仅是飞机的着陆点，也是我们散步的地方，让我们能时不时地逃离村庄。

　　"我再也受不了了。"她微微颤抖地说道。

　　"你怎么了？"我问。皮拉罕人的这类"监控"让我非常不自在，但凯伦却很少在意。即使周围有好奇的皮拉罕人盯着她，她也不会介意，甚至还会友好地跟他们聊天。

　　我对她说我来做晚饭，让她能稍微休息一下。在回小屋的路上，凯伦说她的头和背有些疼痛。当时我并未过多考虑这意味着什么，只认为是凯伦太紧张，压力太大导致的。

当天晚上，她头痛越发严重，背脊疼得直不起来，而且开始发烧。我拿出医疗手册，试图找出对应的病症。当我翻阅手册时，莎伦对我说她也头疼。我把手背贴在她的额头上，发现她也在发烧。

我们带了足够的药物，我想当然地认为，只要找到病因，就可以对症下药。我在墨西哥进行丛林训练时患过伤寒，而母女俩的症状跟当时的我很相似。所以我断定，她俩是患了伤寒症。

我用抗生素为她们治疗。可是谁也没有好转，反而更加严重。特别是凯伦，她的病情急转直下，除了偶尔喝点水，她几乎停止了进食。我给她们测体温，但温度总是很高，徘徊在 39.4 ~ 40℃。

我一边笨拙地照顾凯伦和莎伦，一边给年幼的卡莱布和克里斯做饭洗衣。我几乎没有时间睡觉。凯伦和莎伦闹肚子，每天晚上，我得时不时地起来帮她们清洗尿壶，然后扶她们上床睡觉休息。为了保护自己的隐私，我们用棕榈板条在床边竖了一堵墙。但是，皮拉罕人总会靠得很近，偷偷地透过缝隙向里张望。他们一定知道些什么。后来我得知，除了我自己，村里所有人都知道凯伦和莎伦得了疟疾。

在缺乏隐私、对妻儿病情的担心、工作的疲惫以及睡眠不足等诸多因素的影响下，五天之后，我变得异常焦虑，急需帮助。凯伦和莎伦都在痛苦地呻吟。特别是凯伦，她几乎昏迷，精神错乱，会突然坐起来，对着空气胡言乱语一通。在她产生幻觉时，如果我、克里斯或卡莱布靠得太近，她就会打我们。

她们生病的第四晚下起了暴雨，风雨肆虐，雷电轰鸣。凯伦突然坐起来对我说，卡莱布从吊床上摔了下来。

我信心满满地回答："他没有掉下来。我一直醒着，听得很仔细。"

凯伦激动地说："快去帮帮他！他正躺在肮脏的地上。"

孩子的房间就在我们旁边，为了稳定她的情绪，我只好老老实实起床，走了过去。卡莱布和克里斯共用一顶蚊帐。卡莱布睡在吊床上，克里斯睡在下方的单人床上。我们在房间里搭了一个卫生间，用窗帘隔开以保护隐私。房间里还有一盏煤油灯，每天晚上，我们洗澡吃饭后，就会回到这个相对舒适的私人空间，给孩子们大声朗读如《纳尼亚传奇》(*Chronicles of Narnia*)、《魔戒》(*The Lord of the Rings*)之类的书。

我带着手电筒走进房间，发现卡莱布真的掉在地板上了。他想睡觉，但感到既困惑又不舒服。我把他轻轻地抱起来，放回到吊床上。母爱如此伟大，即便身患疟疾，凯伦也用她母亲特有的敏锐，感知到儿子需要帮助。

第二天早上，我再也坐不住了。我强烈地意识到不能坐以待毙，必须做点什么。母女俩的病情严重，我不能眼睁睁地看着她们继续受苦。但我不知道如何才能回到波多韦柳港。

巴西政府不允许外国人持双向无线对讲机进入亚马孙流域，我无法与外界取得联系。在这之前，我们都是乘飞机过来的，没有走过水路。而且我也没有一艘靠谱的船和足够的汽油，能支撑我们沿水路走回波多韦柳港。

幸运的是，一个敢作敢为的天主教传教士维琴佐正在皮拉罕地区参观考察。他有一艘马力6.5的铝制小舟以及50升的汽油。我找到他，恳求在归期不定的情况下把船借给我（如果他答应了，有被困在此地的风险）。没想到他立即同意了，因为他认为皮拉罕地区没有疾病，凯伦和莎伦的疾病由他引起。但事实并非如此，我们离开后两个星期，维琴佐也感染了疟疾，几乎奄奄一息。

我问他，最近的医疗中心在什么地方。他推荐我去乌迈塔，因为那里有条路直通波多韦柳港。当然他并不知道，我所属的传教机构的总部也在那里。去乌迈塔，我得沿着麦茨河和马梅卢斯河前进。在航行约 12 小时后，我们会到达一个叫圣卢西亚的地方，然后沿着一条丛林小路前行。

在当地人的帮助下，我们可以到达奥希利亚多拉——一个大约 20 年前由慈幼会①的牧师建立的小镇，小镇上有开往乌迈塔的大船。之前，我从未听说过乌迈塔，但现在，这个地方就如麦加一样神圣。

回家之后，我立即包装行李，打算起程。我不知道到乌迈塔要走几天的时间，也不知道是否需要自备干粮。但坐上我们一家五口，再放上汽油后，独木舟上几乎已无剩余的空间，所以我们只能带很少的食物。

天黑后在河上游荡会很危险，所以我决定第二天一早出发。我带了一些罐头、几把勺子、几个搪瓷涂层的锡盘、一把刀、几盒火柴、一些蜡烛、一个装水的容器和几套换洗的衣服。我把这些东西打包好放在一边，然后祷告，上床睡觉。第二天早晨，太阳刚刚升起，我就把小舟开到房前，往上面搬行李。天朗气清，微风吹来，工作中的我总算感受到了一丝凉爽。

---

① 又名鲍思高会，由意大利人圣若望·鲍思高（1815—1888 年）于 1859 年创立，以普及平民教育、救助失学青年为目的。

装好物资后，我把莎伦抱到独木舟上，船微微有些失去平衡。皮拉罕人齐刷刷地站在河边，看着我们。接着我回家去抱凯伦，嘱咐卡莱布和克里斯站在河边等我。凯伦几乎处于昏迷之中，看到她虚弱的样子，我很是心疼。在生病的几天里，她瘦了很多，体重下降了 4.5 千克。我把她抱出来，小心翼翼地放到船上。

凯伦惊醒了，她开始用力挣扎着大声呼喊："你在干什么？你想逃跑吗？你不再相信上帝了吗？你打算背叛你的信仰吗？我们必须待在这里，奉耶稣的旨意，帮助这里的人！"这让我们的离开变得更加艰难。我感到疲惫、迷茫和缺乏安全感。如果我的决定让她们的病痛加剧，我会因良心的谴责深深内疚。但我们别无选择，必须离开。在这个原始的村子里，我无法为生病的家人找到所需的药物。如果留在这儿，也许凯伦和莎伦就会死去。尽管已到了崩溃的边缘，但我只能硬着头皮咬牙坚持，想办法离开这里。

此行吉凶难料，照顾家人和处理突发状况的压力集中在我一个人身上，我感到筋疲力尽。基地里的其他传教士也许会同意凯伦的观点，会认为我是懦夫、叛徒、逃兵（但事后证明，我多虑了，他们非但没有谴责我，反而非常理解，并友好地出手相助）。我也知道，再过几天，来送物资的飞机可以带着我们一家人去波多韦柳港。但问题是，如果我等着，凯伦极有可能生命垂危。越早离开，凯伦得救的概率就越大。在村子里多待一天，我就会多一个不眠之夜，而这种煎熬会把我拖垮，直至自身难保，更别提照顾家人。所以我不能等待，必须有所行动。

我来到河畔，一个皮拉罕老人走过来问我，能否给他带些火柴、毯子和其他用品回来。我愤怒地答道："我不是去购物的。凯伦和莎伦生病了，我要带他们去治病。"如果我知道皮拉罕语的"他妈的"怎么说，相信当时我就会破口而出。

他们一定也感受到了我的愤怒。我的家人身处险境，为什么他们却只想着自己呢？我费力地拉动马达，让引擎发动起来。船舷露出水面的部分大约只有7.5厘米，甚至还没出发，我们就遇到了危险。我无法让独木舟保持平衡，差点从另一边侧翻出去。每年的这个时候，河水都很深，大都超过15米。如果船只侧翻，那无疑是一场灾难。我们没有救生衣，我的妻儿也没有能力游到岸边，麦茨河水流湍急，我不可能将他们一一救起。

现在，我的遭际，就如同那些曾经鼓舞我的传教士的事迹。"上帝啊！请保佑我们平安。"我在心里默念。

皮拉罕人喊着："别忘了火柴！别忘了毯子！带些树薯粉和肉罐头回来！"在他们不断加长的购物清单中，我们驱船离开，在发动机的轰鸣声中，两只金刚鹦鹉从我们头顶飞过，发出鸣叫。但它们对我熟视无睹，自顾自地飞回了巢窝。此时，还没到早上8点，阳光灿烂，气温已经上升到了21℃。

独木舟时速14.5千米，微风习习，在耀眼的阳光下，凯伦和莎伦显得精神了些。前行了约一个小时后，克里斯说她饿了。我慢慢减速，打开了一个桃子罐头。克里斯用河水洗了手，我直接把桃子倒在了她的手上。克里斯转过身对凯伦说："妈妈，你要吃桃子吗？"突然，凯伦坐起来，扇了克里斯一耳光。她叫克里斯闭嘴，然后又倒下了。克里斯没有哭，只是痛苦地看着我。凯伦的举动让我惊讶，

图 3.1　在皮拉罕人不断加长的购物清单中，我们驱船离开。

尽管克里斯和卡莱布已经清楚状况，但我还是连忙解释说："亲爱的，妈妈生病了。她不知道自己在做什么。"莎伦也不想吃东西，于是，我们仨把桃子吃完，克里斯和卡莱布把罐头里的糖水也喝掉了。

河岸两边的绿色丛林宽广而醒目，我们从旁迅速经过。水位很高，河上没有其他船只。我们必须小心谨慎地行驶在主流上，不使自己陷入沼泽之中。

通常情况下，我能轻松地判断出主流。但当水流突然散开，出现好几个水道，使之看起来更像沼泽而不是一条河时，我就会失去判断，陷入迷惘。

又过了大约一个小时，凯伦说她想喝水。我给她倒水，但她却猛地抢过水壶，拿走杯子，然后远远地端着杯子，把水全都倒在了膝盖上。我从她手里拿过水壶，说："亲爱的，我来给你弄吧！你把水全都洒出来了。"

她生气地说："要是你不在，这将是一次有趣的旅行。"接着她把嘴放在壶边，径自喝起水来。我也给莎伦喂了些水，然后继续赶路。

几小时后，我看到左边河岸的空地上有座房子。我把船靠过去。我们已经到了通向马代拉河的路口了吗？我的葡萄牙语很蹩脚，但我还是去到岸边，在房前拍手，直到一个妇女打开了窗子。我问她，这里是不是圣卢西亚。

她回答说："我没听说过这个地方。"

"有没有人知道呢？"我几乎恳求地问道。

那时已是下午两点，我们只剩下不到四分之一的汽油，最多还能继续航行一到两个小时。如果不马上找到圣卢西亚，也许我们要在独木舟上过夜了。

她指着上游说道："你可以去上面的波瓜依玛多（Pau Queimado）问问，他们可能知道你要找的地方。"

"我刚从上游过来，那里没有人。"

"它就在你左手边第一个河湾。"

我向她道谢，然后立即跑回船上。天气很热，在阳光的暴晒下，我们一家人的皮肤变成了红色。回到小舟后，我回头朝房子看了看，这才清楚地知道了他们所住的地方。把房子粉刷成白色，对于勉强维持温饱的家庭来说，这实属不易。可他们为什么要这样做呢？是为了降低房子里的温度吗？其实，他们是希望房子漂亮，有吸引力，即便丛林里很少有外人前来。

房子旁种着番木瓜和一些果树。果树上的水果呈红色，像苹果一样香甜多汁。果树旁边的地上种植着木薯、甘蔗、红薯和山药。房子周围干净整洁，绿色的草坪上有明显的修剪痕迹。这所房子是木质结构，修建房屋的木板无疑是她丈夫一刀一刀地削出来的。在靠近小舟的地方，有一些木棍插在房子与浅水交界的地方，上面绑着几只有黄斑点的亚马孙水龟。这种水龟是亚马孙卡巴克罗人①最喜欢的食物。我发动小舟，朝向上游驶去。我心里不禁想，以捕龟为生一定很不容易。

这些人热情优雅且乐于助人，生活艰难却很知足。我拥有的远远多于他们，但当我审视自己的行为时，我意识到与之相比，我是多么紧张、缺乏热情和友善。尽管我是一名传教士，但还有很多东西要向他们学习。

但这事可以稍微缓缓，现在我需要的是寻求帮助。船继续向前，我在心里向上帝祈祷："主啊！我奉汝之名来到亚马孙流域，与家人一起履行你赋予的职责，并帮助这里的人，你怎么忍心让我迷路呢？主啊！我的汽油快用完了。如果我的妻子因此而死去，那么我们的这份善意还有什么用呢？我的主啊！求求你，助我一臂之力吧！"

我极目远眺，从河上望去，目力所及处是宽广而茂密的风铃木。树木高耸在河边，黄紫色的花朵在树林的掩映下显得格外美丽。原住民称风铃木为"康复树"。我希望它们能给我带来好运。今天似乎是个好日子，阳光明媚，微风清凉。马梅卢斯河河口附近是一片

---

① 说葡萄牙语的巴西内陆地区原住民。

丘陵，陡峭的河岸边有众多河湾，作为一个初来乍到之人，我很难用肉眼将它们辨别出来。

朝更远的地方望去，我甚至可以看到巍然耸立在森林另一边的巴西栗树。我以一种全新的视角来看待这一切。如果大自然无法帮助你病危的家人，它还依然美丽吗？是否情人眼里出西施，大自然的美丽与否受到我们意识的左右呢？我正想着，忽然一阵微风拂面，河面泛起层层涟漪，翠绿的树枝在淡蓝色的天空中上下摇曳。不，大自然本身就很美丽！在大自然中，我感受到无处不在的，为生活而奋斗挣扎的精神。这些都是美好的东西，刹那之间，我重新满怀斗志，眼睛变得炯炯有神，心中充满了力量。

我终于看到了通往波瓜依玛多的河湾，然后立即调整小舟朝那个方向驶去。大约一分钟后，我们来到一个微型峡湾。越过陡峭的河岸，我看到山坡上有一些茅草小屋，小屋旁的空地上种植着树薯。山坡坡度高达60度，从茅草小屋到河岸，距离超过36.5米。从下往上看，这里的土地呈棕色，山坡顶部附近长了一些草。

河流两岸，整个村庄干净整洁，可见生活在这里的卡巴克罗人很勤劳，重视房子周边的清洁，并使之井然有序。他们用约7厘米厚的木板在河岸边精心铺设了台阶，我拾级而上，沿着台阶飞速向前。当我气喘吁吁地爬到坡顶时，我环顾四周，发现一座小屋的地上有几个人正在吃饭。

我完全不顾卡巴克罗人的礼节（他们一般会先得体地自我介绍，闲聊一会儿，然后才会提出请求），有些唐突地脱口而出："你们知道怎么去圣卢西亚吗？"

房子建在高约 45 厘米的"高跷"上,装着精致的地板和木质百叶窗。房间的角落里,一个女人正在照顾怀中的小孩。一个男子坐在地上,搅拌着鱼粥和盛在葫芦形容器里的木薯粉。吊床整齐地悬挂在房屋低处。尽管天很热,但每天晚上他们都会紧闭门窗,以防动物、神灵和小偷的进入。

所有人都盯着我,仔细打量着眼前这个肤色泛红、眼神狂乱的外国人。一名男子说:"没有这个地名。"

"但是,与神父乔斯一起工作的维琴佐说,圣卢西亚有一条可以通往马代拉河的路。你们认识神父乔斯吗?"我试图向他们说明情况。

坐在后面的一位妇女说:"他可能说的是圣塔路西亚,那儿有一条通往马代拉河的路。"

"对!就是那个地方。"其他人异口同声地说。

终于有了一线希望!他们告诉我,圣塔路西亚大概就在下游,从我们刚刚经过的房子附近,坐船到那里需要 30 分钟。一片与河流平行的狭长地带遮盖了那个地方,所以很容易被忽略,不过只要你注意往左边看,就能找到它。"Muito obrigado(感谢)!"我兴奋地冲下台阶,向他们大声喊道。当我来到岸边时,克里斯和卡莱布正安分地坐在小舟上聊天,莎伦嘟囔着她有些发烧,凯伦说她想要跳进河里,好让自己能够凉爽一些。我发动小舟,全速前进,在身后留下一片波澜。

航行 30 分钟后,我朝河岸看去,试图寻找到河湾。差点就开过了,不过还好,我看到了远处陡峭河岸上的一块空地,那个地方距离河面约 48 米高,通往村落的小路上也铺设有同样精致的台阶。

我把小舟停在岸边，告诉凯伦和莎伦，我们马上就回来。然后我抱起克里斯和卡莱布跑到岸上，又急又喘地想找人询问。

这个马梅卢斯河畔的小村落由 6 所房屋构成，小建筑群中有一座教堂，房子被粉刷成鲜艳的颜色。村子整洁有序，道路宽阔而干净。马梅卢斯河从此处穿过，从上往下看，河流呈蓝黑色。树下有一些手工凿成的厚木板长椅，微风和煦，在长椅上稍事休息必定非常舒适，只可惜我现在没有时间，更没有这份闲情逸致。

大约 50 米开外的树荫下，有几名妇女正在聊天，我快步朝她们走去。她们也看着我，毫无疑问，正在议论我这个从上游来的外国人。

我没有时间寒暄，等到她们能听到我说话时，我立即直奔主题。

"这里有去马代拉河的路吗？"

"有，就是那条路。"一名妇女回答。

我告诉她们，船上有两个病重的人，并且问她们，能否带我们去马代拉河。那名妇女让一个小女孩去把爸爸叫来。我也跑了下去，把莎伦抱了上来。

当我再次抵达村子时，我看到了一生中最美丽的画面：许多体格健硕的男人沿着小路排成一队，他们正准备前来帮我，而绝望中的我与他们素昧平生，根本没为他们做过任何事情。后来我才明白，卡巴克罗人乐于向任何人伸出援手，哪怕会因此牺牲自己。

我还来不及说些感激的话，就听到一名妇女大声喊道："天哪！她跳进了河里！"

凯伦掉进了河里，她试图爬上小船。我立即跑到她身边。

她说："河水太凉，而我太热了。"

我双手把她抱起，再次跑向河岸，把她安顿在树荫之下，与三个孩子待在一起。我心想，凯伦不那么语无伦次了，也许她的神智已经清楚了一些。

凯伦此时坐在一棵漂亮的杧果树下，开始用葡萄牙语跟周围的人说话："我记得这个地方。那个方向有大象和狮子。小时候，爸爸带我来过这儿。"

所有人都看着她，又看了看我。他们都意识到她产生了幻觉。可是谁也没说出来，只是低声说："这孩子真可怜。"

男人们向森林走去，几分钟之后，他们回来了，手里拿着两块约15厘米厚、2.5米长的木板。他们在每块木板上装了吊床，然后把凯伦和莎伦放在上面。2名男子负责照看，4名男子扛着木板，我们一行人沿着小路向下走去。

我打包好所有的行李，把小舟托付给另一个人照看（在我返回前，这名圣卢西亚的男子弄坏了船的马达）。我还请他们给神父乔斯带话，维琴佐想要一艘船带他离开村庄。就这样，我背起约22千克重的行李，抱上卡莱布，牵着克里斯，跟在这群男子的身后。

一路上，克里斯不停地采摘路旁的花朵，边跳边唱《耶稣爱我》（*Jesus Loves Me*），这不禁拖慢了我们的行程。她扎着丸子头，穿着短裤、T恤和网球鞋。在花香四溢中，她欢欣雀跃。尽管沉重的负荷让我几近透支，但看到这一幕，我还是忍不住笑了。克里斯是我的生命之光，她温暖灿烂的笑容让我忘却了所有的倦怠和绝望。而卡莱布敏感脆弱，向来爱黏着妈妈。他问我，这些人要把妈妈和姐姐带去哪里。

在这条树荫浓郁的路上行进大约 45 分钟后，我们来到一片空地。我看到数间油漆过的木质吊脚楼、一座大教堂、小商店，以及彼此平行的肮脏大街。这里便是奥希利亚多拉，已经脱离村落的模样，开始有了小镇的雏形。

卡巴克罗人问我要把凯伦和莎伦放到哪里。这个地方太小了，显然没有房屋可供出租。我去打听情况，让他们暂时把母女俩放在树荫下。我找到了一所房子，属于商人戈多弗雷多·蒙泰罗（Godofredo Monteiro）和他的妻子塞萨莉亚（Cesária）。我到亚马孙流域后不久就认识了他们。有一次他们沿着麦茨河旅行，曾邀请我们到奥希利亚多拉做客，所以我知道他们住在这里。

和大多数典型的卡巴克罗人住宅一样，他们的房子由木质墙壁和地板构成，有一个非常干净整洁的台阶，屋顶则是半茅草半铝片搭建而成。房子漆成白色，其上有绿色点缀，房前用绿色的油漆大写着："蒙泰罗之家"。房子后院里有一个卫生间，这表明两人很重视卫生，因为大多数当地人直接在丛林里方便。

戈多和塞萨莉亚非常欢迎我们来到他们的小家，所以我把凯伦和莎伦带到了他们那里。尽管天色已晚，我们每个人都很疲惫，但塞萨莉亚还是提议帮我们一家人挂吊床。

"吊床？"我不解地问道。我以为我们会睡在床上或地板上。

"丹尼尔先生，当地人不使用卧床，我们都在吊床上睡觉，牧师也不例外。"塞萨莉亚耐心地解释道。她继续说，这里每个人都睡吊床，即便是乘船旅行也不例外。

"可是我们没带吊床。"想到目前的处境，我万分沮丧。莎伦和凯伦刚刚躺的吊床是借来的，属于圣卢西亚某个我素不相识的好心人。塞萨莉亚马上出门，半个小时后，带回从左邻右舍那里借来的 5 张吊床。她开始准备晚餐，并告诉我可以由她来照顾凯伦，然后我可以带孩子们去马代拉河洗个澡。

马代拉河并非狭窄而清澈的麦茨河，它浑浊宽广，长度与密西西比河不相上下，在奥希利亚多拉的高处，河流宽度甚至超过 1.6 千米。戈多的家距离河岸大约 275 米，河岸高约 55 米，是我见过的人类定居的最高河岸。

我双脚伸入水深及膝的河里，洗去一天的尘土与疲惫。我不去想河里有没有鳄鱼，因为在浑水里你几乎看不见它们，我也不在乎水里有没有寄生虫或鳄鱼，我甚至不在乎肮脏的马代拉河里有没有食人鱼、水蟒、黄貂鱼、电鳗，或其他常住"居民"。因为我太脏了，只顾着拼命地清洗自己。但我知道河里有潜在的危险，所以我让卡莱布和克里斯站在岸边。我先是帮他们打上肥皂，然后再把他们抱进河里迅速地把泡沫洗掉。这番清洗后我们还是稍微干净了一些，但回来的路上我们又满头大汗，身上也满是泥巴了。

等我们回到家时，天差不多完全黑了。跟麦茨河不同的是，马代拉河边到处都是蚊子。它们在戈多的家里嗡嗡作响，成群结队地飞来飞去。我们没有驱虫剂，没有长裤，没有任何可以防蚊的器具。塞萨莉亚借来一个跟房间差不多大小的蚊帐，她把它支在客厅里，这样一来，我们就可以坐在其中躲避蚊子了（当然，因为不通风，蚊帐也令房间更热了）。但我没办法借助它的保护，因为戈多想和我聊天。我们坐在楼外的台阶上聊了起来，我故作轻松，就好像什么也没发生似的。我不停地拍打蚊子，它们每咬一口，我的皮肤就立即鼓个大包。

"这里的蚊子真是太可怕了。"我忍不住抱怨起来。

"是吗？今天晚上好像不怎么有蚊子呢。"戈多说，言语中带着对家乡的维护。但我注意到，他也时不时把手伸进 T 恤，不停地拍打前胸后背及身体的两侧。

我们坐下吃饭，晚餐主要是加了盐、油、香菜和厚厚一层洋葱的大豆，还有米饭和鱼。我几乎无力支付一顿这样的晚餐费用，在皮拉罕村，我们基本靠慈善机构的接济生活。

当地人告诉我，两到三天后，会有一班去乌迈塔的船经过这里。这令我有些失望，因为它意味着我们要在这个地方滞留些时日。不过我可以趁机洗洗衣服，准备点食物，凯伦和莎伦也可以稍事休息，并且这里还有为她们找到医生的希望。

"我怎么知道船来了没有？"我问。

"我们老远就能听到声音了，丹尼尔先生。"当地人神秘地答道。

可是等他们听到声音后再通知我，拖家带口再加上行李，我们还来得及赶上船吗？我又开始怀疑乘船出发的决定是否正确。凯伦把我叫到她的床边，对我说她想回皮拉罕村等飞机带她离开。她看上去精神多了，头脑也很清楚，我甚至开始考虑休息一晚后就回到村里。不过，第二天的凌晨两点，还没等我做出决定，戈多就把我叫醒了。

"丹尼尔先生，'休闲船'开过来了。"这艘船的名字至今让我困惑不解。

我把一家人叫醒，然后迅速打包行李。但戈多却慢条斯理地说："别着急！船开过来还得好一会儿。我们可以先喝杯咖啡。"

喝咖啡时，我担心自己会错过这艘船。如果这样的话，我们就会被困在这里至少一个星期。喝完咖啡后，我听见屋外有很大的动静。我看见来了许多当地人，他们自发地帮我把家人带到船上。商量了 15 分钟后，他们把吊床悬挂到扁担上，而我则负责收拾所有的行李。凯伦和莎伦躺在吊床上，塞萨莉亚抱着卡莱布，克里斯躺在我怀里，其他人帮我扛包。

在煤油灯和手电筒的照射下，被一群嗡嗡叫的蚊子围着，我们穿过潮湿黑暗的丛林，浩浩荡荡地向码头进发。在黑暗中，我们瞪大着眼睛，沿着陡峭的河岸摸索前进。突然，抓着吊床尾部的人摔了一跤，滚下了台阶。不过还好，他没有受伤，凯伦也没有掉下来，因为那个人刚跌倒，就有人接替了他的位置。等我们靠近了岸边，我远远看到一艘船如宇宙飞船般伫立在水面，船上的探照灯在河面周围若隐若现，船员通过它寻找可能会损害船体的浮木，检查船只和河岸的距离，避免它陷入浅滩。

我们用一闪一闪的灯光朝船上的人发信号，告诉他们有人想搭船。终于，在这暗无星辰的夜晚，船只冲破黑暗停靠在我们旁边。这艘巨轮有 6 米高、21 米长，巨大的探照灯照射在我们身上，使我们看上去如此渺小，就像是站在火星上等待救援的人类。

这是一艘三层甲板船，他们把母女俩安顿在最低的那一层上，而我则把孩子和所有东西都弄上船。船只即刻起航，刹那之间，所有帮助我的奥希利亚多拉的朋友全都消失在了亚马孙的夜色之中。

我还会再见到他们吗？接下来会发生什么呢？我匆忙地把从他们那里借来的 5 张吊床支起。我担心克里斯和卡莱布会掉进河里，也担心躺在甲板上的凯伦和莎伦会因为毫无防护而被人踩，更担心我们那些少得可怜的行李会被人偷走。挂好吊床后，我把一家人带到第二层甲板上，然后把所有的行李都放在我的吊床下面。安顿好家人之后，我就准备入睡了。我让每个人都睡在我附近，如果他们有需要，我随时都可以知道。

船舱顶部有一个酒吧，甲板最底部有个仓库。船很脏，除船体外壳呈蓝色外，船身的其他地方都被漆成了白色。地板上有一层厚厚的棕色油漆，船体的边缘有高约 1 米的防护栏。我在书里看过这类船的相关介绍，但近距离地实物观察，这还是第一次。船上也许有近百名乘客。

无论是在巴西、秘鲁，还是在哥伦比亚，整个亚马孙流域的客船都类似于此。大船通常都是由 7 ～ 10 厘米厚的木板（如亚马孙热美樟，既坚固又防水）制成。小船通常都长约 9 米、宽 3 米，由 5 ～ 7 厘米厚的木板制成。木板由绳索固定在一起，它们之间的空隙由其他纤维物填充，表面用油灰或油漆涂层。这种船体必须能够在雨季承受浮木的冲击（浮木有时比船身还要长），在旱季则还要能经得起与岩石的撞击。

存储室位于下甲板的船首，发动机和驱动轴位于船尾。船上一般有多层甲板，两层甲板之间通常高约 1.8 米。为了避免高温，在大型商业客运船上，多数情况下载客用的甲板四周都没有围墙，只有一些警戒用的栅栏和支柱。

　　为了悬挂吊床，客舱层的天花板上通常装有 2.5 厘米厚的木板，如果下雨，吊床四周的塑料油布可以用来防雨。尽管这些船只看上去破破烂烂的，但在亚马孙流域，它们是可靠且实用的交通工具。船只的设计、发动机的制造和相关设备的操作都有一整套的标准，在这里，遵循这个标准制造船只零部件的工人随处可见。任何偏离规范的操作或者使用不符标准的引擎，都无疑是自找麻烦。因为一旦船只故障，而你所需的零件又不符规范，你便可能会陷入不便，甚至长期滞留在某个人迹罕至的地方。

图 3.2　亚马孙流域里常见的三层甲板船。

　　这些船只或用于载运乘客或用于贸易运输，等建造完成后，它们会流通到订购者（通常是相对富裕的商人）的手中。他们用火柴、奶粉、肉类罐头、大砍刀、锄头、铲子、针线、卷烟、酒、鱼钩、弹药、枪支和独木舟等工业制成品，来跟印第安人或当地巴西人购买丛林产品。很多商人都拥有一支这样的船队，这些船队通常停泊在波多韦柳港、玛瑙斯、圣塔伦、帕林廷斯、贝伦[①]等亚马孙流域的城市港口。这些船员从印第安原住民手中购买医用柯拜巴脂、巴西坚果、阔叶树、乳胶等原始的丛林产品，然后用船只将它们源源不断地运向丛林之外。

一艘船通常有两到四个船员，船员中通常也有卡巴克罗人。他们负责操作电机、驾驶和修理船只的工作。

在航行期间，只要发动机运转正常，他们就可以适当放松，悠闲地躺在吊床上或者坐着聊聊天。但如果船只停了下来，他们就要卸货或装船，修复引擎、驱动轴或推进器，潜水到船底堵漏，或者完成其他任务。这是一种哈克贝利·费恩[②]（Huckleberry Finn）似的生活，时刻充满着繁重的劳动。

这些船员的生活充满着复杂难解的矛盾。在他们慷慨友好的背后，往往有着不为人知的辛酸历史。在经历过失败的婚姻、债台高筑、被仇人或警察围追堵截等不堪回首的往事后，为了躲避城市的生活，他们辗转来到这片与世隔绝的区域。他们是居住在这片蛮荒土地上的化外之人，必须身强体健才能安然度过每一天。

我刚要入睡，凯伦突然说她想上厕所。她和莎伦仍然严重腹泻。在这次航行中，她们无数次地需要使用夜壶。我支起一条毯子以保护她们的隐私，在她们用完后，我端着夜壶穿过船上一直盯着我们

---

① 以上城市均位于巴西境内。
② 美国作家马克·吐温创作的长篇小说《哈克贝利·费恩历险记》中的主人公。

看的人群，到船尾的浴室里把它冲洗干净。

等我回来后，莎伦说："对不起，爸爸。我很抱歉。"

"傻孩子，你为什么这么说？"

我走近她，闻到了一股异味，很快就明白发生了什么。我看了看，发现她腹泻得满身都是，吊床也被弄脏了。

她自责羞愧，连声说着"对不起"。但这是我的责任，我应该要好好照顾她的。我在她的吊床边围上毯子，然后打了一桶水，帮她洗净身体和换上干净的衣服。我竭尽所能，帮她洗干净衣服和吊床。我把洗净的衣服挂在甲板的栏杆上晾晒，为了不让她感到潮湿，我又在吊床上铺了一层毯子。

第二天醒来，卡莱布和克里斯对我说，他们睡得很好。中午，我给家人派发食物。我让卡莱布和克里斯坐在甲板栏杆旁的凳子上，然后给他们每人一小碟豆子和米饭（这是船上乘客的标准餐）。当我转身去给自己拿点吃的时，不料，身后响起盘子落地、玻璃打碎的声音。两岁的卡莱布把手中的碗碟掉在了地上。他很惭愧。我又给他拿了些吃的，把掉在地上的食物和玻璃碎片扔进了河里。凯伦说她想喝冰镇可乐，于是我又到上层甲板的小商店里给她买了一听。等吃完午饭，我又开始担心下一件事。

搭上游船后的第二天早晨，我试图接近这艘船的主人——只有一条手臂的费尔南多（Fernando）。他身材不高，大约 1.75 米，穿着人字拖，胸膛赤裸，挺着巴西富人常有的大肚子。虽然他看上去没那么可怕，但是在船上，什么都得听他的。

　　塞萨莉亚和戈多跟我谈起过费尔南多。根据他们的描述，费尔南多是个难缠的人，铁石心肠，没有同情心，不会帮助别人。他们告诉我，有些人很怕他，那些体型彪悍的船员总是对他言听计从。我好好想了想应该怎样和他交谈。我希望自己能有一口流利的葡萄牙语，好说服他帮我一个大忙。

　　"你好！"我说，"我妻子病得很严重。我想尽快送她去看医生。如果你能让摩托艇送我们去乌迈塔，什么价钱我都答应。"

　　"我不出租摩托艇。"他头也没抬，粗暴地打断了我。

　　"噢！那你能不能中途不停留，让船直接开往乌迈塔？我会赔偿你所有的损失。"我知道有很多人也指望乘这艘船去看病或给他们运去食物，但我已经顾不上那么多了。如果费尔南多接受了我的条件，那么其他人也可能惨遭与凯伦类似的命运。

　　费尔南多答道："听着，哥们儿！生死有命，如果你的妻子注定要死，谁也无能为力。我不会为了你一个人加速前进。"

　　要不是有船员为他撑腰，我很有可能冲上去给他一拳。我垂头丧气地回到家人身边，变得紧张和极不耐烦。正当我想着目前的处境，不断地向上帝祈祷时，船只却慢慢减速，在一排房子前停了下来。

　　我最初以为是要接载乘客。但后来，发动机也停止了工作，周围一片寂静。引擎出了问题？我暗自揣测。但随后发生的一幕让我简直不敢相信：费尔南多和所有船员穿着统一的足球服下了船，不远处的山顶有一片空地，那里有另一群穿着足球服的男人在等着他们。大部分凑热闹的乘客也跟着他们下了船。就在他们踢球的两个小时里，我无数次诅咒他们。这帮人简直丧心病狂，竟不顾船上我奄奄一息的妻女，还有心思跑去踢足球！如果可以，我一定会偷偷开走这艘船，把这帮人丢在这里。那时，我脑海里有无数残忍恶劣的想法，而那些都是我以前从未有过的。我必须坦承，以传播善良为己任的传教士不应该有这些想法，它们是我那整天酗酒、打架斗殴的老爸才有的想法。

他们终于回到了船上，每个人都大声欢笑相互逗趣，继续这次充满快乐的乌迈塔之旅。这些人怎么了？我心想。为何他们没有人类应有的同理心呢？多年以后，当这次旅行带给我的创伤慢慢退去，我开始理解了巴西人的心境。

对我而言，当时经历的苦难非比寻常。但对船上的其他乘客来说，那只不过是生活中习以为常的一幕而已。无论生活多么艰辛，他们都早已学会了镇定地面对，勇于而且能够独自面对一切。尽管巴西人乐于助人，但他们内心里同时还有一个潜在的意识：尽管我时刻准备伸出援手，但我并不愿意向人求助。至少多数卡巴克罗人的心中存在这个理念，他们认为每个人都有责任处理自己的问题。

待在游船上的日子是我一生中最漫长的时光。这艘船就像一所漂浮的监狱，我什么也做不了，每天只能坐在凯伦旁边，看船慢悠悠地前行，观察河水的涨落，并试着让自己放松下来。其他乘客不停地过来盯着凯伦和莎伦看，由于缺乏隐私，我更觉得不自在。尽管大多数人都很善良友好，但我还是受不了很多人在我面前指指点点。

"她快死了吗？"一个妇人问另一个人。

"是啊。那个外国佬真是太傻了，竟然把一家人都带到这儿来。她们得了疟疾。"

听到他们说凯伦和莎伦患了疟疾，我心中还一阵沾沾自喜，因为这些人没看出她们得的是伤寒。

"她的脸都晒伤了。"

"是啊，你看他们皮肤多白啊！"

"我敢打赌，他一定是个有钱人。"

在他们的闲聊声中，时间慢慢流逝，直至我完全麻木。

离开奥希利亚多拉后的第 3 个夜晚，转过马代拉河的一个弯道后，一片光亮出现在船只右舷的方向。我已经有好几个星期没见过电光了。穿过黑暗丛林的灯光提醒我，在皮拉罕村之外，远离麦茨河的地方还有一整个世界。最重要的是，这些灯光是文明和医生存在的证据。乌迈塔就在 1.6 千米开外的地方，我们减速，缓慢穿过马代拉河。大约凌晨 3 点钟，游船靠了岸。由于河流的常年冲刷和侵蚀，河岸边的几个台阶已经溃烂，一块狭窄、有弹力的木板填补了船与河岸间大约 1.2 米宽的空隙。

没有人愿意帮我背行李和小孩。由于时间紧迫，我一把扛起克里斯、卡莱布和行李，带着他们踏过木板，走到河岸边一座废弃的建筑物旁。我看到有出租车在等待乘客。

我告诉 4 岁的克里斯："我去接妈妈和莎伦，你坐在包上别动，等我回来。看好弟弟和行李，别让坏人拿走它们。明白了吗？"时值凌晨 3 点半，她刚刚睡得很香甜。

"好的，爸爸。"她一面揉惺忪的睡眼，一面环顾四周，想知道这是什么地方。

我跑回去，卸下所有的吊床，让凯伦躺在长凳上。莎伦正在痛苦地颤抖呻吟，我抱着她跑回克里斯等着我的地方。接着，我又跑回船上，把凯伦抱在怀里，她比我们离开村庄时瘦了许多。我把她抱上岸，直接朝一辆出租车走去。司机帮我把行李扔进后备箱，我把孩子和凯伦安置在后座。几分钟后，我们飞速地朝医院驶去。

医院位于城镇的边缘，依然还在工作。医院外墙壁简单地刷了一层白色灰泥，地板上铺着瓷砖。等所有东西从出租车上搬下来后，我直奔接待室而去。接待室里的电灯悬挂在天花板上，里面没有人，看上去空空如也。虽然医院很小，只有大约 50 张病床，但这的确是家医院啊！我又跑到大厅寻求帮助，看到一个穿白色制服的男人正在检查台上睡觉。

"我妻子病了，她可能得了伤寒。"我说。

他慢慢站起来，说："伤寒？这个地方很少有人得伤寒。"

他走到凯伦和莎伦的身边，注意到她们在发烧。"嗯！"他说，"据我判断，她们患了疟疾。不过还要进一步观察。我要给她们做化验。"

他采了血样，把薄片放在显微镜下观察，咯咯地笑了起来。

"你在笑什么？"我有些愤怒地问道。

"她们确实患了疟疾，而且很严重。"

显然，他是在嘲笑我的无知。他从医第一天起就在治疗疟疾，可还从未遇见过如此严重的病情。毫无疑问，这都是我的愚蠢所致，在皮拉罕村，我没有及时为她们治疗。医生给她们单独找了间病房，为她们静脉注射氯喹。我和克里斯、卡莱布守护在病房里，寸步不离。第二天早上，凯伦醒来时想喝水。虽然她依旧身体虚弱，但病情已有所好转。莎伦似乎也好了一些，问我能不能给她一杯可乐。凯伦感觉头发有些遮脸，想找个发卡把头发挽起来。在皮拉罕村时，她已长发及腰，但我忘记了给她扎头发。这家医院由当地天主教与政府合办，前台有两名修女值班。我问其中一位有没有扎头发的绳子或发带。

"瞧！这个外国人把这儿当成商店了，他想找根发带帮他妻子绑头发。"她在接待区大喊起来。

我不太了解天主教徒与新教徒间的仇恨，他们几乎水火不容。她刺痛了困倦和迷失的我。我知道，贫穷的人容易仇富。也许在这个修女看来，我非常富有，腰缠万贯。而且所有人都认为美国人是种族主义者，这些事是我从书里了解到的。这是我第一次接触到这类社会偏见，在接下来的几十年里，它不断重演。在乌迈塔，我举目无亲，找不到人一诉衷肠。讽刺的是，尽管每个人都认为我很富有，但实际上我几乎走投无路。医院没有床位给我们，我和孩子们连睡觉的地方都没有。我困倦之极，只好坐在凯伦和莎伦的床边打盹，心里盘算着，等醒来后得去波多韦柳港。

每天上午11点，乌迈塔有开往波多韦柳港的公共汽车。我决定第二天一早，先把克里斯和卡莱布送到波多韦柳港，然后再回来接凯伦和莎伦。她们一直在输液，疟疾让她俩几乎不能动弹。要把凯伦和莎伦带到公共汽车上，几乎是不可能的事情。我告诉她们，我先带着克里斯和卡莱布暂时离开，第二天上午再回来。

"别走，爸爸！"莎伦抽泣着，"你不在这里我会害怕。"

凯伦也认为，最好的办法是尽快把所有人转移到波多韦柳港这个相对更大的城市。毕竟那里有个商用机场，万一有需要，我们可以直接飞回到美国。传教机构的总部没有电话，我们无法通过电话向他们求助。1979 年的巴西还没有普及电话，在这里安装一台固定电话的花费超过 10 000 美元。所以，尽管距离小镇只有 24 千米，但我们暂时无法联系到传教机构的总部。

我走出医院，到街上去找公共汽车站。乌迈塔炙烤在热带阳光下，没有树荫遮蔽，街道上尘土飞扬，满目疮痍。这个小镇没有任何基础设施，看上去就像只是马代拉河畔的一块空地而已。所谓的公共汽车站不过是大街边的一间房子，房前有个柜台，一家人正在里面看电视。我买了三张去波多韦柳港的车票，这几乎花掉了我大部分剩下的钱。我回到医院带上克里斯和卡莱布，暂别了生病的母女。

过去的一个多星期里，我只睡了大概 15 小时。我身心俱疲，很多事都来不及细想。往返于乌迈塔和波多韦柳港的公共汽车锈迹斑斑，我带着克里斯和卡莱布迅速登上了车。我们立即找位置坐好，开始了 5 小时的旅程。在汽车停靠的第一站，我用零钱买了些水和零食，然后在车上好好休息。下午 4 点我们到达了波多韦柳港，这是旅程的最后一站，我们全都疲惫不堪。我拦下一辆出租车，司机和其他人一样，一直盯着脏兮兮的我们和我们拿着的军用帆布袋行李。我请他载我们去暑期语言学院传教中心。

我们行驶在麦茨河畔的丛林道路上，四周都是野生动植物。早前来这里时，我甚至还在这条路上见过一只美洲豹。我们到达传教中心后，我走向距离最近的大楼，请里面的传教士帮我支付车费，并用对讲机报告了情况（贝尔电话公司捐赠了一套设备，供该中心的人员交流使用）。很快，所有的人都得知了凯伦和莎伦的病情，主动向我伸出援手。一名传教士主动提出开车去接她们，但母女俩病得太重，恐怕经不起折腾，而我也困得不行了，必须得睡一会儿。我向传教机构提出申请，让护士贝蒂·克罗克尔（Betty Kroeker）和飞行员约翰·哈蒙（John Harmon）隔天一早跟我一起飞回乌迈塔。

第二天早上 7 点，我们三人从波多韦柳港机场出发。在大约一个小时的行程里，约翰把这看作是一次常规飞行，表现得漫不经心，认为我夸大了事情的紧急程度。而贝蒂则努力安抚我，她曾在大医院的急诊室工作，我知道她能胜任这个任务。

在即将降落乌迈塔前，约翰呼叫了镇中心的出租车站，让他们在机场跑道旁准备一辆出租车。等我们降落时，出租车已经等在那里了，司机笑容可掬地打开车门，过来帮我们提行李。我和贝蒂去医院，约翰留下来看飞机。一路上我极其焦虑，不知道接下来会发生什么。如果莎伦或凯伦遭遇不测，我不知如何才能继续生活。我必须停止胡思乱想，否则就会崩溃！我全身紧绷，泪水在眼眶里不停打转。

出租车在医院停下，我们付清车费，然后直奔凯伦的病房。尽管凯伦和莎伦很虚弱，但气色还不错。意外的是，虽然她们已经打了一整晚的氯喹点滴，但仍然高烧未退。这时我才注意到，在这次逃难之旅中，她们的脸也被晒伤，皮肤通红，还脱皮了。

我问医院的工作人员，能否派救护车载她们去机场。值班的管理员表示，只要我肯出汽油费，他们可以立即派车过去。当我们把莎伦和凯伦抬上救护车时，我发现贝蒂神色凝重，一言不语，开始给母女俩注射晕机药，并给她们服用止痛退烧药。到了机场，我打开救护车的后备厢,贝蒂先爬了出来。在之前,约翰还悠闲地看着书,在一旁袖手旁观。但看到凯伦后,约翰突然变得专业起来。他立即转身,飞快地将飞机后座调整好。我们先把凯伦送上了飞机,然后是莎伦。约翰和贝蒂合作,小心地把母女俩的静脉注射器挂在挂钩上。约翰说,她们只需要在后面躺好就行,不用系安全带,贝蒂陪着她们,也没有系安全带(尽管这彻底违背了安全法则,约翰也从来没这么做过)。安置妥当后,我们一行人便出发了。

贝蒂希望能 24 小时照顾凯伦,于是到达波多韦柳港后,我们把她送到贝蒂的住所。莎伦由传教中心的其他护士照顾,被安排在另一个房间里。多年后的今天,当我写下这段话时,这些传教士、飞行员和护士们,他们的友善和专业依然让我感动。他们是我一生中遇见过的最美丽的人。

贝蒂让我和她的丈夫迪恩到城里去找大夫。

"快去请马赛多医生,"贝蒂急切地说,"听说他医术高明。"

我和迪恩立即出门。根据贝蒂的指示,我们在一条小巷子里找到了他。

我向马赛多医生说明来意:"我妻子患了疟疾。听说您是这方面的专家。"

马赛多医生皮肤黝黑,身材瘦削,言语中透露出才学和自信。他告诉我,在朗多尼亚州建州之前,他是该地区的卫生部长,直到最近才刚刚卸任。他答应马上跟我们走。

尽管雨季的路况十分糟糕,但我们还是一路飞奔,提前了 10 分钟到家。马赛多径直朝凯伦走去,看视之后表示,凯伦的血压偏低,十分危险，疟疾的症状非常严重，家里的医疗难以处理。

"我们得马上送她去医院。"他说。

我们走进卧室，贝蒂的脸上写满担心。医生说凯伦需要立即输血。凯伦是阳性 O 型血，不难找到合适的献血者。这个消息很快便通过对讲机传遍了传教中心，许多人自愿前来献血。他们随马赛多医生回城里做血液检测，而我和贝蒂陪在凯伦身边等救护车。

"我得告诉你，情况很严重，"马赛多把我拉到一边说，"你妻子送医太迟了。她体重只有 34 千克，血液中的疟原虫依然很有活力。她可能很难坚持下去，如果她还有什么家人和亲戚，你最好通知他们。"我盯着他，一句话也说不出来。等他离开后，我走到贝蒂身边，问道："请你告诉我实情，凯伦到底怎么样？"

"我们恐怕要失去她了，丹尼尔。"她眼里满是泪水。

我对她说，我一进城就会去电话公司给凯伦的父母打电话。老两口生活在贝伦，在那里做了几十年的传教工作。

救护车在一个小时后到达，贝蒂坐在里面陪凯伦离开。我则搭乘传教中心的另一辆汽车。莎伦还在发烧，虽然感到疼痛但正在好转。我一路上失魂落魄，不相信凯伦会就此撒手人寰。

我 11 岁时失去了母亲，那时她才 29 岁；16 岁时我年仅 6 岁的弟弟也溺水身亡。一个人经历这么多已经够悲惨了，我的妻子怎么能就这么死去呢？到达波多韦柳港市中心后，凯伦被带到一家私人诊所的昏暗病房，护士立即给她输血。这些血袋保存在诊所大厅的冷库里，冰冷的血液从静脉注入，她痛得尖叫起来。护士们还同时给她注射奎宁，这意味着她需要更多的氧气。

在病房里待了几个小时后，我留下贝蒂陪她，而自己则回到传教中心，照顾莎伦、克里斯和卡莱布。

第二天，凯伦的父母从贝伦赶来波多韦柳港。凯伦的母亲和我们一起生活了 6 个星期，努力帮助凯伦从恶疾中恢复。经过几周的重症监护，医生告诉我，凯伦已脱离了生命危险，再过一段时间就会痊愈。凯伦的母亲功不可没，她不知疲倦地照顾凯伦，还把我们的住所收拾得干干净净，给孩子们提供了良好的家庭环境。尽管一波三折，但莎伦恢复的速度比妈妈更快一些。

一天下午，那时莎伦已几乎痊愈了，她和一些小朋友在院子里骑自行车。他们刚开始骑了不久，突然，一辆自行车翻倒了，我听见莎伦"哎哟"一声，然后哭了起来。她回到家里，额头开了一个口子，需要缝针。看着莎伦瘦弱的身体，我忽然意识到，她还是太虚弱了，除了适量的步行外，还无法做任何运动。因此凯伦和莎伦仍然需要照顾。于是当她们恢复到一定程度后，我独自一人回到皮拉罕村，把妻儿送去贝伦与岳父母一起生活。

经过 6 个月的恢复和调养，凯伦和孩子们又一起回到了皮拉罕村。她们的体重增加了，又恢复到了健康状态。凯伦甚至迫不及待地想要学习皮拉罕语。

就这样，我们一家人开始了在皮拉罕村 30 年的奉献。

第 **4** 章
酗酒、暴力与死亡威胁

在凯伦和莎伦罹患疟疾、濒临死亡之际，皮拉罕人的反应让我十分不解，而这一点对我接下来的研究至关重要。他们没有对我们的处境表示同情，这令我感到伤心。

当时我深陷危机，无法自拔，根本没有意识到，皮拉罕人每隔一段时间就会经历同样的痛苦。他们的遭遇甚至比我的更为悲惨。每个皮拉罕人都目睹过亲人的离世，触摸过已故亲人的尸体，并亲手把他们埋葬在离家不远的丛林里。他们没有医生或医院可以求助，如果有人因为生病而无法工作，那么无论这种疾病在我们眼中多么容易治愈，他们也极可能会因之死去。没有人会为他们举办葬礼，无论是他们的母亲、孩子还是爱人去世，他们依然要去狩猎、打鱼和采摘食物。

没有人会为逝者哀伤，生活没有赋予死亡任何特权。皮拉罕人不可能借助摩托艇去外界为家人求救，附近城镇上的人也不会对他们伸出援手。同样，大多数皮拉罕人也不会贸然接受陌生人的帮助。

皮拉罕人不知道，西方人的寿命几乎是他们的两倍。我们不仅希望长寿，而且认为这理所当然。相比于皮拉罕人的恬淡寡欲，美国人自愧弗如。

他们并非对死亡无动于衷，如果一个皮拉罕父亲知道有人能拯救他的孩子，他也一定会不辞辛苦地划几天船去找他求助。一方面，我经常在半夜被满脸绝望的皮拉罕人叫醒，他们向我求助，希望我能拯救他们生病的孩子或爱人。他们脸上写满了痛苦和担心的神情，这些神情与我在别人身上见到的一样真切。但另一方面，当皮拉罕人陷入困境时，他们从不觉得其他人有帮助他们的义务，也不会因为有人生病或濒临死亡就停止日常的工作。这不是麻木不仁，而是一种务实的生命态度。这一点，我至今都没能学会。

雨季时，常有商人从马梅卢斯河逆流而上，到麦茨河畔收购巴西坚果、香豆果、紫檀，以及其他丛林特产。贸易的日期总是固定的，我大老远就能听到商船开过时的"嗒嗒"声响。

我害怕他们的到来，因为这会打断我的研究。他们经常会带走我最好的语言老师，一口气为他们工作几天甚至好几个星期，这大大减缓了我的学习进度。他们通常会在此地停留，但偶尔也会径直开过。他们的船从我的房前通过。丁零一响是船长示意发动机操作员放慢速度的信号，而一连串的丁零声则意味着，他们正顺着麦茨河的水流以最佳的速度和角度靠岸。

每当这些船停泊在岸边，皮拉罕人就会兴冲冲地跑出去，看商人们又带来了什么新鲜的东西。而我只会远远地站在一边观看，知道总有一天会有皮拉罕人来对我说："丹，巴西人想和你聊聊。"

拒绝这些邀请会显得粗鲁无礼。忙碌的一天里，至少会有 3 到 6 艘船停靠，每艘船的主人至少会花半个小时和我谈论他们的生意，以及他们游历过的地方。我并不介意和他们聊天，事实上，我很享受与他们及其同行者谈天的时光。他们都是不畏艰险的先驱者，无论用任何标准看都是坚韧果敢的男子，拥有诸如博尔纳、马希高、奇科・阿莱克林、罗马诺、马丁荷、达希尔和阿曼德・克拉瑞奥之类的名字。

他们喜欢和我聊天，有以下几个因素：第一，我是他们见过的最白的人，而且还留着长长的红胡子；第二，我的口音比较有趣，我的葡萄牙语有点圣保罗的口音，而他们的口音更接近亚马孙地区的口音，总有许多美国人无法理解的元音；第三，当他们生病时，我免费给他们提供药物；第四，他们认为我是这里的实际控制者。因为我毕竟是会说皮拉罕语的白人，这一点就足以证明，我负责管理他们。尽管与这些商人聊天很有趣，但他们无一例外都是种族主义者，认为皮拉罕人只是接近人类的物种。

我曾试图让他们信服："皮拉罕人是和我们一样的人类。"

"大约 500 年前，皮拉罕人从秘鲁迁徙过来。他们比你先来到这片土地。"

这些商人通常这样回答我："他们'来到这里'是什么意思？我以为他们就像猴子一样，是诞生在这片森林里的生物。"

他们经常把皮拉罕人与猴子相提并论。我觉得，把智人的某个分支与猴子放在同样的地位来比较，是全世界种族主义者的标准做法。在这些商人看来，皮拉罕人的语言像鸡叫，行为像猴子。我努力说服他们，但无济于事。他们认为我是皮拉罕人的管理者，所以有时他们想让我命令皮拉罕人为他们工作。但我会告诉他们，事实并非如此，这需要皮拉罕人本人的同意。

皮拉罕人和商人的沟通方式包括肢体语言、常用的葡萄牙短语，以及一些彼此都知道的通用语，也称"万用语"（Nheengatu），是一种基于葡萄牙语和图皮南巴语[①]的语言。

一天晚上大约 9 点，孩子们都已被哄上了床，我和凯伦也正打算睡觉，忽然，一艘我从未见过的船来到了村里。皮拉罕人冲着我大喊，告诉我船主罗纳尔迪尼奥想见我，这很正常，于是我起身去与他交谈。交易一开始就显得可疑，他的船上没有任何商品，而且这艘船还很大，长约 15 米，宽约 3.5 米，甲板上有一个货舱。我和罗纳尔迪尼奥坐在船的两端，一群皮拉罕人围坐在甲板上。

"是否可以让 8 个人跟我去上游采坚果？"他问。

"这不是我的事情，你得问他们。"

他向我使眼色，就好像我们彼此心知肚明，而我刚刚那么说只是为了做做样子。之后我向他补充，说巴西国家印第安人基金会驻波多韦柳港办事处的主任阿波伊纳·梅尔莱斯要求我转告给商人几句话。

"依法律的要求，这些印第安人自愿为你工作，而你以现行市场价格购买他们的产品，并且支付给他们不低于最低工资的劳动报酬。"

---

① 一种以前在巴西沿海地区广泛传播、现已灭绝的本土语言。

"但我没有钱。"罗纳尔迪尼奥说。

"给皮拉罕人钱也没什么用，你可以给他们商品。"

"好吧。"他低声嘟哝，心里并不服气。

我再次环顾四周，心想，也许甲板下的存储室里藏有货物。

"作为支付手段，你不能给他们巴西朗姆酒。"我警告他，"巴西国家印第安人基金会的主任说过，如果卖酒给他们，你会受到两年的监禁。"

"我不会卖酒给他们，丹尼尔先生。"他说，"也许其他人会这么做，但我向上帝保证，我很诚实。"

"净说些废话。"我心想。但我只是说我得去睡觉了。

我起身离开时说了句："晚安。"

他也回了句："晚安。"

尽管时不时地被船上传来的笑声吵醒，但回家后，我还是很快就睡着了。我肯定他会给皮拉罕人拿酒喝，但是我不想扮演警察的角色。况且我已经累了，感觉有些力不从心。

午夜时分，一阵叫喊把我从沉睡中唤醒。

"我不害怕去杀掉那些美国人。那个巴西人说，只要杀死他们，他就会给我一把新的猎枪。"

"所以你要去杀掉他们？"

"是的，等他们睡着的时候。"

这段对话从距离我家不到30米远的丛林中传来。因为喝了罗纳尔迪尼奥的酒，村里的大多数人都醉了。除了给他们朗姆酒之外，罗纳尔迪尼奥还得寸进尺，提议杀了我们一家人，并愿意给做这件事的人一把猎枪。我猛地从床上坐起，凯伦也惊醒了，她坐在我身边，瞪着大大的双眼。

这是我们第二次来到皮拉罕村，在这里连续生活了7个月，我掌握的皮拉罕语足以让我明白他们正在讨论杀死我们。我知道他们正在互相怂恿，我也明白如果不采取行动，就只会坐以待毙。孩子们正安然地睡在吊床上，根本不知道父母已将他们置于何种险境。

我拉开蚊帐，在黑暗中走出家门。为了不引起别人的注意，我没有带手电筒，只穿了短裤和人字拖。我小心翼翼地穿过丛林，朝皮拉罕人聚在一起、正激烈讨论着如何杀死我们的小屋走去。虽然不过几十米的距离，但我还是担心会踩到蛇，这无疑加剧了我的紧张情绪。

我不知道皮拉罕人会做些什么。他们刚刚说的话野蛮绝情，让我震惊，仿佛从来都不认识我。也许一见面，他们就会杀死我。但即便如此，我也不能束手就擒，痴痴地等着他们前来。

他们聚在维琴佐建的小屋里。在黑暗的丛林中，我透过房子的木板朝里窥望，看见他们围着小煤油灯坐在一起。这种小煤油灯在亚马孙流域十分普遍，它可以容纳几克重的煤油，中间狭窄的孔径上有个布芯，看起来就像《一千零一夜》插画上的阿拉丁神灯。煤油灯发出阴暗的橙光，我能勉强从黑暗中辨认出他们的脸。在恐怖的夜晚，他们看上去更加穷凶极恶。

我屏住呼吸静静地躲在外面，心里思忖着该如何进屋。最后，我干脆光明正大地走了进去，满脸笑容地说道："嘿，朋友们！你们都好吗？"

我一边闲聊，一边在小屋里走来走去，顺手拿走了屋里的弓箭、猎枪和大砍刀。皮拉罕人用迷醉的双眼盯着我，一言不发。趁他们还来不及反应，我迅速收缴了他们的武器，走出小屋，一声不吭地消失在黑暗中。

我确信这么做能让我们一家人更安全，但它不过只是解除了暂时的威胁而已。我把武器拿回家，把它们锁进了储藏室。给皮拉罕人朗姆酒的奸商睡意正酣，他的船还停泊在我的房前。在与他舍命一搏前，我首先得安顿好自己的家人。

我把凯伦和孩子锁在储藏室，这是我们家唯一有墙有门的房间。在这个黑暗的房间里，我们曾经杀死了好几条蛇、不少老鼠以及大量的蜈蚣、蟑螂和狼蛛。当然，孩子们对此浑然不知，当我把他们叫醒并转移到储藏室时，他们都处于昏昏沉沉、半梦半醒的状态，只是安静地躺在地板上。

然后我沿着河岸朝船只走去，每迈出一步，我的怒火就愈加炽烈。走在路上，我忽然意识到，我没有看见科贺和他的猎枪。几乎就在同一时刻，身后的灌木丛中传来科贺的声音："不许动，我要杀了你。"

我转过身去，做好了迎接无数子弹朝我不停扫射的心理准备，而我也将火力全开进行反击。他走出树丛，步履微颤。他没有拿武器，我不禁松了口气。

"你为什么要杀我？"我问。

"因为巴西人说你没有给我们足够的报酬。你还告诉他，即便我们给他干活，也可以不必支付酬劳。"

虽然他一开始威胁我的话是葡萄牙语，但后面我们一直在用皮拉罕语交流。

要是不会说皮拉罕语，那晚我一定活不下来。我和科贺用加了休止符的皮拉罕语交谈，因为皮拉罕语中有声门塞音，所以我们交流起来是断断续续的。我使出全身气力，把所有的想法准确无误地告诉给他：“那个巴西人不想付钱，他给你们的朗姆酒是便宜货。”

科贺答道：“哼！这个外国人是在偷我们的东西。我们不欢迎他。”

“不想给你们酬劳的是那个巴西人，”我继续说，“他只愿意给你们‘苦涩的水’，因为那些东西价格低廉。如果给你们木薯粉、猎枪弹、糖、牛奶或其他物资，他就得花费更大的成本。”

皮拉罕人对商人的了解微乎其微。这主要是因为，他们掌握的葡萄牙语实在有限，懂得十个以上葡萄牙单词的人屈指可数，没有人能自如地使用葡萄牙语。

我们一边说，一边继续朝河岸走去。这时，罗纳尔迪尼奥从船舱里看到了我们。发现我还活着，他满脸惊讶。

突然，科贺朝他喊道：“我们要杀了你！”

罗纳尔迪尼奥脸色一变，瞬间躲起来，发动船只，试图逃离。但由于惊慌失措，他忘了解开系着船的绳子，所以怎么开船也不走，况且船的甲板上还睡着一个皮拉罕人。

罗纳尔迪尼奥把他推入水中，然后用刀砍断绳索，一句话也没说，掉转船头消失在麦茨河的黑暗之中。

被罗纳尔迪尼奥推入水中的男子是犀鸟。他迷迷糊糊地从河里爬上来，完全不知道发生了什么。我听到凯伦的声音，她到河边来看看我在干什么。几个男人（包括对杀我们最感兴趣的阿侯比西）围着她把她朝河边推。我发疯似的冲上河岸站在凯伦的身边，此时我变成了一个随时准备进攻的角斗士，不再是一个传教士、语言学家，甚至连个好人都算不上。这些皮拉罕人看到我的样子，不禁往后退缩。在酒精的作用下，他们语无伦次地咕哝着，躲进了黑暗中最近的小屋。这时我发现整个村子已经完全变黑了。妇女们用泥土熄灭了小屋中的火光，纷纷离开自己的丈夫躲进丛林里。

我把凯伦带回储藏室。我拿起一把从皮拉罕人那里收缴来的猎枪，检查里面是否有子弹。尽管已经快累趴下了，但我还是强打精神，坐在客厅里守护家人。

整个晚上，人们接连不断地向我们的房子走来。但每过来一组人马，我都能听到有人警告他们："丹尼尔现在有很多武器。"他们这时并不是要伤害我们，而是想与我们交换物品。他们知道现在的自己让人害怕，所以趁势向我们索取食物。所有人都变得好斗，随时都可能打起架来。

突然，他们对我失去了兴趣，开始互相争吵起来。我的另一个语言老师阿侯阿帕蒂来找我，向我道歉，说当地人威胁到了我们。他喝醉了，吞吞吐吐地说道："嘿，丹尼尔。不好意思，他们都神志不清了。不过……你……你……你不用担心，我没有发疯。"

因腹泻导致的稀大便从他的短裤内渗出，有不少还顺着他的腿往下流。他的右脸上满是鼻涕。在我们的屋外，阿巴基挥舞着手中的弯刀，正准备和一个十几岁的小孩打架。

一支箭从我的房前飞过，一个不知名的皮拉罕人正在朝黑暗中的另一个人射击。幸运的是，他没有被射中，也没有人朝我放箭。

凌晨4点钟左右，我终于精疲力竭了。尽管很危险，但我还是回到储藏室，希望能在那里睡上一两个小时。我听到皮拉罕人走进小屋，在我们的房前、房后，甚至是储藏室的门口打斗。但我太累了，只想睡觉，无法做出有效的反应。

黎明时分，我们小心翼翼地从储藏室出来。睡硬木板让我们浑身酸痛。晨曦之中，我们看到白色床单被染成红色，墙壁和地板上到处都是血迹斑斑。人们从我们的房前经过，他们眼圈肿成青黑色，短裤上沾染着血渍，脸上也伤痕累累，满是血污。莎伦和克里斯害怕得把眼睛捂起来，卡莱布年纪太小，还不知道发生了什么事情。没有人攻击我们，他们只是摇摇晃晃地在我们面前走过，故意做出恐吓的姿势。

当天晚些时候，皮拉罕人酒醒后来向我道歉。许多妇女站在屋外，大声指导男人们应该怎么做。科贺作为代表发言："我们喝了酒就头脑发昏，很抱歉，我们做了不该做的事。"

"不是开玩笑。"我心想。

经历了这一切后，我不确定是否继续相信他们，但他们看起来很真诚。妇女们朝凯伦和我大喊："不要离开我们，我们的孩子需要药物。留下来，跟我们一起生活吧。这里有可口的野味，麦茨河也很漂亮。"

最后我们都相信他们得出了理性的结论。他们不应该杀我们，因为我们是朋友。

"听着，我客居此地，丛林并不属于我。你们的家乡在这片土地上，你们才是这里真正的主人。"我说，"你们可以喝酒或做其他任何事情，但是请别吓到我的孩子。如果你们想让我留在这儿，就不能再用死亡威胁我们，这把我们吓坏了。听懂了吗？"

"好的，明白了。"他们异口同声地回答，"我们再也不吓你，也不会扬言要杀掉你了。"

尽管皮拉罕人向我们道了歉，也保证不会再发生此类事件，但我必须弄明白事情为何会发展至此，为什么他们想要杀死我们。我是旅居于此的客人，我做了什么冒犯他们的事情，以至于让他们想杀死我，甚至迁怒于我的家人？前事不忘后事之师，弄清楚什么地方犯了错至关重要。

我决定和几个人谈谈，多了解一些细节。阿侯比西似乎很生气，每次我走进他的房子，他都阴沉着脸。但我必须和他谈谈，弄清缘由。

一天，我拿着一壶甜咖啡、几个杯子和一些饼干去了他家。

"嘿，告诉小狗，不准生我的气！"我用皮拉罕人走近他人时常说的话打趣，"要不要来杯咖啡？我放了很多糖，准备了一些饼干。"

阿侯比西笑着让我进入他的小屋。他养有 6 只长得像老鼠但却凶猛异常、勇敢无畏的小杂种狗。虽然这些小狗体重不过 7 千克，但我曾亲眼看见，为了保护主人，它们与野猫和野猪勇猛搏斗。

他朝小狗们哼了几声，小狗便顺势坐在他的脚边。虽然它们还是在不停地叫着，但没有任何要攻击我的意图。我给了他一杯咖啡、几块饼干。

"你在生我的气吗？"我开诚布公地问道。

"没有啊！"他抿了口咖啡说，"皮拉罕人从来都没有生你的气。"

"嗯，不过那天晚上你看上去真的很生气。"

"我当时是很生气，但现在气消了。"

"你们为什么会生我的气？"

"你让巴西人别卖酒给我们。"

"是的。"我承认，"巴西国家印第安人基金会不允许任何人在这里买卖酒水。村里的妇女们也不让别人卖酒给你们。"皮拉罕人对巴西国家印第安人基金会略有耳闻，该组织时不时会派代表来这里。他们知道巴西国家印第安人基金会的权力比较大。

"你不是皮拉罕人。"他说，"你无权告诉我，我能不能喝酒。这里是皮拉罕人的丛林，不该你说了算。"阿侯比西的情绪有些激动。

"我明白了。"我淡淡地回应了一句，希望皮拉罕语里能有"我很抱歉""对不起"之类的能直接表达歉意的话。我继续说："我再也不会对你们讲什么可以、什么不可以了。这里的确不是我的地盘。但是你们喝醉酒的样子，吓到了我和我的孩子。如果你们想要我离开，我会立即起身，一刻也不停留。"

"我希望你能留下来，"阿侯比西说道，"但别对我们的行为指手画脚！"

"我不会再干涉你们的行为了。"我向他承诺，并为自己的形象感到惭愧。

我们又聊了些比如钓鱼、打猎、孩子以及商人之类的轻松话题，随后我站起来，带着咖啡杯和空水壶，回到距离此地大约15米远的家中。我感到内疚和窘迫。我意识到，由于误解了自己在皮拉罕人心中的位置，我差点酿成大祸。我一直认为，他们把我当成传教士，是他们的保护者，是一个权威人物。那些酗酒最厉害的男人的妻子告诉我，以前来的很多传教士，如阿洛·海因里希斯和史蒂夫·谢尔登，都禁止他们买卖威士忌。

后来，我向阿洛和史蒂夫求证此事，他们笑着告诉我，他们从来没跟皮拉罕人或巴西商人说过什么能做、什么不能做。显然，皮拉罕妇女之所以这么说，是因为她们不想让自己的丈夫喝酒，而且认为我是阻止他们喝酒的唯一希望。这件事并不与我相关，我不是村里的治安官。可是，我没多想就答应了她们的要求，不仅把自己和家人置于了危险的境地，还搞砸了与皮拉罕人的良好关系。我真是得不偿失。

几个星期后，另一位商人又给了皮拉罕人更多的朗姆酒。商人离开后，我才发现了这件事情，因为所有的男人都不见了踪影。几个小时后，我听到男人大声谈笑着归来。他们吹嘘自己的勇敢坚强，其中一个人还对另一个人说类似于"我揍你"的话。他们喝醉后的样子，跟世界上任何地方的醉鬼都别无二致。我那位牛仔老爸喝醉酒后的行为跟这些皮拉罕人一模一样。

这样的情形让我感到不适。我不希望自己再经受新一轮的打击，成为这些酗酒者攻击的目标。趁着天色还早，我和凯伦决定，马上收拾好行李，坐船到上游的阿普瑞格尔家过夜，开摩托艇去那里大约需要 15 分钟。

阿普瑞格尔和他的家人都是艾普瑞纳印第安人，60 多年前，为了联络当地的皮拉罕人，他们的父母被巴西政府带到这里。我们正在打包行李的时候，突然科贺走进我们的房子，随身带着装满子弹的猎枪和弓箭。

"看吧！"他笑着，满嘴酒气地说道，"现在你有枪，不必害怕了。"

在某种意义上，我赞赏他们的男子气概。但皮拉罕人喝醉酒时，我们的存在对他们造成了明显的困扰。不论如何，我们决定去阿普瑞格尔家过夜，这样可以减少他们的不快，避免陷入险境。皮拉罕人的酗酒和暴力倾向是我们没有预料到的问题，这样的情况似乎最近才出现，以前来到这里的传教士告诉我们，他们从没发现皮拉罕人存在这些问题。但在我们来这里之前，村子里已经有近3年的时间"没有传教士"了（如果不算1979年我们破产的计划，以及我之前待的10天，差不多有4年了），传教士的缺失，也许让很多事情都发生了改变。

由于初来此地的失望，我没有过多思考他们的文化。皮拉罕人不穿羽毛饰衣，没有烦琐的仪式，也不把自己的身体涂成各种颜色。与其他亚马孙流域的原住民相比，他们也没有在外界看来很神秘的文化。我没有意识到，皮拉罕人的文化和其语言一样有着不寻常之处。他们的文化微妙而有力，遵循保守的价值观，也正是同样的特性塑造了他们的语言。但是我没有意识到这一点，只是沉溺于自我怜悯，认为自己本该跟一群"有趣的人"工作。

在很多日子里，我亲眼见到，除了围绕着篝火聊天、欢笑、放屁或烤红薯之外，他们什么都不做。他们实在太无聊时还会互相打闹，把对方的生殖器拉出来，然后哈哈大笑，就好像自己是首创这个无聊游戏的智者。我曾希望这个村庄能像那些我在人类学课程上接触到的部落，就像雅诺马马人一样会绕着村里的空地建造房屋，让村庄看上去就像是一辆马车的车轮。在我看来，皮拉罕人的村庄没有组织，毫无规划可循。村子里杂草丛生，有很多蛇虫鼠蚁。为什么他们不清理一下灌木丛和垃圾，好让村庄保持整洁呢？我亲眼看见过数百只蟑螂在睡着的皮拉罕人身上爬行的场景，即便狼蛛在旁，他们也能若无其事地打鼾。

这种生活方式不应该仅限于我表面观察到的样子，而是应该有更深刻的文化内涵。通过观察和询问，我决定用我的专业知识深入分析他们的文化。首先，我要观察他们的日常生活、家庭关系、房屋构造、村庄规划、儿童濡化、社会组织等人类学方面的课题。其次我再深入研究他们的精神世界、宗教信仰，观察他们的社会权力结构。最后，我想根据我的观察得出一个关于皮拉罕人身份认同的理论。那时，我在人类学研究方面只接受过很少的训练，所以我基本上是在黑暗中摸索。

Don't Sleep, There Are Snakes

第 **5** 章
物质文化与仪式感的缺乏

第一次见到皮拉罕人时，我就想更好地了解他们的文化。我想我应该从相对简单的物质文化，而不是更形而上学的信仰和道德价值观着手。因为村民大部分时间都待在自己家里，所以我想看看他们怎么盖房子。终于，我等到了一个机会。有一天，艾凯比决定盖一间新房。皮拉罕人有两种常见的房屋类型，他盖的这座房子是女儿房（kaíi-íí）。

皮拉罕人的房屋非常简单。除了女儿房，他们还会盖另外一种架构小一些的棕榈房（xaitaíi-íí）。棕榈房的结构简单，屋顶上覆盖着宽阔的棕榈叶，主要是用在沙滩上遮阴。这类建筑主要是为了给儿童遮挡阳光。成年人不需要棕榈房，除了偶尔用插在沙地上的树枝遮阴，他们常常直接躺在沙滩上，整天暴露在明亮的太阳之下。尽管这两种房子都经不住风暴的吹打，但女儿房还是要更坚固一些。相比于棕榈房，较强的风暴才能吹倒女儿房。

皮拉罕人的房子显示出文化的巨大差异。每次看到他们的房子，我都会想起梭罗的《瓦尔登湖》(*Walden*)："一个人真正需要的东西，不过是可以保护自己，能装在盒子里随身携带的物品。"

皮拉罕人不需要修筑防御的围墙，因为村庄就是天然的屏障，村里的人会毫不犹豫地帮助其他成员。他们不需要用房子来显示财富，因为所有人财富均等；他们不需要用房子来保护隐私，因为隐私并不是他们十分重视的价值观（如果需要隐私来解决性爱、大小便或者别的问题，那么整个丛林都可供他们使用，而且他们还可以驾驶独木舟离开村庄）；房子不需要考虑供暖或散热的问题，因为丛林为他们提供了近乎完美的生存气候，人们只需轻衫薄衣就能惬意生活。对他们而言，房子不过是遮风挡雨、睡觉休息、养狗养猫，以及存放家当的地方。

每间房子都呈矩形，由3排9根柱子构成，中间的那排柱子略高，用于支撑屋顶。艾凯比开始建造支撑屋顶和睡觉平台的房梁。他先削了6根耐腐蚀的木头，每根长约3米。皮拉罕人认识很多树，这种树在葡萄牙语中叫 quariquara，在皮拉罕语中叫"蚂蚁不咬"。他把柱子放在打算盖房子的地方，然后用砍刀和手挖了个约6厘米深的洞，再把柱子插进洞里。为了把所有垂直的柱子连在一起，他又用葡萄藤在柱子的顶部绑上了水平柱子，水平柱子的长度与计划的房屋大小相当。

垂直于地面的柱子有2种不同的长度。其中4根等长，每排中间的那根柱子大致要比旁边的高出1～2米。柱子之间间隔60～90厘米。柱子的顶部都留有凹口，用于支撑与房子长度相当的水平柱子。

接下来，艾凯比开始盖茅草屋顶。茅草是一种棕榈树的叶子，从几千米外的小树林里收割而来。它们往往很嫩，冒着黄色的芽，皮拉罕人称之为"阿比西"。他把这些茅草割下来，捆绑好，扛到独木舟上，然后再运到村子里。这个过程需要来来回回好几趟，是个很费力气的活儿。

当茅草被收集在一起，运到他盖的小屋附近时，他就会摊开它们，把长约2.5米的嫩棕榈叶分拣在一起。然后他再以3~4捆为单元，用葡萄藤或树皮把它们绑到垂直柱上。接着，艾凯比把这些棕榈叶包慢慢地捆上去，从底部开始，每15厘米绑一层，一直绑到房顶。劳动的成果是一个可以防水和降温的屋顶，茅草也能减弱雨水的声音。当然它也存在缺点，比如天气干燥时容易着火、为有害动物提供良好的藏身之处，以及茅草每隔几年就要更换一次。

艾凯比的小屋差不多建成了。作为进一步的完善，他在小屋里盖了一个睡觉的平台。平台由剖开的棕榈树树干制成，其外镶嵌着由坚硬木材制成的框架，平台与框架的连接处用藤蔓固定。

这个他睡觉的平台宽约1.2米。皮拉罕人的房子很凉快，也比较坚固结实，房间被火焰照亮时会显得特别温馨。我经常坐在这样的平台上，与他们聊天，谈论捕鱼或其他的工作。正是在这般轻松愉悦的环境中，我学到了新的单词和语法。

听皮拉罕人说话，很难不打盹犯困，因为他们很懒散，说话总是慢条斯理，即使谈论的话题是令人紧张的事情，比如打猎时碰到的凶猛美洲豹，他们也同样如此。

他们拥有我已知的最简朴的物质文化。他们的生产工具很少，几乎没有艺术品和手工制品。也许，他们最杰出的工具就是随身携带的长 2 ~ 3 米的强力弓箭。做一柄弓大约需要 3 天的时间，一天用来选择最合适的木材，另外两天时间用来打磨弓的形状。

当男人们做弓架时，他的妻子、母亲或姐妹会用柔韧的树皮制作弓弦，并利用大腿外侧把它拉紧。制作一支箭大约需要 3 个小时，需要寻找合适的箭柄材料并用火加热使之变直。制造箭头的材料因用途而异，狩猎较大的动物要选择适当的竹子，抓捕猴子要使用削尖的硬木，而捕鱼则需要带有钉刺的又长又窄的木头。箭柄上用普通棉绳系着羽毛。我见过野猪被箭刺穿时的样子：箭柄穿过直肠，从喉咙里钻了出来。

图 5.1　皮拉罕人最好的工具，长达 2 ~ 3 米的强力弓箭。

他们的手工制品为数不多，并且没有一件能够永久使用。例如，如果他们需要搬东西，他们便会立刻用潮湿的棕榈叶编篮子。但在使用过一两次后，这些篮子就会变得干燥易碎而被弃用。他们在制作一次性的篮子上呈现出了高超的技能，但是只要选用耐用的材料，比如柳条，他们就能做出经久耐用的篮子。但皮拉罕人没有这么做，我推测是因为他们不想如此。这一点很有趣，表明他们对"制作"本身感兴趣。

他们还会做项链。妇女、女孩和婴儿都会戴项链，皮拉罕人认为项链可以抵御神灵。他们用手工织就的普通棉绳做链绳，然后用牙齿、羽毛、珠子、啤酒罐拉环或其他东西做装饰。这些项链几乎都是不对称的，跟居住在该地区的其他部落（比如昌哈瑞姆、帕林廷廷族）相比，皮拉罕人的项链非常粗糙，也缺乏吸引力。其他部落会用美丽的羽毛和美洲豹的牙齿来做项链，会精心编织篮子、滤网以及制作精美的木薯加工工具。

对皮拉罕人而言，项链的装饰作用是次要的，它们的主要目的是辟邪，赶走皮拉罕人几乎每天都会遇到的神灵。他们也喜欢用有羽毛和亮色的项链，这样他们虽然会更容易被神灵看到，但却不会惊吓到神灵。他们认为神灵跟野生动物一样，一旦受到惊吓就会随意攻击人类。皮拉罕人的装饰品都有直接的作用，他们很少具有长远的规划，也没有如对称之类的古典审美观。很明显，他们有能力制作具有持久价值的饰品，但他们却不这样做。

皮拉罕人能用树皮做独木舟，他们把这种独木舟叫作卡嘎侯（kagahói）。但他们很少会自己动手做，更多是去偷，或者购买巴西人做的独木舟。这种独木舟更坚固,他们称之为阿卡欧斯(xagaoas)。由于皮拉罕人需要用独木舟来钓鱼、运货或游玩,所以我好奇为什么他们不自己做独木舟。村子里的独木舟数量不足,小舟归个人所有,因此严格说来,它不能算作团体共有财产。但实际上,独木舟的所有者常常会把它们借给自己的儿子、女婿或者村里的其他人使用。当其他人借用独木舟打鱼时,意味着捕获的猎物要与独木舟的主人共享。对皮拉罕人来说,得到一艘新的独木舟很困难,所以我丝毫不意外他们会向我求助。

"丹尼尔,你能给我们买艘独木舟吗?我们的船都坏了。"一天,坐在我家喝咖啡时,几个皮拉罕男子突然说。

"为什么你们不自己做呢?"

"皮拉罕人不做独木舟,我们不知道怎么做。"

"但我知道你们会用树皮做独木舟,我见过。"

"树皮小舟不承重,只能坐一个人和放很少的鱼。巴西人做的独木舟好,皮拉罕人的不够好。"

"这附近谁会做独木舟?"我问他们。

"波凯马杜那边的人会。"男子们几乎同时回答。

看来,他们之所以不做独木舟,是因为他们没有相关知识,所以我决定帮助他们学习。最好的师傅住在马梅卢斯河边的波凯马杜村,从这里开摩托艇过去大概几个小时,我决定联系一下他们,请其中一位过来待一个星期,教皮拉罕人做巴西人的独木舟。希普利西奥是波凯马杜村技艺精湛的独木舟制造者,他答应了我的请求。

他到达的时候,皮拉罕人都热情地围过来,虚心地向他学习。

根据我们的约定，希普利西奥让皮拉罕人自己造船。他不是直截了当地告诉他们该怎么做，而是在一旁看着，只在需要时给予指点。大约 5 天的辛勤努力后，他们造出了一艘美丽的独木舟，颇为自豪地向我展示。

我给他们买了造船所需的工具，以便他们能造出更多的独木舟。可是希普利西奥走了之后没几天，皮拉罕人又问我要独木舟。我告诉他们，现在你们可以自己做了。没想到他们说了句"皮拉罕人不造独木舟"，然后便理直气壮地走开了。在这之后，皮拉罕人再也没有造出另一艘小舟来。这件事让我明白，皮拉罕人不太容易引进或接受外界的知识，无论这些知识对他们有多实用。

皮拉罕人知道怎么保存肉类，当他们打算去巴西人的地盘时，他们会腌制（如果他们有盐的话）或烟熏肉类，从而使之长期保存。但是在自己的聚居地里，他们从不用这些方法处理食物。我没见过另一个像皮拉罕人一样，几乎不怎么腌制食物或熏肉的亚马孙部落。皮拉罕人总会把刚打来的猎物或采摘来的食物马上吃完。他们从来不为自己留下点什么（把剩菜吃得精光，哪怕肉开始变质也不放过）。篮子和食品一样都是眼前之物。

我发现，皮拉罕人如何对待食物是个有意思的现象，对于吃什么，他们并不像美国人那样在意。当然，为了生存，他们需要而且也喜欢吃东西。只要村里有什么好吃的，他们都会马上把它吃掉。但生活充满了选择，每个人会根据自己的意愿来判断轻重缓急，而食物在人生中的重要程度也因民族与社会而异。

皮拉罕人解释过，为什么即便有些日子挨饿，他们也不会去打鱼或狩猎，而是玩捉迷藏、手推车游戏，或者干脆躺着闲聊。

"你们为什么不去打鱼？"我问。

"今天我们就待在家里。"

"你们不饿吗？"

"皮拉罕人不是每天都吃饭。我们吃苦耐劳，不像你们吃很多。"

皮拉罕人认为忍饥挨饿是磨炼自己的有效方法。对他们而言，一两顿甚至整天不吃饭是司空见惯的事。他们曾一口气跳了三天舞，其间只稍事休息，没有人去打猎、捕鱼或采集食物。与皮拉罕人相比，其他民族的食量的确很大。皮拉罕人首次进城时，通常会对西方人的饮食习惯感到惊讶，尤其是一天吃三顿的习俗。

在走出村外后，他们大都会在第一餐时猛吃，摄入大量的蛋白质和淀粉。在第二餐时，他们照样如此。可等到第三餐的时候，他们会表现出不满和迷惑："我们又要吃饭了吗？"他们的饮食习惯是，把能吃的全部吃完。可是现在，这个饮食习惯遇到了新情况，食物在这里随时都有，永远都没有吃完的时候。

在城里待上 3 ～ 6 个星期后，皮拉罕人通常会比原来胖 13 千克左右，肚子和大腿上明显堆起了脂肪。但是，只要在村里生活一个月甚至是不到一个月的时间，他们的体重又会恢复到和原来一样。皮拉罕成年人的平均体重在 45 ～ 55 千克，身高通常介于 1.5 ～ 1.6 米。他们瘦小而精干，有些男人的身体就像环法自行车赛的选手一样健硕。女性的体重往往比男性要重一些，但同样健康强壮。

皮拉罕人吃电鳗等鱼、香蕉、坚果、水獭、昆虫、老鼠。任何富有蛋白质、油、淀粉和糖的食品，只要是他们能通过打猎、捕捞或者采摘的方式收集到的，皮拉罕人都来者不拒。不过，他们不吃爬行和两栖类动物。在他们的饮食结构中，70%以上的食物都是从麦茨河中捕捞的鲜鱼，以及经常与鱼一起食用的木薯粉（这是皮拉罕人在与外界多年的接触中学会的），他们用麦茨河里的干净河水来清洗这些食物。

在一天24小时的不同时段中，皮拉罕人都能在河里捕捞到不同种类的鱼，所以，他们可以在任何时候出航打鱼。这意味着，对皮拉罕人而言，昼夜除了光线的变化外没有太大的差别。皮拉罕人可能会在凌晨3点，也可能在下午3点或早上6点出航打鱼，这都是很常见的事情。当我夜间行船时，我都会用探照灯照亮渔场，观看皮拉罕人如何在独木舟上打鱼。他们晚上捕鱼的方法是：把手电筒往水里照，吸引鱼前来，然后用弓箭插刺它们。只要捕鱼4～6小时，其猎物就可供全家人一天的食用了。但如果家里的儿子年纪足够大，他们便会轮流捕鱼。凌晨3点抓到的鱼会在凌晨3点被吃光，只要一捕到鱼，全家人就都会起床用餐。

采摘主要是女人的工作。典型的皮拉罕家庭为4口人，要维系这样一个家庭的生计，妇女们每周要外出采摘12小时。把采摘和捕鱼加在一起，一个家庭每周大约需要劳作52小时，这些劳作由父亲、母亲和孩子（偶尔再加上祖父母）共同分担，这样算下来，每人每周的平均工作时间在15～20小时。而且皮拉罕人很享受这些活动，不像西方人一样视之为劳动。

皮拉罕人也会通过贸易获得从外界进口的开山刀，用来屠宰猎物、建造房屋、制作弓箭和挖掘木薯等。每当旱季来临，皮拉罕人就会收集开山刀、锉刀、锄头、斧头等工具，用于翻耕整理木薯地。木薯是世界上食用最普遍的食物，是亚马孙流域的本土食物，此地的气候十分适宜种植木薯。只要附着到土地上，木薯就能够生长，也就是说，即便荒废了两三年的土地也有可能种出块茎超过1米的木薯。但木薯中含有氰化物，所以直接食用是致命的，昆虫和动物都不敢碰它。只有人类敢食用木薯，因为经过复杂的浸泡、滤水和沥干，我们可以清除掉绝大部分的氰化物。

整理耕地是皮拉罕人最近才发展出的领域，史蒂夫·谢尔登花了不少气力才把这项技术引入村庄。但平整土地需要工具，而大多数皮拉罕人没办法自己制作。尽管这些工具对皮拉罕人来说很重要，但他们从来不会好好保管。孩子们随意地把新工具丢进河里，成年人把工具落在田间。有外地商贩前来时，他们还会用工具交换食物。

于是，我发现了一种特有的模式：皮拉罕人不储存食物，忽略工具的作用，只会使用一次性的用具。这似乎表明：不计长远是皮拉罕人秉持的一种文化价值观。这肯定不是由于懒惰，因为皮拉罕人工作时是非常努力的。

对待十分重要且很难获得的物件，比如工具，我好奇为何皮拉罕人也如此漫不经心。毕竟，他们能得到工具的唯一办法是：与外界来的商人进行物物交换。而且只有几个村庄有这样的机会，因为商人们不会深入到麦茨河很远的地方，那里没有丰富的自然产品值得他们费心进去。

皮拉罕人会与麦茨河深处的皮拉罕人再度进行物物交换，只有这样，工具及其使用方法才能传遍麦茨河流域所有的村庄。

皮拉罕人的许多物质文化都支持我先前关于该部落的猜测：他们不计划未来，更重视活在当下。因此，对于一件事情，他们认为只要能完成就好，而不愿花费更多的精力。

无论白天黑夜，皮拉罕人都采取打盹的方式休息。他们打盹的时长在 15 分钟以上，最多不会超过两个小时。一整夜，村里都有人大声说话，因此，外来者往往很难在村子里好好睡一觉。因为有蛇，皮拉罕人建议我们不要睡觉。他们一直遵循这样的信条：在丛林中睡得太香太死会很危险。比如，皮拉罕人警告我千万别打鼾："美洲豹会认为附近有猪，然后过来把你吃掉。"

人们会好奇皮拉罕人贫乏的物质文化。毕竟我们身处在工业文明，对成功的定义部分取决于技术进步的程度。但皮拉罕人并不追求这样的技术进步。

为什么皮拉罕人的物质需要如此朴素？有人告诉我，这是在 17 世纪，他们与欧洲文化碰撞后造成创伤的结果。的确，不论间接（疾病传播或贸易往来）或直接（面对面）的接触，对大多数美洲原住民而言，欧洲文明都或多或少给他们带来了创伤。大多数情况下，这种创伤会导致文化的解体、特殊文化知识的丢失甚至是整个种群的边缘化。这是一个严重的错误，认为"接触性创伤"产生的文化特性反映了文化的自然状态。

即使创伤促成了文化变革，但在经过一定时间后，我们也必须描述这种文化在当前状态下的特征。英格兰当前的文化无疑是其早期文化发展的结果，但已不能再单纯地用"骑士精神"来概括。文献资料显示，早在 1714 年，穆拉人和皮拉罕人就有过接触，但在接触到欧洲人之前,皮拉罕文化几乎没有任何变化。柯特·尼姆恩达（Curt Nimuendaju）在他的文章《穆拉人和皮拉罕人》（*The Mura and Pirahã*）中写道:

> 皮拉罕人居住在南纬 6° 25′ ~ 7° 10′,长期沿着麦茨河下游生活……皮拉罕部落或多或少保留着穆拉族的一些文化习俗,但我在 1922 年与他们的几次简单接触时收集了的一些还未发表的材料表明:两个部落间只有极少数共通的单词,他们当时正努力与帕林廷廷族商谈和平。[1]

尼姆恩达进一步探讨了皮拉罕人物质文化的几个方面,他引用了许多古籍文献,所有资料都印证了他的发现,我的大部分研究也与之相同。

当然,并非所有现象都能上升到文化价值的高度。皮拉罕人穿的衣服很简单,甚至可以说几乎是一丝不挂,但这与该地区的炎热气候有关,无须费时做大量解释或评论。

除了上面提到的财物之外,皮拉罕人的家里通常还有一两口用于烹饪的铝锅、一把勺子、几把刀、几件从外界交换来的器具以及本地产的手持棉花纺纱机。

这本书可以改叫《水上人家》,因为河流对他们的生活至关重要。皮拉罕人的村庄总是尽可能地傍水而建。麦茨河的河水会在旱季时

---

[1] 摘自《南美印第安人手册》（*Handbook of South American Indians*）,美国国务院和库珀广场出版社,1963 年版,第 266—267 页。

渐渐退去,当露出大片大片柔软的白色浅滩后,皮拉罕人就会举家搬迁。他们不会在沙滩上搭建任何遮蔽物,而是直接睡到上面,但偶尔,他们也会盖一两间给孩子遮风挡雨的棕榈房。每年这个时候,食物充足,夜晚凉爽,整个村庄的人(规模在 50 ~ 100 人不等)会在同一片沙滩上同寝同食,当然自家人之间睡得更近一些。

由于旱季时水位会下降,所以这时河里的鱼更易捕捉,因此皮拉罕村可以养活更多的人。每到旱季,飞禽走兽往往会离开森林去寻找水源,因此那些生活在丛林深处的印第安人就会挨饿。但对于傍水而居的皮拉罕人来说,旱季恰恰是食物丰盛的时候。

我记得有一次浅滩上围了一群皮拉罕人。在河流浅滩的下游,有棵树斜长在河面上,一些还没被扯断的树根抓附在岸边的土地中。树干高出水面大约 30 厘米,树叶好像有被重物压过的痕迹。一个名叫艾侯阿欧基的皮拉罕人就站在附近,忽然,我明白了是怎么回事。

"谁睡在这里?"我问。

"我。"他有些不好意思地回答。

那张所谓的"床"只有 20 厘米宽,显然,他根本不担心会掉进河里,也不怕水蟒、鳄鱼或其他动物跳到他身上或者把他推进河里。

雨季时的皮拉罕人以小家庭的形式分散聚居,每个家庭都有属于自己的房子。我刚来时就注意到,在雨季,村里的房子都沿河排列,它们隐藏在茂盛的丛林里,之间通常相隔 10 ~ 50 步的距离。雨季时的村子规模要比旱季时小,每个家庭通常由一对年长的夫妇、成年的子女及其配偶和孩子构成。房子不一定建在河岸的同一侧,很多时候,有亲属关系的两家人会分别住在河流两岸。

仪式是一种能够反映文化的特定行为。对一些西方人而言，皮拉罕的文化很特别。的确，在我早先跟他们一起生活的日子里，我也是这样认为的，因为它相对缺乏仪式感。某些我们认为需要仪式的地方，我找不到皮拉罕人有相同的表现。

　　如果有人去世了，皮拉罕人从来不把尸体暴露在自然环境中，而是会埋葬他们。在这些场合，我们通常会有一些丧葬的仪式，但皮拉罕人的埋葬却毫无仪式可言。我亲历了几个皮拉罕人的死亡，虽然葬礼上有一些传统，但根本称不上是什么仪式。死者通常会以躺卧的姿态下葬，并在他身旁放一些物品（通常不超过10件，因为皮拉罕人少有物质积蓄）。极少数情况下，要是手边有木板和钉子（来往的商人或者我留下的），他们也可能会做一个西式的棺材。这样的情形我只见过一次，他们给一个小孩做了一口棺材，当时正好有个巴西商人在这里采购商品。

　　身材较大的死者通常会以坐姿下葬，因为这样不需要挖掘太多的土地（这是皮拉罕人自己说的）。皮拉罕人去世后马上就会被埋葬。家里的一两个男性亲属负责挖坟墓，他们会在河岸附近挑选一块地方，因为过不了几年，那里就会被河水冲刷掉。挖好坟墓之后，他们就会把尸体放进洞里，接着是陪葬品，然后将绿色树枝和香蕉叶子交错覆盖在尸体上，最后再用泥土封闭洞口。偶尔他们也会模仿巴西人在坟墓前放个十字架，并刻上文字。不过，他们的埋葬方式随时会改变，我从没见过两个完全相同的葬礼。葬礼虽不讲究，却有效，不至于让人们看到暴露在地面的尸体，所以我并不认为这是仪式，尽管其他人可能并不同意这样的观点。

我发现，皮拉罕人的性生活和婚姻也没有仪式。皮拉罕人不愿透露自己的亲密行为或性方面的细节，他们顶多泛泛而谈，点到即止。在他们的描述中，性交是"吃"与"被吃"的关系。"我吃他"或者"我吃她"，意味着"我跟他或她发生了性关系"。皮拉罕人很享受性爱，他们通常会或直白或隐晦地谈论别人的性行为。

性行为的对象并不仅限于配偶，但已婚男女除外。未婚的皮拉罕人可以根据自己的愿望随意和某人做爱。尽管和别人的配偶做爱不被允许并且十分危险，但这样的事情也时常发生。夫妇或情侣通常会去森林里做爱，如果有一人或者两人都结了婚，他们通常会离开村庄几天时间。两人回来时如果还在一起，那么他们会离开原来的伴侣，然后结婚。

如果两个人从未结过婚，同居就是结婚。如果两人回来后没有继续在一起，那么原配有选择让配偶回家与否的权利。无论选择如何，只要那两个私奔的人回来了，他们就不会再提及或抱怨此事（至少在公开场合不会）。但是，在爱人离开村子的期间，他们的原配会四处寻找，哀号痛哭，大声地向每个人抱怨。有时，他们会请求我用摩托艇带他们去寻找失踪的伴侣，但我从未答应。

也许，皮拉罕人最具仪式感的行为是跳舞。舞蹈会让整个村子的人聚集在一起。舞会常常和整个村庄的滥交、玩闹和欢笑联系在一起。他们的舞会没有乐器，只是唱歌、拍手以及跳舞。

有一点让我印象深刻，那便是他们跳舞时，每个人享受唱歌、交谈和围着圆圈散步的状态。科贺邀请我和他们一起跳舞。

"丹尼尔，你想和我们一起跳舞吗？"

"我不会跳你们跳的舞蹈。"我希望自己能摆脱这个邀请,因为我不怎么会跳舞。

"以前史蒂夫和阿洛都会跟我们一起跳舞。你不想像皮拉罕人一样跳舞吗?"科贺坚持让我一起跳。

"我可以试一试,但别笑话我。"

舞会上的一名皮拉罕妇女问我:"你只睡过一个女人吗?有没有想过跟别的女人睡觉?"

"我只睡过一个,也不想睡别人。"

"他不想睡别的女人。"她把这个消息宣布给大家。

"凯伦喜欢过别的男人吗?"

"没有,她只爱我一个。"我像一个称职的基督徒那样回答道。

村里通常在月圆之夜举行舞会,在这期间,未婚男女甚至是已婚男女的性关系相对自由。皮拉罕人偶尔会有攻击性的行为,其程度从轻微到严重不等(凯伦曾亲眼看见村里几个男人轮奸一个未婚女子)。强暴很少会发生,一旦发生了便永远都不会被宽恕。

皮拉罕人告诉我,他们有一种使用毒蛇的舞蹈。当然我没有见过这种舞蹈,但它确实存在。

在皮拉罕人赶走艾普瑞纳人之前,确实有相关的目击记录。舞蹈开始前,会出现一个戴着头巾和彩色腰带的人。皮拉罕人把他称为恶灵"阿托伊"(意为"长牙")。他从丛林中出来,走到人们聚在一起跳舞的空地上。他说他很强壮,不害怕蛇,告诉人们他在丛林的住处,以及那天他都做了什么事情。他一边唱歌,一边把蛇扔到观众的脚边,引得人们尖叫着四处逃窜。

　　舞会上的神灵扮演者声称自己遇到了神灵并被其附身。在皮拉罕文化中，各个神灵的行为都是可以预测的，它们都有自己的名字和特征。对经验世界的模仿，再加上对皮拉罕人而言有一定的价值和意义，这种舞蹈可以被认为具有较弱的仪式感。其存在的目的是教导人们坚强，并认识自身的生存环境。

　　皮拉罕人依据直接经验原则生活，这可以解释为什么他们的仪式相对较少。这个原则认为，应该避免用套语和行动（即仪式）来表达不曾亲眼见证的食物。除此之外，该原则背后的意义是，皮拉罕人拒绝将价值观编辑为一个公式化的体系，只有亲身经历、亲自见证或转述他人的经历才能传播价值和信息。所以，在皮拉罕人的世界里，传统的口头文学和仪式没有立足之地。

Don't Sleep, There Are Snakes

第 **6** 章

皮拉罕社会的核心

皮拉罕人笑对一切，甚至是自己的不幸。当暴风雨刮倒小屋时，房屋的主人比任何人都笑得大声。他们捕到鱼时会笑，捕不到鱼时也笑；他们吃饱了会笑，饿了也会笑；他们无过分要求，也不会无礼。在与他们度过的第一个晚上，我就对他们的耐心、快乐和友善印象深刻。很难解释这种四处洋溢出来的幸福感，但我认为这是皮拉罕人自信的缘故，不管环境带给他们何种挑战，他们都确信自己有能力应对一切。

皮拉罕人用自己的方式享受一切，这不是因为他们生活得很容易，而是因为他们擅长面对生活中的波折。

我从没见过皮拉罕人相互亲吻，但他们有自己的表达爱的方式，他们经常用抚摸的方式来表达自己的感情。在天黑的时候，他们也喜欢抚摸我，特别是小孩子，他们会摸我的胳膊、头发和后背。他们触摸我的时候，我不敢看他们，因为这样会让他们难为情。

皮拉罕人严于律己，关爱老人和残疾人，对我也很有耐心。村里有位叫卡嘎（意为"鳄鱼"）的老人，他走路的姿势十分滑稽，已经丧失了捕鱼和打猎的能力，每天晚上都会给村民们拾些柴火。我问一位皮拉罕人为什么给卡嘎食物，毕竟他不能回报任何东西。他回答："小的时候他给我食物，现在轮到我给他了。"

皮拉罕人第一次送给我吃的食物是烤鱼，他们问我："你知道这个东西怎么吃吗？"这句话很棒，如果你真的不想吃，可以借此拒绝而不会难堪。你只需要说："我不知道。"

皮拉罕人似乎很温和。在与他们相处的过程中，我感觉不到像其他文明在面对外来者时的敌意。皮拉罕人的内部也很和谐。虽然跟任何社会一样，凡事都会有例外，但多年以来，我对皮拉罕人的看法依然没有改变，这是一个很温和的群体。

在阿吉欧派（Xagíopai，巴西人称之为"大叉村"，由于一个牛轭湖而得名）这个村落里，女士们常常会把丈夫带到家里与她们的父母生活在一起。而在其他村庄，如麦茨河河口的鹏腾克斯（Pentecoste），男人们会把妻子带回家跟公婆住在一起。因此一些村庄有入赘的习俗，另一些有娶进的传统。但也有些村子并没有明显的模式。这种灵活性可能是基于皮拉罕社会中秉持的自由传统，以及该族群极简的亲属体系。

皮拉罕人只有以下几种亲属关系，可以说是世界上最简单的亲属系统：

　　巴依（*baixi*）：父母、祖父母以及请求某人时的称呼。皮拉罕人问我要东西时，会叫我巴依，有时他们也会这么称呼往来的商人；成年人向别人要东西时，会叫对方巴依；小孩向其他小孩要东西时，也会叫对方巴依。在请求他人帮忙时，任何人都可以用这个术语来称呼别人，有时他们也用提 - 欧吉依（ti xogií，我的老大）来代替巴依。这个词也可以用来向长辈表达敬意，如果需要区分性别，可以说"我的女性巴依"之类的话。在使用这个词时，我们可以通过语境判断指的是其亲生父母还是其他人。但在大多数情况下，并没有这样做的必要。

阿哈基（xahaigí）：兄弟姐妹，也可以泛指同一代的人。在某些语境下，为了与外来者区分开，这个词也可以用来指代皮拉罕人，比如"阿哈基对巴西人说了什么？"。

候阿基（hoagí）或候伊赛（hoísai）：儿子。候阿基是"将要出生"的意思；候伊赛是"已经出生"的意思。

凯（kai）：女儿。

皮伊西（piihí）：意义广泛，指"单亲孩子""孤儿""继子""最受喜爱的孩子"。

以上是皮拉罕人描述亲属关系的所有词汇。尽管一些根本不会说皮拉罕语的人类学家列出了更多的术语，但在我看来，他们之所以如此主张，主要是因为错误分析了短语。最常见的错误是对短语中的所有格的分析，认为只是独立的亲属关系术语。比如，有人类学家提出 ti xahaigí 是"叔叔"的意思，而实际上，它的正确意义是"我的兄弟姐妹"。

人类学家认为，亲属关系越复杂，亲属关系间的行为就越有明确的规定，比如近亲不能结婚，何种亲属应该生活在一起，或者谁应该住得比较近。这个结论反过来也是成立的：描述亲属关系的术语越简单，社会中亲属关系间的相关限制也越少。因此，皮拉罕地区这一情况产生了一个有趣的现象，因为他们没有形容表亲的词语，所以也没有禁止表亲之间结婚的规定。阿哈基的含义模棱两可，甚至有皮拉罕人娶同父异母的姐妹为妻。

乱伦禁忌举世皆然，但却极少对皮拉罕人有影响。他们的禁忌只在亲兄妹与父母之间。

然而，这种亲属体系比表面上看到的有更深远的意义。有些词语不仅仅可以用来描述亲属关系，还可以用来指述权力关系，比如上文提到过的巴依。

阿哈基也是个很有趣的词语，它超出了亲属关系的含义，更多的表达的是群体的概念。这个词不区分性别，不限定数量，可以指一个男人或一个女人、一群女人或一群男人，甚或是男女混合的群体。尽管皮拉罕人以小家庭为单位生活，但他们有强烈的群体意识，认为群落里其他成员的福祉也是自己的责任。通过给群落成员打上标签，阿哈基强化了这种群体意识。

最重要的是，阿哈基的内涵为他们提供了归属感。这种归属感关乎家庭和同胞情谊，显著存在于生活在此地的皮拉罕人中。尽管他们可能生活在相隔数千米、分属不同河流的村庄，但每个皮拉罕人都关注着族内其他同胞的消息。沿着麦茨河，皮拉罕人分散聚居在380多千米的范围内，在缺乏现代通信技术的情况下，彼此却能在其间迅速传播消息，这着实令人惊讶。阿哈基有一个十分关键的含义：每个皮拉罕人都很重要。不管他们是否相识，皮拉罕人都时刻准备着帮助同族人抵御外界的侵扰。没有外来者可以被皮拉罕人以阿哈基相称，我也不例外（现在，偶尔有些皮拉罕人会叫我阿哈基，但大部分人，包括我最好的皮拉罕朋友都不这么叫我）。

阿哈基的另一个含义表现在对待儿童和老人方面。如果有孩子无人照料，哪怕只有短暂的一天，另一个家庭的人便会无条件地照顾他。有一次一个老人在丛林里走失了，整个村子的人不吃不喝不睡地找了他三天三夜。老人被找到时大家都非常激动，所幸他毫发无伤，只是又累又饿，手上拿着防身的尖利木杆。村里人叫他巴依，高兴地拥抱他。等回到村子后，他们立即给老人送上食物。这件事也体现出他们的群体意识。

所有的皮拉罕人都是亲密的朋友，不管来自哪个村庄，他们都会像老友般坐在一起聊天。

我猜想，这可能与他们的血脉相连有关。由于缺乏耻辱感、相对较高的离婚率、舞会时的乱交以及成年后对性爱的好奇，不难推断，每个皮拉罕人都有可能与其他人发生过性关系。这意味着他们亲密关系的基础与其他规模更大的民族不太相同。想象一下，如果你跟同一社区的很多人都做过爱，而且其他人谈到此事时，只把它看作生活中的客观事实，而没有任何的道德批判。

皮拉罕人理解的家庭与我们之间存在显著差异。一天早上，我看到一个蹒跚学步的孩子摇晃着朝火堆走去。等他靠近了火堆时，站在半米之外的母亲只是哼了一声，却没有把他抱走。

他磕磕绊绊，然后跌倒在滚烫的炭火旁边。他摸着自己的大腿和屁股，号啕大哭。他的母亲猛地把他拉了起来，并大声责骂他。

我好奇为什么母亲会因为蹒跚学步的孩子伤了自己而责骂他。我知道她很爱自己的孩子，可是她并没有告诉孩子煤炭很热，会烫伤自己啊！

这就提出了一个更宏观的问题：皮拉罕人如何看待童年？他们如何培养孩子？我开始深入地反思我观察到的现象：皮拉罕人从来不会用儿语和孩子交流。在皮拉罕人看来，孩子是和成年人一样值得尊重的人类，不需要溺爱或特殊保护。考虑到孩子的体格还未长成，身体相对虚弱，他们会对孩子有些照顾，但总的来说，皮拉罕人公平地对待孩子，认为他们与成人没有本质的区别。这就导致了一些西方人无法理解，甚至觉得太过严厉苛刻的场面出现。自从我认同了皮拉罕人的一些育儿观念后，许多会让外来同事感到惊讶的育儿行为，我都已经习以为常了。

这位同事叫彼得·戈登（Peter Gordon），是哥伦比亚大学的心理学家。为了了解当地人的精神世界，1990 年我们一起前往皮拉罕村。我们架设了摄像机来记录与当地人的互动。

一天晚上我们回看视频，发现被采访的皮拉罕人身后有个大约两岁的小孩。他的手里拿着一把长约 20 厘米的锋利的菜刀。他挥舞着刀子，把刀刃对着自己，刀锋甚至快贴近眼睛、胸口、手臂等任何人都不愿被割伤的身体部位。不过，真正引起我们关注的是那位一直在跟其他人聊天的母亲。在看到孩子把刀子扔掉后，她没有停止聊天，而是又若无其事地捡起刀子把它递给了小孩。没有人告诉他不要拿着刀乱砍乱刺，以免伤到自己。很庆幸他没受伤，但我看过其他皮拉罕小孩玩刀伤到自己的情况。好几次，为了防止感染，我和凯伦都不得不在他们的伤口上撒些磺胺。

皮拉罕人的孩子会因割伤、烧伤或者跌倒而挨骂（当然同时也会受到照顾）。看到孩子因疼痛而哭喊，作为回应，母亲们常常会厌恶地咆哮，发出低沉而刺耳的"嗯"的声音。她们可能会一把拎起孩子的胳膊，愤怒但不暴力地把他们带离危险。但父母们不会拥抱孩子，或者说"可怜的宝贝，对不起，妈妈亲一下就好了"之类的话。看到其他族群的母亲这么做，皮拉罕人通常会目瞪口呆，甚至觉得这很有意思。"难道他们不想让孩子学会自己照顾自己吗？"皮拉罕人不解地问我。

除了独立自强外，他们对孩子还有更多的期望。皮拉罕人的育儿理念中充斥着浓重的达尔文主义。这种教育方式培养出的下一代坚韧不拔、爱憎分明，不认为有任何人曾亏欠自己。每个皮拉罕人都清楚，他们依靠个人的技能和坚韧不拔的品质而生存。

当一个皮拉罕妇女即将临盆时，她会躺在田野的树荫下，或是待在她劳作的附近，形单影只，没有任何人的陪伴。常见的分娩方式是妇女独自一人（偶尔会有一个女性亲戚相伴）走入及腰的水里，然后蹲着，让孩子出生在河里。在他们看来，这样的生产方式对婴儿和母亲都更清洁健康。有时，一些母亲或姐妹会来陪伴即将生产的妇女，但如果待产妇女在村里没有什么女性亲属，那她就得独自面对一切。

　　史蒂夫·谢尔登曾给我讲过一个女人独自在浅滩上分娩的故事，她是臀位分娩[①]。女人痛苦地喊道："帮帮我，孩子不出来了。"但其他的皮拉罕人装作没听见，继续冷漠地坐着，一些人很紧张，一些人正常地交谈。"我快死了！这太痛苦了，孩子出不来！"她高声哀号，却无人回答。傍晚时分，史蒂夫朝她走去。"不！她需要的是父母而不是你。"有人这样对他讲，言下之意是告诫他不要过去。但她的父母不在，没有人前去帮助她。夜幕降临，她仍在哭泣，但哭声越来越弱，直至一切停止。第二天早上，史蒂夫得知那个女人和婴儿无助地死在了浅滩上。

　　史蒂夫记录下这一事件，而我之所以故事重提，是因为它有两个方面的价值。

　　第一，这是一个悲惨的事件，为我们认识皮拉罕文化提供了一个全新的视角。特别是它告诉我们，皮拉罕人竟眼睁睁看着一个孤立无援的年轻女人死去，只是因为他们认为一个人必须坚强，必须独自渡过难关。

　　第二，该事件对理解皮拉罕语语法也很重要。它让我们注意到皮拉罕语相对简单的结构，没有从句，也没有复杂的短语。

欧比西的妻子奥吉欧索之死

记录者：史蒂夫·谢尔登

故事梗概：讲述了欧比西的妻子奥吉欧索之死的来龙

[①] 异常胎位中最常见的一种，婴儿先露臀部，其发生率占分娩总数的 3% ~ 4%。

去脉。她独自一人在河边分娩，在清晨死于难产。她的姐姐百吉波华西没有来帮她，阿巴基（偶尔帮助人接生的老人）去叫该女子的儿子，但直到去世，她的儿子都没有前来帮助，也没有再见她最后一面；当时，她的丈夫欧比西正在下游捕鱼，因此没有人守护在她的身边。

1. *Xoii hiaigíagásai. Xopísi hiabikaáhaaga.*

欧伊说，欧比西不在这儿。

2. *Xoii hiaigiagaxai Xaogíosohoagi xioaakaahaaga.*

欧伊接着说，奥吉欧索死了。

3. *Xaigia hiaitibíi.*

于是，有人去通知他了。

4. *Ti hi giaitibíigaoai Xoii. Hoihiai.*

我问欧伊，他是唯一的目击者。

5. *Xoii hi aigia ti gaxai. Xaogíosohoagi ioabaahoihoi, Xaogíoso.*

于是我对欧伊说，奥吉欧索去世了。

6. *Xoii xiboaipaihiabahai Xoii.*

欧伊没去看躺在漂浮甲板上的她。

7. *Xaogíosohaogi xioaikoi.*

奥吉欧索真的死了。

8. *Ti xaigía aitagobai.*

我真的很害怕。

9. *Xoii hi xaigiagaxaisai. Xitaíbígaí hiaítisi xaabahá.*

欧伊接着说，伊泰比盖不肯说这件事。

10. *Hi gaxaisi xaabahá.*

他说她没这么说过。

11. *Xaogíosohoagi xihoisahaxaí.*

奥吉欧索，你不要死!

12. *Ti xaigíagaxaiai. Xaogíosohoagí xiahoaga.*

然后我说，奥吉欧索已经死了。

13. *Xaabaobaha.*

她已经不在了。

14. *Xoii hi xi xobaipaihiabaxai.*

欧伊没去看躺在漂浮甲板上的她。

15. *Xopísi hi Xiasoaihi hi gixai xigihí.*

欧比西，你可是奥吉欧索的丈夫啊。

16. *Xioaíxi Xaogióso.*

奥吉欧索死了。

17. *Ti xaigíai hi xaitibíigaópai. Xoii xiobáipápaí.*

嗯，我叫了欧伊去看她。

18. *Xaogíosogoagí xiahoagái.*

但是奥吉欧索已经死了。

19. *Xaabaobáhá.*

她再也不会回来了。

20. *Xaogíosohoagí hi xaigía kaihiagóhaaxá.*

奥吉欧索要生孩子。

21. *Xoii ti xaigíagáxaiai. Xoii hi xioi xaipihoaipái. Xoii hi xobágátaxaíhiabaxaí.*

我告诉了欧伊，欧伊给她吃了药。欧伊没有去看她。

22. *Xoii hi xaigíagáxai. Hoagaixóxai hi gáxisiaabáhá Hoagaixóxai.*

接着欧伊说话了，但华盖欧艾什么也没说，华盖欧艾。

23. *Xaogíoso xiaihiábahíoxoi.*

奥吉欧索病得很严重，非常严重。

24. *Xi xaipihoaipaáti xi hiabahá.*

药没有送到她那里。

25. *Hi xai hi xahoaihiabahá gíxa pixáagixi.*

他没告诉任何人，包括那个年轻人。

26. *Xaogíoso hi xábahíoxoisahaxaí.*

奥吉欧索的情况没有恶化。

27. *Hi gáaisiaabahá.*

他什么也没说。

28. *Hi xabaasi hi gíxai kaisahaxaí.*

你根本没帮上什么忙。

29. *Xabaxaí hoihaí.*

她就这么孤单地走了。

从很多层面看，这个故事都充满趣味。从语言学角度来看，这些句子最重要的特性是结构简单。具体说来，与其他皮拉罕人的故事一样，在这个故事中，句子的含义没有相对复杂的关系，除某些语句外，句子和句子间并没有明显的包含关系。

比如，这个故事可以宽泛地分为四个部分：第一到第五行介绍了故事内容和主要参与者；第六到第十四行讲述了死者丈夫的失职；第十五到第十九行讲述了其他人的失职；第二十行到文末讲述了其他人的冷漠，并对妇女的死亡表示了悲叹。这个故事中的每句话都有作用，它们既存在表面上的形式感，又有认知层面的意义，也就是说，这些句子架构起这个故事，表达出某种观念。

这些句子不像是依据语法，而像是依据想法来形成。这些句子展现出了思考的过程，即把思维放在其他思维中，而这种呈现语法的做法反映出了许多语言学家认为的"递归"过程。但是文本的分类并非语法的一部分，尽管这些语法在皮拉罕人所有的故事中都存在。所以我们谈到的这个"把思维放在其他思维之中"的方式不同于根据语法将短语与短语、句子与句子分类的方式，皮拉罕语与语言学家研究过的很多语言都不一样。

然而，对许多非语言学家来说，这似乎是个晦涩难懂的理论，它也是现代语言学中最核心的分歧之一。正如诺姆·乔姆斯基[①]（Noam Chomsky）指出的那样，尽管递归现象并非存在于所有语言的语法中，不属于"语言本能"或"普遍语法"，但它存在于所有人类的思维过程中，是人类智慧的一部分。

从文化层面上来看，这个故事也很有趣，因为叙述者似乎想努

[①] 美国语言学家、哲学家，麻省理工学院语言学的荣誉退休教授。其著作《生成语法》被认为是 20 世纪理论语言学研究上最伟大的贡献之一。

力表明自己的无辜。和西方人的观念一样，在他们的文化中，忽视女人是低劣的行为。然而，无论是叙述者，还是故事中的其他人，都没有向她伸出援手。这说明即使在非常危险的情况下，他们也要通过行动来践行每个人都需要自力更生的价值观。皮拉罕人会区分开说与做的不同，这一点，他们与其他文化并无二致。

我的亲身经历则让我更为震惊。一个名叫波克的年轻妇女生了一个漂亮的女婴，母女平安。然后我和家人离开村庄到波多韦柳港休假，两个月后才回来。当我们回到村里时，波克和其他人正像往常一样住在我们的房子里。波克看上去很憔悴，患上了我们无法诊断的疾病。她脸颊凹陷，骨瘦如柴，虚弱到了无法动弹的程度。因为她没有母乳，所以她的孩子也很虚弱。其他母亲不给波克的孩子哺乳，因为她们说，她们要把母乳留给自己的孩子。因为没有与外界通信的工具，我们无法为她求救，没过几天，波克就去世了。但幸运的是，她的孩子活了下来。

我问她们谁来照顾波克的女儿。

"这个孩子马上会死，没有谁愿意照顾她。"她们说。

于是我自告奋勇："我和凯伦来照顾这孩子吧！"

皮拉罕人回答："好吧，但这孩子马上会死。"

我理解皮拉罕人对待死亡的理性，但我还是想尽力帮助这个孩子。

首先面临的问题是给孩子喂食。我们用旧床单和毛巾做了一些婴儿尿布。我们尝试用奶瓶给她喂奶（我一直在家里保留着奶瓶，以防村里有婴儿生病），但她几乎陷入昏迷，不会吮吸。我绞尽脑汁，想到了一个办法：我把奶粉、糖和一点盐兑一起加热，然后把除臭剂的塑料挤压瓶和塑料吸管清洗干净。接着我把自制的"配方奶"倒入瓶中，再用医用胶带将两根吸管连接起来，一头插入装奶的塑料瓶里，一头伸入婴儿的喉咙。孩子只有些轻微的不适，就这样，我们小心翼翼地把奶挤入孩子的胃里。

一个小时后，婴儿精神了很多。我们不分昼夜，每隔四小时就喂她一次。一连三天的时间，我们全身心地拯救孩子，几乎没怎么好好睡觉。她渐渐恢复了知觉，每喂养一次，宝宝都比之前更有活力，叫喊声也更大，甚至开始了排便。她的康复让我们欣喜若狂。一天下午，我们觉得可以放心地留下她去机场上慢跑一会儿了，于是，我们把孩子托给了父亲。我们一边慢跑一边想，至少我们为一个皮拉罕人的生命做出了实实在在的贡献。

皮拉罕人之所以认定孩子会死，有三个方面的原因：首先，孩子已濒临死亡，她已经憔悴到了无法存活的程度；其次，他们认为，病重的婴儿需要母亲的照顾才能渡过难关，但孩子的母亲已经去世了，其他人不会为了救她而让自己的孩子挨饿；最后，他们不相信我们的医学可以弥补前两个条件。所以在皮拉罕人看来，我努力拯救婴儿的行为，不过是徒劳地延长其不必要的痛苦罢了。

我们回来时，几个皮拉罕人蜷缩在房子的角落里，空气中弥漫着浓重的酒精味。其中一伙人形迹可疑，看到我们有些慌张。一些人似乎很生气，另一些人很惭愧，其他人则围在一起盯着地上的东西看。我一走近，他们便四散开来。地上是波克的孩子，他们用灌巴西朗姆酒的方式杀死了她。

"这孩子怎么了?"我问,泪水湿润了眼眶。

"她死了。她很痛苦,想死。"他们回答。

我默默地捡起宝宝,把她抱在怀里。我的泪水顺着脸颊止不住地往下流。

"他们为什么要杀掉一个婴儿?"我问自己,感到既困惑又悲伤。

我们用带来的旧板箱给她做了一口小棺材。然后,就在麦茨河上游 100 米远,埋葬波克的旁边,我和孩子的父亲给她挖了一个坟墓。有三四个皮拉罕人来看我们的葬礼,我们把婴儿放进坟墓里,封上泥土。做完这一切后,我们在河里洗了个澡,去除粘在身上的泥土。之后,我回到小屋,不禁陷入了沉思。

我逐渐意识到,皮拉罕人并非单纯地丧心病狂或者欠缺考虑,而是做了他们认为最好的选择。他们对生死和疾病的看法与西方人截然不同。在这片没有医生的土地上,他们坚定地秉持一个人要么强壮要么死亡的观念。他们有更多的近距离直面死亡的经验,能率先从别人的眼睛里看出他健康与否。他们能感觉到这个孩子很难受,确信她会死。他们认为我自作聪明地用牛奶救助她的方法其实是在伤害这个孩子,延长她的痛苦。所以他们选择让这个孩子安乐死,孩子的父亲把酒精灌入她的喉咙,亲手将其送入了上帝的怀抱。事实上,皮拉罕村有母亲死亡后仍得以幸存的婴儿,但当时那些婴儿都十分健康。

在皮拉罕人看来,孩子是社会中平等的公民,这意味着适用于成年人的规则同样适用于儿童。皮拉罕社会中没有年龄偏见,孩子的呼声应该被"看到也被听到"。皮拉罕人的孩子吵闹、顽皮甚至是固执己见。他们必须像社会期待的那样，自己决定做还是不做一件事情。当然，他们也知道，偶尔听听父母的话对自己更有利。我最喜欢一个名叫派塔的小男孩，他是我的好朋友科西欧的儿子。科西欧闲适而懒散，跟他在一起不会有什么睡不着的烦心事，他仿佛从来没有烦恼，即便是患了肺结核即将死去的时候，也总是在微笑。科西欧的儿子是一个典型的皮拉罕小孩。

一天下午，三岁的派塔在小路上朝我走来。他浑身总是脏兮兮的，让我想起了史努比中的兵兵。他看人的时候会歪着脑袋，纵情大笑。由于道路上潮湿而泥泞，他的腿脚上沾满了泥巴，但真正引起我注意的，是这个小屁孩的嘴上竟叼着一根硕大的手卷烟。毫无疑问，这是他的父亲用笔记本纸给他卷起来的。另外，派塔还穿着一条裙子。

科西欧也跟着走了过来，就在身后不远的地方。我笑着问他："你的儿子在干什么？"我指的是抽烟的事情。

科西欧回答："噢，我喜欢把他扮成女孩。"

在科西欧看来，派塔吸烟并没有什么不寻常的地方。虽然皮拉罕人知道长期吸烟有损健康，但并不影响他们给孩子抽烟。这主要是因为，首先，皮拉罕人抽烟的量没有大到能够对健康造成威胁的程度，他们每隔好几个月才能获得烟草，每次只能得到一天的剂量；其次，在他们看来，如果成年人可以"冒险"吸烟，那么孩子也可以。当然，派塔的穿着与成人间存在明显的差异，但这并不意味着，他们会禁止儿童做在西方社会中常常只允许成年人做的事。

有一次，一个商人给了他们足以村里每个人都喝醉的巴西朗姆酒。不出所料，无论男女老少，村里的每个人都喝得酩酊大醉。虽然那时我已经习惯了皮拉罕人喝醉的场景，但看到6岁儿童酒后胡言乱语的样子，我还是觉得十分新鲜。无论成人还是儿童，皮拉罕人认为每个人必须有福同享，有难同当。

跟西方社会一样，皮拉罕人的孩子一出生，就自然附带着许多与生俱来的社会关系。但最大的区别是，皮拉罕人的孩子可以在村里随意漫步，保护好他们是每个人的责任。在日常生活中，大多数皮拉罕人还是以家庭为单位生活，家庭成员包括父亲、母亲和兄弟姐妹。虽然父母关爱、尊重他们的孩子，但通常很少管教他们。

像大多以狩猎和采集为生的社群，皮拉罕人有明确的社会分工。女性负责采摘丛林产品、块茎类食物或者园子里的其他食物；男性负责狩猎、砍柴和开垦丛林。孩子主要由母亲照顾，只有在母亲去丛林中采摘水果、带狗去捕猎小型野物、拾柴火或者钓鱼时，父亲才会待在家里照顾孩子。有趣的是，男性通常使用弓捕鱼或狩猎，弓箭似乎只是男性使用的工具。女性只用鱼钩和饵线钓鱼，以及在猎狗的辅助下狩猎。

至少在原则上，皮拉罕人不打骂小孩，而我会。我之所以将两者放在一起对比，是因为我发现，皮拉罕人教育子女的心态更加健康。我年纪轻轻就当了父亲，莎伦出生时，我只有19岁。因为我的不成熟以及基督教的教育理念，我一向认为体罚必要且有用，因为《圣经》有言："闲了棍子，惯了孩子。"莎伦是我最大的孩子，在那时，她经常会遭受皮肉之痛。到村子之后的一天，莎伦说了一些我觉得该打屁股的话。于是我拿起一根鞭子，让她跟我到卧室去。她开始

图 6.1　女性负责采摘丛林产品、块茎类食物或者园子里的其他食物。

图 6.2　男性负责狩猎、砍柴和开垦丛林。

大喊大叫，不想挨打。皮拉罕人很快就围了过来，每当听到我语含愤怒时，他们都会这么做。

"你要干什么，丹尼尔？"几个妇女问道。

"嗯，我想……"我根本说不出口。我究竟在干什么？

但不管如何，在《圣经》的指引下，我告诉莎伦："那好，我不在这儿打你屁股。你去飞机跑道，并在路上捡一根鞭子。五分钟后见！"

莎伦出门时，皮拉罕人问她要去哪里。

"我爸爸要在飞机跑道那边打我。"她既愤怒，又窃喜，知道这么说会有什么效果。

我离开家门，一大群皮拉罕人跟在我身后。我认输了，皮拉罕人不许打孩子，他们的理念战胜了我。莎伦脸上洋溢着得胜的喜悦。

皮拉罕人的教育理念会对孩子有何影响？就像世界上其他民族的青少年，皮拉罕青年既疯狂又叛逆，还没有礼貌。他们会评头论足，说我的屁股很大；在我们吃饭时，他们会走到我们的饭桌旁放屁，然后像杰瑞·刘易斯①（Jerry Lewis）那样放肆大笑。显然，青少年的叛逆具有普世性。

但是，我从没见过皮拉罕青年意志消沉、睡到太阳晒屁股、敷衍塞责，或以离经叛道的方式生活。实际上，他们富有创造性，严守纪律，符合皮拉罕人的期待。他们是好渔夫，是村庄安全的守护者，是给其他人提供食物的人，为种族生存做出过各种各样的贡献。皮拉罕青年不会焦虑、抑郁或感到不安。他们似乎从来不去寻求意义，

---

① 美国著名喜剧演员、影视剧以及舞台剧演员、电影制作人、剧本家和导演，对美国喜剧事业影响深远。

仿佛生活早已给出了答案。况且在他们的生活中也很少会有新的问题出现。

图 6.3 我从没见过皮拉罕青年意志消沉。

当然，社会群体的自我平衡会扼杀两种西方社会信奉的价值观：创造力和个性。

如果文化进步是一件好事，那么皮拉罕文化便没有什么值得模仿之处，因为文化的进步需要冲突、焦虑和挑战。如果生活没有受到威胁，而每个人又都满意现状，那么我们又为什么要改变呢？特别是你接触到的外人比你更烦躁，对生活更不满意。

在我一开始来皮拉罕地区传教的时候，我曾问过他们，是否知道我为什么来这里。他们回答："因为这儿很美丽，河水清澈，食物鲜美，皮拉罕人也很友好。"到现在为止，他们依然这样认为。生活很美好，每个人必须在年幼时就学会自立自强，并努力打造出一个能让所有人幸福满意的社会。这一点让你很难反驳。

我观察到一个有趣的现象：尽管皮拉罕人有强烈的社会意识，但似乎并没有人会强迫他人做一些事情。即使是在父母与孩子之间，皮拉罕人也很少下命令，尽管这种情况偶尔会出现，但旁人通常会仗义执言，通过表情或手势来制止这样的行为。记忆之中，我也想不起有人以群体规则的名义干预他人。

有一天，我朝最重要的语言老师卡布基的房子走去，下定决心问他能否跟我一起做一件事。在路上，我看到卡布基的哥哥卡巴西正在喝巴西朗姆酒，他朝卡布基家的小狗大喊，想让它停止吠叫。等我走近后，我看到卡巴西站在大概五十步远的地方，正举起猎枪朝弟弟的小狗射击。小狗倒在地上不停地抽搐挣扎，它大量失血，肠子从腹部破开的地方流了出来。卡布基跑过去把它抱起来，可怜的小狗在他怀里死去。我担心他会开枪杀掉卡巴西或他的狗。

除了狗的狂吠，村子里一片寂静，其他人只是静静地盯着兄弟俩。卡布基还抱着他的狗，满含泪水地呆坐在那里。

"你打算找卡巴西报仇吗？"我问。

"你是什么意思？"卡布基满脸困惑地反问。

"我是说，他打死了你的狗，你打算对他做些什么？"

"我不会做什么，不会伤害我的哥哥。尽管他像个孩子一样做了坏事。但那是因为他喝醉了，头脑不清醒。这条狗就像我的孩子，他不应该伤害它。"

这是我在其他文化中很少会见到的情况，即使卡布基被激怒，但他也能用耐心、爱和理解去应付。皮拉罕人不是和平主义者，也并不完美；但他们崇尚和平，至少坚持与其他人和平相处。他们认为所有的皮拉罕人都是一家人，每个人都有保护和关心其他成员的义务。当然，这并不意味着他们从不违背这一规范，所有人都有破坏规则的时候。但他们的文化更强调相互帮助。

皮拉罕人把自己和家人放在第一位，他们在面对自己或家人的死亡时会表现出个人主义。如果有能力，他们一般不会眼睁睁看着另一个皮拉罕人饿死或者遭受病痛；如果来得及，他们也很愿意帮助无法照顾好自己的小孩和老人。否则的话，每个人都可能成为别人的负担，例如，如果一个男人不能为他的妻儿提供食物和住所，那么他的家人会离开他，以便找到更好的归宿；如果一个女人懒惰到不捡柴火、不挖木薯和采集坚果，那么她便会在人老珠黄无法生育的时候被抛弃。

皮拉罕人信奉归属感，他们能感受这种品质在外界的缺乏。他们看到巴西人之间的欺骗和虐待，看到美国父母对孩子的打骂。最令他们费解和瞠目的是，他们听说美国人对其他民族发起过大规模的战争和杀戮，美国人和巴西人甚至会在内部自相残杀。

科贺曾经对我说："我的爸爸告诉我，他见过祖父杀死其他种族的印第安人。但我们现在不这么做了，这样不对。"

在皮拉罕人的文化中，他们还有其他一些很有意思的观念，但最重要的是对战争和暴力的观点。

例如，在表达婚姻或其他事物的关系时，皮拉罕人会用到卡基

（kagi）的概念。这个词很难定义。当皮拉罕人看到一盘大米和豆子时（通常是我、巴西商人或者政府工作人员带到村里来的，因为他们不种植豆子），他们可能会说"米饭和卡基"；要是我带着孩子出现在村庄里，他们可能会说"这是丹尼尔与卡基"；如果我和妻子一块儿出现，他们也会说相同的话："丹尼尔与卡基一起来了"；如果一个人带着狗去打猎了，他们会说"他和卡基出去打猎了"。"卡基"这个词究竟是什么意思呢？它如何跟婚姻产生联系？尽管无法轻松找到对应的翻译，但这个词的大概含义是"预料的关联"。

预料的关联是由文化熟悉度和文化价值观决定的，配偶是人们预计将与你共度一生的人。从文化的角度着手，就像大米与豆子、猎人与狗、父母与孩子、婚姻与人类的生活密切相关。其他文化里找不到与"卡基"对应的词语。

再者，同居在一起并繁衍后代的夫妻不会举行结婚仪式，自由身的男女只要同居就表示他们结婚了。如果男女结过婚，那么他们从村里消失两到四天后，回来时就可以组建一个新的家庭。当然，也有可能私奔只是一时冲动，他们回来后继续与原配生活，原配也不会报复他们的不忠。无论男女是否结婚，他们之间的关系总是很浓烈，常含有许多调情的成分。

性行为同样如此。只要不是出于强迫，皮拉罕人不会禁止孩子与成人间的性行为。记得有一次我跟将近40岁的皮拉罕人伊萨欧伊聊天，当时他身边站着一个大约10岁的女孩。在我们聊天时，女孩迷乱地把双手伸进他的胸部和背部，隔着一条尼龙短裤，不停地在他的胯部摩擦。两人看起来都很享受的样子。

"她在干什么？"我不识趣地问道。

"喔，她就是在玩。等她长大了，会成为我的媳妇。"他一副若无其事的样子。果然，小女孩成年后，他们就结婚了。

和其他文化一样，皮拉罕人的婚姻中也有许多固定的习俗，只不过方式不同而已。人们常常好奇皮拉罕人如何解决出轨的问题。伊萨欧伊夫妇如何避免出轨呢？毕竟这两人有较大的年龄差异。他们会使用在我们看来比较文明的解决方式吗？

事实上，他们解决出轨的方法十分幽默。一天早晨，我到科贺的家里请教一些语言的问题。我走到他的小屋，一切看起来很正常。他的妻子伊百合坐着，而科贺躺着，头埋在妻子的大腿间。

"嘿，今天你能教我更多的单词吗？"我问道。

他想抬起头来回答我的话，但是伊百合正抓着他的头发。科贺刚一抬起头，伊百合就猛地揪住他的头发，顺手用身边的一根棍子不停地打他的头，甚至是他的脸。他笑了起来，但不敢笑得太厉害，因为只要他一动，妻子就会猛揪他的头发。

"我妻子不让我走。"他咯咯地笑着回答。

他的妻子也笑了，但笑容很快消失，取而代之的是更猛烈的击打。有几次看上去还挺疼的。看来科贺没机会和我说话了，于是我离开，去找另一位很好的语言老师阿侯比西。

当我们一起朝家里走去时，我问道："科贺做错了什么？伊百合正按住他的头，拿棍子使劲打他呢。"

"哦，因为他昨晚玩别的女人了，"阿侯比西大声地笑道，"所以，今天早上伊百合很生气。他今天哪儿也不能去了。"

121

科贺是个身强力壮、无所畏惧的猎人，却愿意一整天让妻子随意打他（大概三小时后，我又去他家，他仍保持着我上次离开时的姿势）。显然，他之所以这么做，部分原因是自愿忏悔，部分原因是用皮拉罕文化中的特有方式补救。我也见其他皮拉罕男人有过同样的遭遇。

到了第二天，一切都会好转。之后很长的一段时间里，我听说科贺都没有再去招惹别的女人。我想，这不失为一个漂亮解决出轨问题的方式（这个办法并非总是有效。尽管没有仪式，皮拉罕人也有离婚的时候）。这是一种有效惩罚背叛的办法，女人可以直白地表达她的愤怒，丈夫表达忏悔的方式是甘愿让妻子爆捶一整天。

需要注意的是，在皮拉罕人看来愤怒是种很严重的罪过，所以在整个过程中，他们不会大吵大闹，也不会有明显泄愤的行为，只会咯咯地傻笑。女性出轨的现象也相当普遍，当这种情况发生时，男人会四处寻找他的妻子。他可能会说些脏话或威胁那个让他戴绿帽子的男人，但总体而言，无论是对儿童还是成人，过分暴力都是皮拉罕人不能接受的行为。

从基督徒的角度观察，皮拉罕人的性文化让我颇感震惊，尤其是当这些文化与我们的价值观产生冲突时。一天下午，我从屋后出来走到房子的中心。我们的房子用木板隔开，那里没有墙壁，所以皮拉罕人使用它的时间比我们一家子更多。那时，莎伦眼睁睁地看着两个皮拉罕男人躺在面前的地上。他们笑着捶打对方的后背，把彼此的短裤拉到脚踝，抓住对方的生殖器在地上翻滚。我走到那里时，莎伦咧着嘴朝我笑。深受美国性恐惧文化的影响，眼前的一幕让我惊愕。我愤怒地喊道："喂，别在我女儿面前这么做！"

他们停止了笑声，抬头看着我："不要做什么？"

"就是你们正在做的事情，抓住对方的阴茎。"

"喔！"他们困惑地说道，"他不喜欢我们愉快地玩耍。"他们把裤子提起来，很快就适应了新的形势，马上改变话题，问我有没有糖果。

我几乎不需要告诉莎伦和她的弟弟妹妹有关生殖、死亡或其他生理行为的事情。看看皮拉罕人，他们就能了解一切了。

皮拉罕人的家庭生活与西方人就比较接近了。父母会和孩子公开地亲热，他们彼此拥抱、抚摸，相互微笑，一起玩闹，一起聊天。这些都是皮拉罕文化给我的最直观的印象。我一直耐心地观察皮拉罕人，我发现不到万不得已，皮拉罕父母不会打骂或命令他们的孩子。相对而言，婴幼儿（指四岁以下或还未断奶的孩子，因为断奶意味着孩子已是成人）则会得到更多的关爱。

孩子出生后，母亲通常会让他在三到四岁时断奶。由于缺失父母的关注以及饥饿和劳作，断奶会给孩子造成创伤。每个人都必须工作，必须为村民的生活做出贡献。断奶就意味着，孩子立刻进入了成人世界，并需要承担起自己的责任。在晚上，除了能听到说话声和欢笑声外，人们通常还会听到孩子们尖叫和哭喊的声音。这大都是由断奶引起的。一天晚上，一位医生朋友来到皮拉罕地区，他住在我的家里，半夜里把我吵醒了。

"丹尼尔，那个小孩痛苦地叫着，似乎病得很严重。"

"放心，没事的。"我向他保证，试图让他去睡觉。

"不，不可能没事！他生病了。如果你不跟我一起去，那我就自己去了。"他坚持道。

"好吧，"我说，"我们一起去看看。"但我觉得他只是睡不着，想四处走走罢了。

我们朝传来尖叫声的小屋走去。医生打开手电筒，朝里张望。一个三岁的小男孩坐在地上哭喊，而他的父母和兄妹正在睡觉。

"孩子都哭成这样了，他们居然还能睡着？"医生问道。

"他们只是假装睡着了，"我说，"他们现在不想谈论这个孩子的事情。"

"我只是想弄清楚孩子的身体有没有问题，"医生坚持道，"快问问他，是不是哪里不太舒服。"

我问孩子的父亲："阿伊，孩子生病了吗？"

他没有回答。

"他们不想回答。"我告诉医生。

"你再问问他们，拜托啦！"医生的再三要求让我很恼火。

"阿伊，孩子哭成这样，是身体不舒服吗？"我再次问道。

阿伊猛地坐起来，恶狠狠地抬起头看着我，每个动作都充满恼怒。他粗暴地说道："没有，他只是想要吮吸母亲的乳头！"

我把他的话如实翻译了一遍。

"他真的没生病？"医生满脸疑惑，不知道该不该相信阿伊的话。

"他没有生病。我们安心去睡觉吧。"

我们又躺回到自己的吊床上。

断奶的孩子不再拥有特殊的照顾。他不再睡在妈妈的身边，而是跟兄妹一起，睡在离父母相对较远的地方。只有喝奶的婴儿才不会挨饿，刚断奶的孩子会像所有皮拉罕人一样体会到饥饿的滋味。但是，小小的饥饿根本难不倒皮拉罕人，只有刚进入成人世界的孩子在碰到这种情况时才会惊慌失措。

孩子不被父母照养的同时也不再受到纵容。用不了几年，男孩就必须像父亲一样学会打猎，女孩就应该像母亲一样在田里干活、采摘食物等。

孩子们的生活充满乐趣，他们可以玩玩具（如果有的话）。他们特别喜欢玩偶和足球（村里没人知道怎么踢足球，他们像玩棒球一样玩足球）。每当我问他们要从城里带点什么回来时，科西欧和伊欧伊塔总会让我给他们的孩子带点玩具，这让我印象深刻，因为在我认识的皮拉罕父母中，他们是唯一这么做的。其实皮拉罕人多才多艺，他们会做陀螺、口哨、玩具小舟、娃娃，但除非被要求，他们从不主动制作这些东西。因此，我目前还不能清楚，这些技能是皮拉罕人本来就会的，还是他们从其他人那里学来的。

当然，凡事都有例外的时候。自从飞机出现在皮拉罕村后，村里的男孩就会收集一种轻木来制造飞机模型。

每个皮拉罕人都喜欢时常来到村里的飞机。迄今为止，他们应该见过三种类型的飞机：水陆两用飞机、浮筒型水上飞机以及塞斯纳206。水陆两用飞机的引擎安装在机舱上方，可以用腹部在河里降落。另外两种飞机的引擎都安装在飞机的前部。飞机到来时，男孩就会用轻木做模型飞机，他们精巧地用开山刀雕刻，偶尔会把飞机涂成红色。他们甚至还可能故意将拇指或手指刺破，用鲜血来给模型染色。

几天后，我发现其他村里的男孩也拿着模型飞机。他们没见过真正的飞机，而是从其他人那里学会的。这些模型飞机通常长30～60厘米、高12～15厘米，有两个螺旋桨，一个在机头，一个在机舱上方。他们见过的飞机只有一个螺旋桨，飞机模型融合了两种机型的风格。

研究皮拉罕文化需要长时间与他们生活在一起。

1980年，我们几乎在村子里住了整整一年，那也是我们在皮拉罕村待得最长的一段时间。在那些日子里，我发现屋顶的棕榈叶和铺地板的木材需要更换。这些东西都有一定程度的损坏，因为当我们离开村子时，皮拉罕人会睡在我书房的阁楼上。他们喜欢看星星，所以会在屋顶上挖洞。

没想到茅草屋顶的问题竟成了我进入丛林世界的突破口，从此，我对皮拉罕人的评价变得更加积极，我认为他们是目前世界上最足智多谋的群体。当我在丛林中观察他们时，我开始意识到，村庄只是他们的客厅，是他们放松休闲的地方罢了。如果仅仅观察他们的闲暇生活，那么我也就无法真正地理解这个民族。丛林是皮拉罕人的办公地点、车间和工作室，是展现他们能力的舞台。

看到房子的状况后，我请皮拉罕人帮我砍一些茅草和棕榈树。尽管我在皮拉罕地区已经生活了好几个月，但还没真正到过丛林深处。在不知不觉中，我错过了许多更好了解皮拉罕人的机会。

要成为一名出色的语言学家，我不仅需要长时间的伏案工作，还需要有大量的时间跟研究对象生活在一起。我决定跟皮拉罕人一起去丛林收集修理房屋所需的材料。为了能够帮助他们，我参与他们的活动，向他们学习。

准备出发。我把两个装满水的军用水壶挂在皮带上，还带了一把长长的墨西哥弯刀。另外 5 个皮拉罕男人轻装上阵，只带了一把斧子和几把大砍刀。看到我穿着长袖、衣裤、长靴，戴着帽子，背着水壶，拿着弯刀的样子，他们不禁哈哈大笑。我们沿着丛林小径行走。同伴们有说有笑，而我却举步维艰，水壶和弯刀在腰间彼此碰撞，我徒劳地握住弯刀，以免它撞到路边的树干，伤到我的裆部。

30 分钟后，灌木丛渐渐减少，丛林变得越来越茂密、越来越深幽，空气也变得凉爽，蚊子开始在耳边嗡嗡地叫。我喜欢亚马孙丛林的声音，猎鸟用假音高声尖叫。这时我注意到，同行的皮拉罕人有了变化，他们把双手交叉放在胸前，做出了一个大大的 X。他们快步行走，甚至时不时要求我慢跑。他们紧挨着彼此前行，轻轻地，步履坚定。

我们来到一条小溪前，需要跨过一座满是青苔的独木桥。皮拉罕人毫不迟疑地走了上去。可刚在桥上走了没两步，我就滑倒掉进了小溪。我飞快地爬出小溪，一刻也不敢多待，因为这种小溪里有很多危险的生物，比如黄貂鱼、水蟒和鳄鱼。

我笨拙地爬上岸，马上跟着大部队前进。他们没做任何停留，就像没看到我跌倒一样。毕竟这是很难堪的一幕，要是他们出手相助，反而会让我更加尴尬。我追上了他们，他们笑着告诉我，这没什么大不了的，不用觉得羞耻。当然，他们绝不会跌倒，就连他们的孩子、狗、祖父母或者村里的残疾人都不会。最后，我们在一棵棕榈树前停了下来。我帮忙砍树干。但我很快就发现，虽然我人高马大，但皮拉罕人的每一刀都比我砍得更深更有力。他们善于使用斧头，力不虚发。当我已经全身被汗水浸湿，喝光了一壶水时，皮拉罕人却一口水都没喝。他们很能忍耐炎热。

等砍好了我们背得动的树和茅草时，我们把它们捆起来，每个人背起一些，开始朝几千米外的村子走。但走着走着，我发现似乎没有什么路了。我有点不确定方向，开始退缩，略带惊恐地看着皮拉罕人。他们笑着停了下来。"你到前面去，"他们窃笑起来，"带我们回去吧！"我尝试着，但一直走错方向，把大家带进了死胡同。尽管我领着大家走了很多弯路，但皮拉罕人却觉得这很好玩，他们没人着急，继续让我走在前面。

等我找到一条通向村子的大路时，我们开始加速，而这时，身上的负荷渐渐压得我喘不过气来。我每走一步，背着的棕榈木都会撞到路边的树枝。我多次踩在裸露的树根或很滑的叶子上，每次都差点儿跌倒。我一直在喘气，疲惫不已。

皮拉罕人的体力让我诧异，他们似乎不觉劳累。在村子里，皮拉罕男子不会扛重的东西，当我请他们搭把手，帮忙搬箱子或木桶时，他们总是很不情愿。而且他们即便帮忙了，也总是挑轻的东西拿。我还以为这是他们身体孱弱、缺乏耐力的缘故，但没想到是我错了，他们只是不喜欢搬运外来的物品，不愿意表现出自己对这些东西的无知。他们也特别不喜欢我在自己的工作中向他们寻求帮忙。他们的不情愿与耐力和力量毫无关系。

我汗下如雨，不知道自己能否扛着这些木头安然回到村庄。忽然，科贺打断了我的思绪，他走到我身边说："你不知道怎么扛这东西。"然后便笑着把我身上的棕榈木拿走，放到了自己的肩上。他的身上额外增加了 20 千克的重物，现在，他至少背了 45 千克重的东西。要知道，我们要在狭窄崎岖的丛林步行数千米，45 千克可不是一个小数字，我知道他也觉得身上的东西很重。就这样，通过一起工作、一起流汗，以及嘲弄彼此的麻烦和错误，我和皮拉罕人的友谊就在这样的丛林之旅中不断巩固。

另一个我想了解的皮拉罕文化的方面是"约束"，即在皮拉罕社会中，人们如何让其他人做应该要做的事。

普遍认为，大多数印第安人部落都有酋长或其他类似的权威人物。但这样的观点并不正确。许多印第安人都奉行平等主义，他们每天生活在不受任何人领导的社会中。人们之所以认为美洲原住民中存在集权结构，有多种原因。

首先，我们习惯了把自己的价值观投射到其他的社会。因为我们很难想象，要是没有监督我们的领导，社会将会变成什么样子。我们也不知道有很多不依靠这些规则，却依然运行良好的古老社会。

其次，许多西方人深受好莱坞电影和小说的影响。在这类电影中，每次都有一个强悍的印第安人领袖。

最后，也是最重要的原因，西方人希望印第安人有领袖，因为这样有利于和他们做生意。要是没有这样的印第安人代表，他们很难获得进入印第安人的领地，甚至是合法获得其土地。在巴西兴谷河流域以及美洲其他地区，西方人的通常做法是，捏造一个首领，人为地赋予他权力，让他成为印第安人的法定代理人，以便加速利用他们的土地与财产。

人们之所以认为所有的部落都应该有一个首领，是因为我们认为社会需要控制，而大多数人更容易理解的控制形式是集权，而不是印第安部落中常见的分权力制度。活跃在19世纪晚期以及20世纪早期的法国社会学先驱涂尔干曾说："集权是社会的基础。"任何社会成员都受到集体价值观的束缚，社会中的大部分成员都活动在价值观的边界之内（罪犯和疯子是两类明显的反例，他们离经叛道，是社会边缘人物）。

皮拉罕人确实构成了一个社会。因此，如果涂尔干等社会学家说得没错，那么必然有个约束人们的方法，以确保人们遵守规范。因为这种约束毕竟对社会及其成员有好处，至少给每一个人带来了安全感。那么，皮拉罕社会的集权体现在哪里呢？

皮拉罕社会中没有任何"官方的"集权，没有警察、法庭或领袖。但集权仍然是存在的，以"排斥"和"神灵态度"的形式出现。如果村里谁行为不端，或者妨碍了别人，那么他或她就会被其他成员排斥。

我刚到皮拉罕时，遇见过一个老人侯阿皮，他离群索居，和妻子住在离其他皮拉罕人很远的地方。我只见过他两次，第一次他划船来找我，乘坐的是卡嘎侯，而不是巴西独木舟。当时他只缠着腰带，船上没有任何商品，这说明他没有在多数皮拉罕人与外界的贸易网络之中。他在岸边一直盯着我，身上有一个刚刚被提吉用箭射出的伤口。他不是来拿药治疗箭伤，而是想要一些咖啡和糖，我很乐意给他，至少这给了我一个和他接触的机会。虽然他在我看来是一个可爱的老头，但其他皮拉罕人都说他品质低下，并不喜欢他。我至今也不知道他们为什么这样对待侯阿皮，但他不是第一个，也不是最后一个被排斥的皮拉罕人。

还有一个排斥方式，虽然没那么戏剧化，但更常见，那便是不给某人分享食物。这种排挤通常持续一到两天，但很少会比这更久。很多男人都来找我诉苦：他们说出于这样那样的原因，有人对他们很生气，所以他们不能用独木舟打鱼，或者没有人愿意分给他们食物。然后，他们希望我能介入调停或给他们一些食物。我通常愿意给他们食物，但不会干涉他们的事情，以免落下干涉村中事务的印象。

神灵会告诉村里人什么该做什么不该做。神灵会单独找某一个人或者与全村人谈话，皮拉罕人会仔细聆听教诲，并遵循神灵考艾波吉的训诫。神灵会说"不要耶稣，他不是皮拉罕人""明天不要去下游捕鱼""别吃蛇"等包含共同价值的话。皮拉罕社会以神灵、排斥以及食品分配等机制来规范人们的行为。以其他社会的标准来看，皮拉罕社会的集权程度并不高，但却足以控制其成员的异常行为。

作为亚马孙文化中的少数人员，此地的生活经历教会孩子们以不同的方式"看待"世界，这也促进了他们的成长。第一次看到皮拉罕人时，他们都大声惊呼，皮拉罕人是他们见过的最丑的人。皮拉罕人不用肥皂洗澡（他们没有肥皂），女人不梳头（他们没有梳子），皮拉罕孩子身上沾满了泥土、鼻涕和血渍。等了解了皮拉罕人后，孩子们的态度发生了改变。大概一年之后，一个巴西军官来到皮拉罕地区，当他说皮拉罕人真丑时，我的孩子很生气。"他怎么能说皮拉罕人很丑呢？"他们气呼呼地说道，完全忘记了自己也曾经这样评价过。

不仅如此，他们还学会了同时用美国人、皮拉罕人和巴西人的方式思考。莎伦和克里斯很快就交到了朋友，要是当天没有学习任务，她们就会像同龄的皮拉罕女孩一样，早早地起床离开家门，划独木舟沿着麦茨河行走，在下午时带着浆果、坚果和其他丛林美食返回。

我的孩子还学到了皮拉罕人应对自然危险的能力。我和莎伦曾跟着皮拉罕男人一起抓蟒蛇。我的好友兼语言老师科贺邀请我开摩托艇，跟他的兄弟波欧伊一起去河流上游。四分钟后我们到达目的地，科贺让我关闭引擎，把船向河岸划去。科贺和波欧伊轻轻地划船，到了河右岸一个树荫浓郁的地方，科贺转过头来问我和莎伦："你们看到水里的洞穴了吗？"

"没有。"我什么也没有看到。

"看！"他说。

说时迟，那时快。科贺举起大概两米长的弓，然后迅速射向水中。

"这一定会让它疯掉，"他咯咯直笑，"你看到了吗？"

"没有。"当时仍在雨季，除了浑水之外，我和莎伦什么都没有看到。

"看那个泥土一样的东西！"科贺大喊，"它开始动了。"

我看到了泥浆里有个小漩涡。我还没来得及回话，科贺站在船上又拉开了弓。嗖！嗖！他迅速朝水里射了两箭。

一条三米长的蟒蛇抖动着跃出河面，它的头和身体被科贺的箭射穿了。

"帮我把它拉上来，"科贺对我和波欧伊说，他得意地哈哈大笑。

"我们要做什么？"

我一边问他，一边把蟒蛇往船上拉。我试图抓住它的尾巴，莎伦看着我们，惊讶得合不拢嘴。我知道皮拉罕人不吃水蟒，所以我不明白为什么要把这庞然大物拉到船上。

"我们拿去吓吓那些女人。"科贺不禁笑了起来。

我们把蟒蛇带回村里。到了村里，蟒蛇又动了起来。于是我就用桨打它的头，却没想到把桨都给打破了。科贺和波欧伊见状哈哈大笑，我竟然会害怕一条中箭的蟒蛇！我们把箭拔出来，把蟒蛇放在女人经常洗澡的河岸附近。

"这肯定会吓死她们！"科贺和波欧伊笑着，躲到河岸边看好戏。

我把船停好，拔掉外舷，然后和莎伦上岸。莎伦飞也似的跑到我前面，想去告诉妈妈和姊妹们刚刚发生的一切。

不过，吓唬妇女的企图没有得逞，她们早就看到我们带了一条蟒蛇回来。我们还没有上岸，她们就把蟒蛇从水里拉了上来，举着它不停地笑。

因为强烈的集体认同感，这样的皮拉罕幽默通常会起到作用。通过嘲讽以及把蟒蛇放在河边的恶作剧，他们把彼此紧密地团结成一个相互信任的集体，但还不是完全的信任，因为毕竟还是有偷窃和不忠。不过，至少社会中的每位成员能够理解彼此，并且信奉共同的价值观。

　　这种集体意识建立在家庭之上，大部分的价值和语言首先是在家庭中学会。家庭是皮拉罕社会的核心。从某种意义上说，每一个皮拉罕人都是其他人的手足。但家庭还是他们最亲密的纽带。

第 7 章

"今晚神灵会来"

要了解皮拉罕人，就得了解他们如何看待自身与自然的关系。要全面理解他们的价值观和文化，理解这种关系就像理解他们的物质文化和集体意识一样重要。当我仔细研究皮拉罕人如何与自然产生联系时，我发现，在他们描述环境的概念和词汇中，有一些可以帮助我们理解他们如何看待自然与人类的关系。这就是两个帮助我们理解皮拉罕人世界观的术语：米基（bigí）和欧伊（xoí）。

我是在一场雨后学会了"米基"这个词。首先，我记下了描述潮湿或泥泞地面的短语"bigí xihoíxaagá"。然后我指着多云的天空，想知道皮拉罕人用什么词来描述它。没想到，指导我的皮拉罕人只是重复了泥泞的地面（bigí xihoíxaagá）这个短语。我想肯定是我没有表达清楚，毕竟大地和天空是截然不同的两种东西。于是我又请教了好几个人，他们的答案都是同样的。当然，也有可能一些人说的是"你太白痴"或者"你太傻"之类的不是答案的答案。但我相信事实并非完全如此。

图 7.1　在皮拉罕人眼中，宇宙是一块蛋糕，天空之上有世界，地面之下也有世界。

　　这些概念在很多层面都十分重要。特别有趣的是，它们可以帮助我们理解皮拉罕人对疾病的看法。之前在和科贺谈论他的女儿伊比时，我就已经学到了这一点。当时我想给他解释，为什么他的女儿会得疟疾，我谈到了蚊子和血液。

　　"不，不，"科贺打断我，"是因为伊比踩到了一片叶子。"

　　"什么？我也踩了叶子，但我怎么没生病？"他的解释让我疑惑不解。

　　"从上层掉下来的一片叶子。"他越说越不可思议。

　　"从上层掉下来的什么叶子？"

　　"一片毫无生气的叶子从上层的米基掉到了下层的米基，然后就留了下来。如果皮拉罕人踩到了从上层米基掉下来的叶子，他们就会生病。那些叶子就跟我们这儿的一样，只不过它们会让我们生病。"

"你怎么知道那是从上层米基掉下来的叶子？"

"因为你踩到它就会生病。"

我就这个问题进一步追问科贺，并和其他皮拉罕人讨论此事。最后我得知，皮拉罕人把宇宙看作一层层的"蛋糕"，"蛋糕"的每一层都有一个边界，他们把这个边界称作米基。在他们的眼中，天空之上有世界，地面之下也有世界。这和雅诺马马人的理念相似，他们也认为宇宙是分层的。

米基的意义范围比我起初想象的更宽泛，另一个重要术语"欧伊"也同样如此。

一开始，我还以为欧伊仅仅指的是"丛林"，这是它最普通的意思。后来我才意识到，它指的是米基与米基之间的整个空间。也就是说，欧伊既指"生物圈"，也可以指"丛林"。就像我们会用 earth 来指代"地球"，也可以用它来指代地球表面的土壤。如果你进入丛林，你可以说："我要到欧伊里去。"如果你想让别人保持不动，比如当你们坐在独木舟里，或者看到一个昆虫落在他们身上，你可以说："别在欧伊里乱动。"如果天气晴朗，万里无云，你可以说："欧伊很好。"所以欧伊的意义并不只是"丛林"这么简单。

这些术语给了我启发，教导我用不同的方式来理解环境。但是更大的惊喜还在后头！

第一个例子是，皮拉罕语中没有计算和数字的词汇。起初我以为，皮拉罕语中有"一个""两个""多个"的数字表达法，这在全世界很多语言中是普遍存在的体系。但随后我发现，我以及先前的一些工作者所认为的"数字"不过是相对数量。我意识到这一点，是因为有一天皮拉罕人问我：飞机什么时候会再来？他们很喜欢问我这个问题，因为我能准确地知道飞机回来的日子，他们觉得这不可思议。

我会举起两个手指说："Hoi 天。"我以为在皮拉罕语中，这个词是"二"的意思。我的话让他们感到困惑。经过更仔细地观察，我发现皮拉罕人从不使用手指、其他身体部位或者外部物品来数数。他们会用"Hoi"来形容两条小鱼或一条大鱼。两条小鱼和一条中等大小的鱼在体量上是粗略相等的，但这两条小鱼加起来，比另一条不同"数量"的大鱼要小。这与我理解的"Hoi"相悖，却支持"数字"只代表相对数量的推测。后来我和心理学家做了一系列的实验，并多次在报纸杂志上发表，最后证实皮拉罕语中既没有数字，也没有任何形式的计算。

然而，在做这些实验之前，我已经获得了一些证据，可以证明皮拉罕语中没有计数词汇。

1980 年，在皮拉罕人的急切要求下，我和凯伦开设了一系列算术和识字的夜间课程。我们一家人都参与其中，莎伦、克里斯、卡莱布（当时分别只有 9 岁、6 岁和 3 岁）和皮拉罕的男男女女坐在一起听课学习。

在整整 8 个月的时间里，我们每天晚上都坚持教学，用葡萄牙语教皮拉罕的男女学习数字 1 ~ 10。他们想学这个，是因为他们知道自己不懂得钱，想弄明白，在和来往的商人做交易时是否上当受骗。我们根本不需要召集皮拉罕人过来上课，他们满怀热情地主动聚在一起。但经过 8 个月的努力，皮拉罕人认为自己学不会数数，于是课程就这样被废弃了。在这段时间里，没有一个皮拉罕人学会从 1 到 10 的数字，更不用说算 3+1 或 1+1，只有偶尔，有些人能给出正确的答案。

还有其他的原因导致皮拉罕人无法掌握算术的技能，其中一个重要因素是，他们根本不重视葡萄牙或美国的文化知识。相反，他们强烈反对这些文化的某些方面侵入他们的生活。他们之所以询问外界文化，主要是为了得到答案时的消遣和娱乐。要是我们像在最初教数学时做的那样，认为某个问题有个更优解，他们不仅不会接受这种做法，而且还会让他们改变话题，甚至是大发雷霆。

关于这点，还有一个更能说明问题的例子。我相信皮拉罕人会在纸上"写字"，于是在他们的请求下，我给了他们一些纸。然而，他们写下的无非是一些重复的圆形符号而已。但写下这些符号的人竟然可以"读出"上面的内容，告诉我当天发生了什么事或者谁生病了等，他们说自己是在阅读纸上的内容。他们甚至会在纸上画下字符，并说这些是葡萄牙语中的数字，然后拿给我看。他们根本不在乎写下的符号都是相同的，更不在乎这些书写是否正确。当我让他们再写一次刚刚写下的字符时，他们从来都没有写对过。他们总是认为自己写的东西和我写的没什么区别。

在课堂上，我必须手把手严格教导，他们才能成功地画出一条直线。而且要是离开了我的辅助，他们转头就会把这项技能忘掉。

在一定程度上，他们觉得教学过程很有趣，很享受这种互动。但更重要的是，这个"正确"的方法对他们而言是完全陌生的。

这些事情都很有趣，我不禁好奇，也许，可以由此认识到更多的皮拉罕文化。不过，我还不知道那是什么。

之后我还注意到，除非与其他单词组合在一起，皮拉罕语中没有简单的表示颜色的单词，我、凯伦、史蒂夫·谢尔登和阿洛·海因里希斯都谈到过这个发现。

我以前接受了谢尔登的分析，认为皮拉罕语中有描述颜色的术语。谢尔登罗列的皮拉罕颜色术语有：黑色、白色、红色（同时也表示黄色）以及绿色（同时也指代蓝色）。

然而，事实证明，这些都不是简单的单词而是短语。如果更准确地翻译这些皮拉罕语，那么"肮脏的血"代表黑色；"很明白"或"这是透明的"代表白色；"血"代表红色；"暂时还不成熟"代表绿色。

我相信，表示颜色与数字的术语至少有一个共同属性。数字是一种归纳，包含了一系列具有相同数学性质的实体，而不是一个有直接属性的具体对象。同样，许多心理学家、语言学家和哲学家的研究表明，颜色术语和其他形容词或单词不同，因为它们涉及特殊的概念化，把可见光的光谱人为设定了界限。

这并不表示皮拉罕人无法识别颜色或者感知到自己的存在，和我们一样，他们能感受到不同的颜色。但是，他们不用单一的词语对颜色进行编码，而是执拗地用词组来概括看到的色彩。对，他们使用短语。

没有数字，没有算数，也没有颜色。最初，我还无法完全了解这一切，但随着各种证据的积累，特别是当我掌握了更多的皮拉罕语时，我开始慢慢理解了。

随后我又发现，皮拉罕语缺少量词，比如"所有""每个""单个"，等等。这是另外一种表示分类的单词，语言学家认为它普遍存在于所有语言。

为了更好地体会这一点，最好看看皮拉罕语中最接近量词的用语（加粗部分）：

*Hiaitíihí hi **ogi**xáagaó pió kaobíi.*

"**大部分**人都去游泳了。"

（字面意思：人们的"大量"去游泳了。）

*Ti **xog**ixáagaó ítii isi **ogi**ó xi kohoaibaaí，koga **hói** hi hi Kóhoi hiaba.*

"我们吃了**大部分**的鱼。"

（字面意思：我的"大量"吃了鱼的"大量"，不过鱼的"小量"我们没有吃。）

下面这个句子是我能找到的最接近"每个"这个量词的句子：

*Xigihí hi **xogiáagaó** xoga hápií. Xaikáibaísi，Xahoáápati pío，Tíigi hi pío，**ogiáagaó**.*

"**每个**人都去了田里。"

（字面意思：每一个人的"大量"都到田里去了。艾柏凯、
艾侯阿帕提、提吉艾比的"大量"都去了。）

Gátahai hóihii **xabaxáígio** *aoaagá xagaoa koó.*

"这个外国人的独木舟上只剩**一点点**罐头了。"

（字面意思："小部分"的罐头还剩在独木舟里。）

　　然而，他们也常用两个词来形容吃掉的或所需的量，这两个词
最接近的翻译是"整体"（báaiso）和"部分"（gíiái）。它们似乎也
是量词：

Tíobáhai hi **báaiso** *kohoaisóogabagaí.*

"孩子想要/想要吃**全部**东西。"

（字面意思：孩子想要"完全"吃。）

Tíobáhai hi **gíiái** *kohoaisóogabagaí.*

"孩子想吃**一点**这个东西。"

（字面意思：孩子想要"部分"吃。）

　　除了字面含义，还有其他的理由可以解释为什么这两个词不是
量词。首先，它们有些用法是真正的量词无法使用的。以下例子可
以对比出两者的差别。有人刚刚杀了一条蛇，科贺说出了下面的第

一句话。接着我买下了这条蛇，有人拿走了其中一部分，科贺说出了下面的第二句话，并使用了 báaiso 这个单词。这种用法在英语中是不可以的。

*Xáoói hi paóhoa'aí xisoí **báaiso** xoaboihaí.*

"那个外国人可能会买走**整张**蟒蛇皮。"

*Xaió hi **báaiso** xoaobáhá. Hi xogió xoaobáhá.*

"是的，他买走了**整个**东西。"

对于证明皮拉罕语中没有量词，这段对话至关重要。为了理解这一点，我们首先需要与英语中的对应词做比较。假设有一个人，比如是商店老板，他对你说："好的，我会把所有的肉卖给你。"

你把整块肉的钱付给他。

但是，店主当着你的面拿走了其中的一部分，然后才把剩下的肉包给你。这种做法是否不太妥当呢？如果你认为是的话，完全是因为词语"所有"的问题。因为在我们的语言中，"所有"意味着没有任何剩余的东西，它包含所指物件的所有部分或者某个实体单位的每位成员。对于母语是英语，或其他母语中包含这种词汇的人，他们不会把刚刚发生的事情描述为"店主出售了所有的肉"，他们顶多会说"店主把大部分的肉卖给了我"。

语言学家和哲学家认为，属性是量词是否存在的事实条件。而所谓的事实条件是指，说话者会依据语境或情形来使用某个单词。因此这些单词的使用也会因时因地而异。比如一个孩子可能会说：

"所有小朋友都要来参加我的派对。"但实际上,孩子和他们的父母知道,不是世界上所有孩子都会来参加派对,而只是孩子的一部分朋友会来。从这个意义上说,孩子用的"所有"并非这个词最精确的意义,而是它可以被接受的用法。所以,我在此想指出的是,在皮拉罕语中,并不存在类似"所有"的包含精确意义的词语。

通过上述的情形,我们可以知道:尽管只是拿走了其中的一部分,但皮拉罕人仍然会说:"他买走了整张蛇皮。"如果 báaiso 一词具有十分精确的含义,那么上述对话便不会发生。所以,皮拉罕语里没有量词。

随着我对皮拉罕文化的了解日渐深入,我内心有种更强烈的冲动,想要研究皮拉罕社会中不那么显现的价值中的细节。通过研究他们的故事,我实现了这一想法。

在村子里,研究皮拉罕人的对话和故事占据了我绝大部分的时间。这些对话和故事清楚地体现了他们的信仰和价值观,揭示了一些无法通过简单观察学到的东西。故事的主题也颇具启发性,人们不谈论非亲身经历的事件、发生在古老的或未来的事件,以及虚构的话题。

我一直很喜欢卡布基给我讲的一个故事。有一天,他杀了一只约有 135 千克重的美洲豹(我是根据美洲豹头部的大小来判断的,4 个皮拉罕人都没办法把它整只扛回村子)。他把美洲豹的头和脚放进篮子,然后拿回村里给我看。

展示完美洲豹的头和脚后,他给我巨细无遗地讲了这个故事。

他说他当时正外出打猎，猎狗嗅到了气味，立即朝前冲了出去。然后他听到了狗叫声，然后就突然没了声音。他跑上前去看个究竟，发现猎狗的身体已经被撕开在一根木头的两侧。他走近想看个仔细，右眼却瞥见一个黑色的模糊身影。他带着去年我给他的口径28毫米的单管猎枪，转过身，立即开枪。铅弹飞进了美洲豹的眼睛里，美洲豹倒在一边，挣扎着想站起来。由于猎枪不会自动弹出弹壳，于是卡布基迅速用棍子把已经打过的弹壳敲出来，然后重新上膛。他当时带了3发子弹，再次发射时，子弹打中了美洲豹的腿。然后，他又补上一枪打死了美洲豹。

美洲豹的头比我的大得多，脚掌大到足以完全覆盖我的手掌，爪子的长度也和我手指一样长。至于它那既坚固又锋利的牙齿，完全拔出来后也超过7厘米长。

我找到卡布基，让他对着录音机把事情的来龙去脉再讲一遍。他说的话就记录在以下几页里。我删除了大部分和语言有关的技术细节，让故事理解起来相对容易一些。从这个故事可以看出，与文化背景迥异的人交谈，困难的不仅仅是弄清每个单词的含义。你可以准确翻译出每个单词，但仍然很难理解这个故事。这是因为故事里包括了文化所固有的价值观。

为了便于理解，我给句子编了个号。

杀死美洲豹

1. *Xakí, xakí ti kagáihiaí kagi abáipí koái.*
美洲豹在这儿袭击我的狗，把它杀死了。

2. *Ti kagáíhiai kagi abáipí koái. Xaí ti aiá xaiá.*

美洲豹在那儿袭击我的狗，把它杀死了。这件事就发生在我的眼皮子底下。

3. *Gaí sibaibiabábáopiiá.*

美洲豹猛扑到狗身上，在那儿杀死它。

4. *Xi kagi abáipísigíai. Gaí sii xísapikobáobiíhai.*

说到这件事，美洲豹袭击我的狗。我想我看到这一幕了。

5. *Xaí ti xaiá xakí Kopaíai kagi abáipáhai.*

然后我，就这样，美洲豹就猛地袭击我的狗。

6. *Xaí Kopaíai kagi abáipá haii.*

然后，美洲豹袭击我的狗。

7. *Xaí ti gáxaiá. Kopaíai xáaga háia.*

然后我说。那是美洲豹（干的好事）。

8. *Xaí kopaí ti gái. Xaki xisi xísapi kobabáopiíhaí.*

然后我说到了美洲豹。它去了哪儿呢。我想我看到了（它去了这里）。

9. *Mm ti gáxaiá. Xakí xísaobogáxaiá xai.*

嗯，我说。然后美洲豹就跳到木头上。

10. *Giaibaí, kopaíai kági abáipáháii.*

至于猎狗，美洲豹猛扑到它身上。

11. *Kopaíai xíbaikoaísaagáhai.*

美洲豹对猎狗猛打猛踢，杀死了它。

12. *Xaí kapágobaósobáíbáohoagáixiigá xai.*

然而，我用猎枪打美洲豹，它倒下了。

13. *Kaapási xaí. Ti gái kaapási kaxáowí kobáaátahaí.*

我对卡巴西说，扔一只篮子（给我）。

14. *Xí kagihoi xóbáaátahaí. Kagi abáipí.*

扔给我一只篮子。我要（用它）放猎狗。

15. *Sigiáihí xaí báohoipaí. Xisao xabaabo.*

美洲豹是同一只。它猛扑到狗身上。

16. *Kopaíai xisao xabaabáhátaío. Xaí xabaabáátaío.*

美洲豹袭击了狗，让狗不存在了。

17. *Xí kagigía xiowi hi áobísigío. Kagigía xiowi.*

把美洲豹与狗放进同一只篮子里。

18. *Hi aobisigío xabaabátaó. Hi agía sóxoa.*

把美洲豹跟狗一块儿放进去，它让狗不存在了。因此，美洲豹也已经（死了）。

19. *Xísagía xíigáipáó. Kagihoi xoáobáhá xaí.*

你把美洲豹放在篮子里了。把篮子放到你头上。

20. *Giaibáihi xaí xahoaó xitaógixaagahá xai.*

这样狗就可以在晚上闻到它的气味。

21. *Kagi xí gií bagáihí kagi abáboitaá híabá.*

它就在猎狗右上方。它袭击狗，并杀死了它。

22. *Kagi aboíboítaásogabaisai. Xóóagá.*

它真想袭击那只狗，于是真的想扑过去。

23. *Xaí ti gáxaiá xaí Kaapási hi ísi hi . . .*

然后我正在说话，然后卡巴西他，这个动物，他……

24. *Káapí xoogabisahai. Kapáobíigaáti.*

开枪打它，别太远。就对着它开枪。

25. *Xi ti boítáobíhaí. Xíkoabáobáhátaio xísagía.*

我迅速行动，爬到树上，（我）杀了它，因此它就变了
（死了）。

26. *Xí koabáobiigáhátaio. Xíkahápií hiabahátaio.*

它垂垂死矣，因此没办法离开了。

27. *Xigíxai xí koabáobáátaio. Xaí koabáobiigá.*

好，然后，它就死了。然后它要死了。

28. *Xaí Kaapási, xigía xapáobísáihí.*

然后卡巴西，好，他射了它。

29. *Xaí sagía koábáobái. Xisagía sitoáopáó kahápitá.*

接着，这只动物就变得快死了。它站起来，再次走开。

30. *Koábáobáísaí.*

它一直还没死。

31. *Ti xagíá kapaígáobítahaí. Xitoíhió xíáihíxaí.*

我于是又开枪射了它，打中了它的腿。

32. *Ti í kapaígáobítahaí. Xaí ti giá kapáobíso.*

然后我又射，又射。

33. *Koabái. Koabáigáobihaá xaí. Xisaitaógi.*

它马上要死了。它马上要死了。它有厚厚的皮毛[1]。

---

[1] 皮拉罕人用这种说法来表示它很凶猛。

34. *Xí koaií. Hi abaátaíogíisai. Xisaitaógi.*

它即将死了。它不动了，真是很凶猛。

35. *Koaí hi abikwí. Gái xáowíí, xáowí gíxai, kobaihiabikwí.*

它还没死。（我说）"哎，外国人，你（丹尼尔）这个外国人，肯定没见过（美洲豹）死"。

36. *Xaí pixái xí kaapíkwí pixáixííga.*

然后立即，（我）移动它，立即。

37. *Xaí báóhoipaí so Xisaitaógi sowá kobai.*

然后是猫，伊赛陶基（史蒂夫·谢尔登）已经见过了。

38. *Xakí kagáíhiái, so kopaíai, Xisaitaógi hi í kobaihiabiigá.*

美洲豹（他见过），只是黑豹，史蒂夫·谢尔登没见过。

39. *Pixái soxóá hiaitíihí kapíkwí pixáixííga.*

现在，皮拉罕人刚刚射中了（一只美洲豹），就在刚刚。

40. *Xaí hiaitíihí baaiowí. Baóhoipaí Kopaíaihi. Xigíai.*

皮拉罕人非常害怕美洲豹。好，我说完了。

这个故事在许多方面都很有意思。它是一个完整的故事，一开始就介绍了最主要的角色：美洲豹。故事以 Xigíai 结束，它的字面意思是"联合了"，也泛指"好了"，在这个语境中，它指的是"故事讲完了"。

在不懂皮拉罕语的人听来，这个故事有许多重复的地方，比如，在最开始的几行里，"美洲豹杀死了猎狗"就重复了好几遍。然而，这种重复有修辞的作用。首先，它在表达一种兴奋，同时也可以确保在嘈杂的环境（例如很多皮拉罕人同时说话），听者能够得知发生了什么事。其次，重复也是皮拉罕语的"风格"，他们喜欢充满重复的故事。

"杀死美洲豹"的故事是一个直接经验的典型文本。在皮拉罕人的故事里，这是一个重要的特征。皮拉罕人的故事基本上是在总结直接经验，注意到这一点后，我学到了一个新词。而对于理解皮拉罕人百思不得其解的故事，它是一把十分关键的钥匙。

这个单词是伊比皮欧（xibipíío）。我第一次听到这个词，是有人用它来描述一个猎人从丛林中返回。伊波吉是皮拉罕最好的猎人，他从丛林回到村子，几个皮拉罕人喊道："Xipoógi hi xibipíío xaboópai.（伊波吉到了伊比皮欧。）"

后来，当科贺开着独木舟，从河流下游打鱼回家时，我再次听到了这个词。看到他出现在河湾处，一个孩子兴奋地喊道："科贺正从伊比皮欧过来！"

但是，这个词频繁出现，还是在飞机起飞或降落时。我第一次在这种情况下听到这个词，是在我和家人在村里住了好几个星期后，一天早晨兴奋地等着飞机前来。科贺的家就在我们的上游，我朝着他大喊："嘿，科贺！等太阳到我们头顶，飞机就要到了！"他待在自家的房子里答道："我喜欢看飞机！"然后他转身朝其他人大喊："丹尼尔说今天飞机会来。"

临近中午时，村子里所有的皮拉罕人都开始竖起耳朵听。有一些虚假的情报传出，好多人都在说飞机来了。"就在那儿！"他们大喊，接着又咯咯大笑，坦承自己什么也没有看到。最后，在我听到飞机响声的几分钟前，整个村庄的人几乎同时大喊："Gahióo，hi soxóá xaboópai.（飞机已经来了。）"人们跑到离自己最近的空地上，尽力地睁大眼睛，想成为第一个看到飞机从云层里出来的人。几乎每个人都在喊："Gahióo xibipíío xaboópai.（飞机来了！）"

但当飞机离开返回波多韦柳港时，看着飞机消失在他们的视野之中，他们也喊了一句相似的话："Gahióo xibipíío xopitaha."

我开始猜测伊比皮欧这个单词的含义。它的意思似乎是"现在""刚刚"，比如"他刚刚到"或"飞机刚刚离开"。这个猜测似乎没什么问题，于是我也开始使用这个词语，皮拉罕人看起来也能明白我的意思。

一天晚上，埃凯拜和阿巴基来到我家。阿巴基是一个老人，刚从上游的皮拉罕村搬到这儿。几分钟前我刚刚灭掉了煤油灯，我不想再那么麻烦，于是打开手电筒照明。不巧的是，我们聊着聊着，手电筒的电池就用完了。于是我摸索到厨房，在电池用完之前取了点火柴。在夜色之中，我继续跟埃凯拜和阿巴基聊天。

突然，阿巴基把我刚刚给他们的几个鱼钩弄掉了。于是我点亮火柴，帮他们寻找掉在地板上的珍贵鱼钩。火柴开始闪烁，阿巴基说："火柴正在伊比皮欧。"还有另一个晚上，村里的篝火要熄灭了，我也听到他们这样使用这个词。在这类语境中，皮拉罕人不把这个词当作副词。

一天下午，我灵光一闪，突然意识到，原来这个词不是"现在""刚刚"的意思，而是用来描述一个物体进入或消失在视线中的状态，比如出现在河湾的人只是刚好进入了我们的视线。这也就解释了，为什么当有东西消失在视线时，皮拉罕人也会使用这个词，比如飞机消失在地平线。

不过，我仍觉得错失了一些东西，应该有个更宽泛的文化概念，既包含出现也包含消失在视线中的情形。伊比皮欧还可以用来描述某人说的话正好可以听到或正好听不到的情况。有时候，我会在早上用无线电设备和暑期语言学院的同事通话，告诉他们一切安好，以及需要订购的物资，等等。

一天早上，一个偷听我说话的皮拉罕人这么形容无线电设备里的声音："他正在伊比皮欧说话。"

当独木舟出现在河湾时，不管村里的皮拉罕人在干什么，他们都会跑到河岸去，看看那是谁来了。如果有陌生人来到村里，那么村民们有好奇心是很自然的，可以理解。不过，一天早上，科贺打算离开村里去打鱼，我发现一群孩子咯咯地笑着，目不转睛地看着他划桨起航。就在他的身影消失在河湾的那一刻，孩子们齐声高呼："Kóhoi xibipíío!（科贺伊比皮欧！）"每当有人来去时，这个场景都会一再重复，一些皮拉罕人会说："他消失不见了！"同样，当有人出现在河湾处时，皮拉罕人也会这么说。并非消失或出现的人，而是消失或出现的本身才是皮拉罕人感兴趣的地方。

伊比皮欧似乎是个文化概念或与价值相关的词，英语中没有明确的对等词。当然，英语中也有人会说，"约翰不见了"或"比利刚刚出现"，但这和皮拉罕语的情境不太相同。我们会使用不同的单词，也就是会用不同的单词表示消失和出现两个不同的概念。更重要的是，在英语中，我们主要关注的是消失或出现的人的身份。

我最终意识到，这个术语可能指的是一种"体验阈域"，它是一种刚进入或离开的行为知觉，也就是经验范畴的一种边界。闪烁的火焰代表着体验或感觉的来来往往。

这样翻译好像还尚可，成功地说明了伊比皮欧的使用语境。在这种单语语言情境中，有用的翻译是研究者能够寻求的最好希望。

伊比皮欧一词也给了我一个正面积极的方向。从一个目击者那里，你可以听到或看到许多谈话中似乎看不到的价值的存在。

如果我的假设没错，那么米基的存在和神灵的知识，都必须依靠活着的目击者来提供信息。尽管乍一听有悖直觉，但的确，有人称自己看到过宇宙的分层。这些分层本身肉眼是能看到的，比如地面和天空。各层上的"居民"也能被看到，因为这些"异层生物"穿过了上面的边界，也就是说，从天上下来，来到了丛林。皮拉罕人经常会时不时地看到他们的踪迹，有人甚至还亲眼见过"异层生物"本身，"它们就潜伏在丛林的黑暗深处，好似幽灵"，目击者这样描述。

皮拉罕人也可以在梦里穿越一个米基。皮拉罕人认为，梦境是现实生活和客观经验的延续。也许是那些"异层生物"在他们的梦里旅行，不管怎样，他们的确穿越了边界，来到人间。皮拉罕人见过他们。

一天凌晨3点，皮拉罕人像往常一样在我们家门前睡觉。突然，伊萨比猛地坐起来，开始高歌他梦到的丛林经历。"我飞得很高，那里很美丽。"他讲述着自己的传奇经历，从地面腾空而起，上到天空，甚至更远的地方。歌声唤醒了我，但我并不懊恼。麦茨河对岸传来阵阵动听的回声，一轮明月高照，他的身影在月光下十分清晰。我起床走到伊萨比唱歌的地方，静静地坐在他身后几米远的地方。当时大概有 20 多个皮拉罕人，男人、女人和孩子都有，就睡在我们家的附近。除了伊萨比，没有人起床。

月光如练，映照出周边树木的美丽剪影，余晖洒在麦茨河河面，河水波光粼粼。伊萨比面朝月亮，看着河水。我在他身后坐下时发出了动静，尽管他清楚地听到了，但根本没有理会我。他身上裹着一条旧毯子，毯子盖住了他的头，却没有蒙住他的脸。他大声地歌唱着，根本不在意附近还有人正在睡觉。

第二天，我跟伊萨比聊起了他的梦。我直截了当地问道："为什么你在大清早唱歌？"

"我艾皮湃（xaipípai）。"他说。

"艾皮湃是什么？"

"睡觉时在脑海中呈现的东西。"

原来艾皮湃是指做梦。但不一样的是，皮拉罕人把梦境视为真实的经验，每一个人都是自己梦境的目击者。对皮拉罕人来说，梦不是虚幻的，清醒时，人们用一种方式看，睡着了，人们用另一种方式看，但这两种方式看到的，都是真实的经历。我也得知，伊萨比是在用音乐的方式讨论他的梦境，因为这是一次崭新的体验，而崭新的体验通常都是用音乐的方式来讲述的，他们的音乐使用皮拉罕单词中固有的音调谱就。

梦境并不违背伊比皮欧的概念，我开始用这个词指代直接经验主题的文化价值。事实上，皮拉罕人也认可这一点。皮拉罕人认为，梦境和现实都符合直接经验的特点。就这样，他们解决了一些在我们看来明显是虚构的精神世界或是具有宗教信仰色彩的问题。皮拉罕人把这些东西都视作直接经验。如果梦见的神灵能解决我的问题，而我的问题又与我有意识的观察没有区别，那么，这个神灵就属于直接经验的范畴。

当我试着理解这些隐含的意义时，我忍不住想，在皮拉罕文化和语言中，"伊比皮欧"这个词是否还有其他的用法。具体来说，我开始重新思考皮拉罕文化中一些非比寻常的方面，并且开始扪心自问，是否这些东西也能用直接经验的概念来解释。我首先想到了皮拉罕语中关于数量的表达方法。

这几个月来，直接经验在我的脑海和笔记本上逐渐积累，或许，这正是皮拉罕人与其他人的不同之处。它可以解释为什么皮拉罕语缺乏数字和计算，因为这些技能需要概括的能力，并不能从直接经验里获得。数字和计算是抽象的，因为它们需要把对象按共同属性归类。抽象性超越了直接经验，它违背了皮拉罕文化中的直接经验原则，因此也就不难理解为什么皮拉罕语中没有相应的术语。尽管这个假设看起来很有道理，但它仍然需要进一步完善和修正。

就在这时，我又想到了其他似乎能支持直接经验的事实。比如，皮拉罕人没有储存食物的习惯。他们不会计划一天之后的事情，也从不谈论遥远的将来或过去。根据直接经验，他们似乎专注于现在。

就这样，有一天我忽然茅塞顿开。由于存在拒谈直接经验之外的文化约束，皮拉罕的语言和文化因此而得以相连。根据自身对这种约束的感知，我逐渐发展出了一个概念，它的表述如下：

> 皮拉罕人陈述的内容，只与直接经验或当下的事情相关，它可以是谈话者的经历，也可以是谈话者一生中其他人见证的事情。

换句话说，皮拉罕人很少会说起其他时候发生的事情，只会谈论与当下相关的事情。这并不意味着一旦一个人离世了，皮拉罕人就会忘记他的一切。但他们很少会再谈起他。他们偶尔也会和我谈起一些已经死去的人的经历，但这种情况很罕见，而且只有经验丰富的语言教师才能做到这一点，因为他们具备了主观使用语言的抽象能力，他们能够客观地评论，这是使用其他语言的人很少能够具备的能力。尽管这一原则偶有例外，但只有在极其罕见的情况下。在一天天的日常生活中，几乎很少有破例的时候。

他们会用简单的现在时、过去时和将来时，因为这些都与说话时的当下相关，但是他们没有完成时，也没有那种嵌入式的复合句。

我们以 "When you arrived, I had already eaten（你到达的时候，我已经吃过饭了）" 为例，动词"到达"与讲话的当下时刻相关，它的发生略早于讲话的时刻。这种时态完全符合直接经验原则。但动词"吃饭"与讲话的时刻没有任何的相关性，它发生在说话前，与"到达"的时刻相关。

我们再以简单句子 "When you arrive tomorrow, I will have eaten（当你明天到的时候，我已经吃过饭了）" 为例，在这种情况下，"吃饭"还是发生在"到达"之前，而"到达"这件事发生在说出这句话之后。也就是说，在说出这句话后，才会有你明天的"到达"。

因此，根据直接经验原则，皮拉罕人没有我们在学校里学到的完成时态。根据同样的道理，皮拉罕语中也没有像 "The man who is tall is in the room（高个子男人在房间里）" 的表达方式。因为"高个子"并不是一个具体或特指的概念，而且与讲话的时刻也没有关联。

直接经验原则也可以解释皮拉罕语中相对简单的亲属关系系统。他们的亲属关系不会超过一个人的生活范畴，同时也遵从于可见证性的原则。皮拉罕人的寿命大约是 45 岁，他们可以见到自己的祖父母，但能不能见到曾祖父母就不一定了。偶尔，也有皮拉罕人见过自己的曾祖父母，但并不是每个人都有这样的经验。所以在皮拉罕人的亲属体系中缺少曾祖父母的术语，这一点，其实更好地反映了大多数皮拉罕人的生活。

这也解释了皮拉罕人为什么没有历史、创作和民间传说。人类学家认为，所有文化中一般都会有些传说故事。这些故事通常都描述了他们民族和世界万物的来源，被称为创世神话。因此我想当然地认为，在皮拉罕部落里，应该也流传着谁创造了树木、皮拉罕人、水及其他生物的传说。

我问皮拉罕人："谁创造了麦茨河？""你们来自哪里？""祖先是谁？""这里的树林和鸟儿是从哪里来的？"通过借和购买的方式，我找到了一些语言学家和人类学家写的实地调查的书籍。我严格按照书里记载的方法，想要记录下那种我认为每种文化里都有的神话和传说。

但我好像很不走运，愿望总是落空。于是我询问史蒂夫、阿洛，还有凯伦，问他们有没有听到什么神话故事。但是大家都没有听到什么创造的神话、传统的故事或虚构的故事。事实上，任何超过说话人的直接经验的叙述，或是事件目击者的复述都没有。

根据直接经验原则，对此我似乎有所理解了。皮拉罕人会讲有助于社会团结的故事，这就是他们的"神话"，通过独有的视角，他们几乎每天都会讲目睹到的事件。这本书里重复记录着这样的事情，比如美洲豹、难产致死的女人，以及其他的某种意义上算是神话的故事。但是，皮拉罕部落没有民间故事。所以日常故事和对话有着至关重要的约束作用。他们也没有任何形式的小说。而且与大多数社会的神话故事相比，他们的神话缺乏共同属性。

也就是说，皮拉罕的神话故事必须要有人的参与。这一点点的不同看似微小，实则影响深远。这看上去是一个小小的差异，因为和其他人类社会一样，皮拉罕人的故事能将他们的文化凝聚在一起。但这个差别又很深刻，因为它存在"证据的扭曲"，它意味着讲述皮拉罕人的神话时，必须要有活着的目击者。

有一次，我和科贺坐在一起，他听到我说上帝的事儿，问我："你的上帝还做些什么？"

我回答说："他创造了星星、地球。"

然后，我问道："皮拉罕语里有类似的说法吗？"

"皮拉罕人认为这些东西都不是被创造出来的。"

皮拉罕人没有至高无上者或造物主上帝的概念。他们有单个的神灵的概念，他们相信自己见到过神灵，并且相信自己经常看到神灵。如果仔细观察，我们会发现这些神灵不是无形的，是可以被看到的。他们是环境中具形的实体。皮拉罕人会把一只美洲豹叫作神灵，或者把一棵树叫神灵，这要取决于该事物具有的属性。皮拉罕人的神灵和我们的不一样，他们口中的一切，都需要根据切身的经验去评估。

以下例子可供参考。这是一个人捡到美洲豹的故事，这个故事由史蒂夫·谢尔登记录下来。一些皮拉罕人把这个故事看作是单纯的动物故事，但大多数人认为，这是一个与神灵美洲豹相遇的故事。

伊波吉和美洲豹

消息提供者：卡波巴基　　　　　记录和翻译：史蒂夫·谢尔登

故事梗概：伊提侯欧伊被美洲豹袭击。虽然他的名字只被提到一次，但每个人都知道他是谁。美洲豹袭击并且抓到了他，但他毫发未伤地逃脱了。

1. *Xipoógi xahaigá xobabíisaihíai.*

伊波吉听到有个兄弟在叫喊。

2. *Hi gáxaisai Xitahá. Xibigai sooóxiai xísoi xaítisai.*

他说，是伊塔哈的爸爸。他在喊什么？

3. *Xipoógi gaigói. Hi xáobáopábá.*

伊波吉说，去看看。

4. *Hi gásaihíai Xipoógi. Xi baóhoipaíi xaítisai.*

他说，伊波吉，是一只美洲豹。

5. *Hi gásai Xipoógi. Gí hóiiigopápí.*

他说，伊波吉，扔掉你的弓。

6. *Xí soxoá hí xabáií boáhoipáii Xitihoixoí.*

美洲豹已经抓到了伊提侯欧伊。

7. *Hi gásaihíai. Boaí gí tipápi.*

她说。波艾，你（也）去。

8. *Hi xobaaopiíhaí.*

你去看看。

9. *Hi baóhoipaíoi aítísai.*

美洲豹在咆哮。

10. *Hi gásai. Xi káopápá baóhoipaii.*

她说。美洲豹在远处。

11. *Xi soxoá híabáipí.*

它已经抓到他了。

12. *Xí kagi xohoabá. Hi xaii ísi xioi boiigahápisaihíai.*

可能它已经吃掉了狗。他是带着狗一块儿过来的。

13. *Hi xaigíagáxaisahai xipoíhió. Kaxaó xi baóhoipaíi kagi xaígióiigahápi.*

那个妇女说道。我们一起去，美洲豹可能会逃走。

14. *Hi xaigía kagi xáobáha. Kagi xahápi. Hi giopaí oóxiai.*

他可能已经看到了狗。狗走了。狗走进了丛林。

15. *Xísaigía hi xaigía hi gáxaisai. Híaigí xiigapí tagasága. Xií sokaopápaá.*

他说。带上开山刀。把箭头削尖。

16. *Hi baiaí hí xaagahá xipoíhió.*

妇女害怕了。

17.*Hi xaógaahoisaabai.*

他有些累了。

18. *Xi higí sóibáogíso.*

当时它就袭击了他的脸。

19. *Hi xoabahoísaihíai.*

它袭击了他。

20. *Hi xaigía hi xapiságaitáo.*

它抓住了他的胳膊。

21. *Hi boásoa gaitáopáhátai.*

它抓住了他的肩膀。

22. *Hi gásaihíai kahiabáobíi.*

他（伊塔侯侯）说，箭全都射出去了。

皮拉罕人说自己见到神灵这件事，其实和美国人说这话的感觉差不多。举个例子，在祷告时，美国人相信自己会得到回答，他们认为自己是在跟上帝谈话，能看到显像和灵魂。这种与超物质的存在发生联系的事情，据说在世界各地经常发生。对于我们这些认为神灵并不存在的人来说，这样的事情很荒唐。但这也只不过是我们的看法而已。纵观历史，有不少人声称自己看到过这些超自然的实体。皮拉罕人也不例外。我在序言里提到了一个例子，讲的是皮拉罕人如何目击神灵的，我认为皮拉罕人之所以认为自己会遇见神灵，是因为直接经验原则。

在皮拉罕人常常提起的神灵中，有一个名叫高艾波吉（kaoáibógí）（直译为"快嘴"），它控制着一系列好和坏的事情。一切全凭它高兴，它可以随心所欲地杀死皮拉罕人或是给出有用的建议。皮拉罕人认为，有两种人形生物生活在他们的社会之中：第一类是有血液的伊比西（xíbiisi），类似于皮拉罕人或外国人（不过，因为美国人太白了，皮拉罕人并不确信他们是否有血液）；第二类是伊比西哈巴（xíbiisihiaba，"无血"的意思）。所有神灵都属于这一类，包括高艾波吉。

也存在其他种类的神灵，它们通用的名称是考艾波吉（kapioxiai，意为"其他的"）。此外，皮拉罕人把血管里流淌着鲜血的人叫伊比西（xíbiisi）。他们根据肤色来判断伊比西——皮肤因血液而发黑的人。他们认为，那些没有血的人和所有的神灵，一般都是白色皮肤和浅色皮肤。所以，他们觉得白种人不是传统上的人类，肤色深的人才是。当然皮拉罕人也承认，一些白人可能也是伊比西，这大概是因为，他们见我和其他几个白人流过血吧。

但总有些久久不去的怀疑会在突然间冰消云逝。在我和皮拉罕人共事 25 年之后，一个晚上，一群皮拉罕人跟我一块儿喝咖啡。突然，他们直白地问道："嘿，丹尼尔，美国人会死吗？"

我说"会"，心中不禁捏了把汗，希望他们不会亲自验证这个命题。他们之所以这么问，是因为美国人的寿命比皮拉罕人的长很多。阿洛·海因里希斯时不时地会寄来自己和妻子薇的合影。尽管他们已经 70 多岁了，但老两口的身体看起来很强壮，既健康又充满活力。这让皮拉罕人很好奇。

晚上洗完澡从河里出来，皮拉罕人偶尔也会议论我。他们会相互问："他是刚刚进入河里的丹尼尔，还是考艾波吉？"

从河里出来前后什么是相同的？什么是不同的？听到他们这样谈论我，我忽然想到希腊哲学家赫拉克利特（Heraclitus）提出的问题，他说人能不能两次踏进同一条河流。

当我们第二次踏进河流时，第一次踏进河流时的水已不复存在，河岸也因水流而发生了变化，因此两次踏进的河流不可能是完全相同的。

显然我们得出了结论，但这个结论不能令人满意。河流明明就在那里，它肯定是同一条河流。那么请问，现在的某人或某事与一分钟前的某人或某事是否相同？现在的我与孩提时代的我又是否相同？当年与现在，组成我身体的细胞没有一个是相同的，而且我的很多想法也发生了改变。

在皮拉罕人看来，生命的每个阶段都是不一样的。当你从神灵那里得到一个新的名字，当任何人在任何时候见到一个神灵做了任何的事，这个时候，你与原来的你就不完全相同了。

有一次我到波斯多诺沃去，像往常一样，我找到科贺，请他和我一起工作。但他没有回答我，于是我又问他："科贺，你愿意跟我一起做记录吗？"他还是不回答我。

于是我问他："为什么不和我说话？"他答道："你是在跟我说话吗？我叫提亚帕艾，这儿没有科贺了。我以前叫科贺，但是他已经消失了，现在，站在你面前的人叫提亚帕艾。"

所以，如果不出我的预料，他们是想知道，我是不是变成了另一个人。他们十分关心这个问题，要是证据显示我不是一个伊比西，而是一个完全不同的实体，那么我就有可能会对他们构成威胁。我向他们保证，我还是丹尼尔，不是考艾波吉。

许多个无雨的夜晚，在一个皮拉罕村庄附近，连续有尖叫声从丛林里传来。在我听来，这个尖叫声就像是神灵的呼号。村里所有的皮拉罕人都认为这是考艾波吉在说话。他给村民们提供建议，告诉他们第二天应该怎么过，或者哪些晚上可能会有危险（比如被美洲豹、鬼魂或是其他印第安人袭击）。这个考艾波吉也喜欢谈论性事，他说他想要和村里的女性共度春宵，甚至还说到了很多细节。

一天晚上，我想亲眼见见考艾波吉。我穿过三十来米长的灌木丛，走到前一晚发出声音的地方。用假声说话的人是阿嘎比，一个皮奎亚（Pequial）来的皮拉罕人，他对神灵很感兴趣。

"我想把你的声音录下来，可以吗？"我不知道他会作何反应，但万一他不介意呢？

"当然可以，请自便。"他用正常的声音爽快地答应了我。

我把他十分钟的"考艾波吉语"演讲录了下来，然后回家。

第二天，我找到阿嘎比，问他："阿嘎比，昨晚你为什么要像考艾波吉那样说话？"

"昨天晚上有考艾波吉吗？我没听到啊！当时我也没在这里啊！"他大吃一惊。

"真奇怪。"我心想。

除我之外，在皮拉罕地区考察的还有彼得·戈登。他想知道皮拉罕人对神灵的看法，因为在观察皮拉罕文化之后，他很想验证自己的一些发现和理解。伊萨欧伊对我们说："天黑后过来，今晚神灵会来。"我和彼得说"好"，然后继续工作。

我们回到麦茨河对岸的营地。我们原打算先洗澡，然后用肉罐头当晚餐。但是我们很走运，刚好碰到了一个打鱼回来的男人。他驾着独木舟，说要跟我们做交易，用一大挑活蹦乱跳的鲈鱼换我们的沙丁鱼罐头。我们欣然同意。

彼得把鱼卷在鸡蛋和麦片糊里，然后放在营地篝火的绿色木材架上烤。我们洗完澡，享用了一顿混合着鱼皮和白色鲈鱼肉的燕麦粥。之后，我们穿过河，到村里去看神灵。我不知道会发生什么，因为在以前，我们没有接到过这样的邀请。

夜色昏沉，满天繁星，我们可以清楚地看到银河。河里青蛙呱呱地叫着，一些皮拉罕人坐在丛林的原木上，彼得和我走到他们身旁坐下。彼得架好他的索尼牌专业录音机，上面有收声用的高质量外接麦克风。几分钟过去了，皮拉罕的孩子们一直在嬉笑打闹，咯咯地笑个不停。小女孩透过捂着脸的手指缝，看看我们又看着丛林。

我认为这种姗姗来迟是神灵在故弄玄虚。又过了一会儿，彼得和我同时听到一阵假声，接着一个男扮女装的人走出丛林。是伊萨欧伊！他打扮成那个刚刚去世的皮拉罕妇女的模样，用假声说话，假装自己是个女人。他头上裹着一块布，布从背后垂下，代表皮拉罕女人的长发。

这个"妇女"还穿着一条裙子，大声谈论地底下的寒冷黑暗、死亡的感觉，以及其他鬼魂的生活。伊萨欧伊的神灵的说话节奏和正常皮拉罕人不大相同。"妇女"说话时，音节划分成两个一组（二元韵脚），而皮拉罕人日常说话时通常是三个音节一组（三元韵脚）。这是个有意思的现象，正当我分析皮拉罕语的节奏时，"妇女"起身离开了。

没过几分钟，彼得和我听到伊萨欧伊又回来了，只不过这一次，他的声音低沉而粗哑。观众开始哈哈大笑，著名喜剧神灵即将出现。突然，伊萨欧伊赤身裸体地走出丛林，用一根小树枝重重地敲击地面。他一边敲，一边说自己英勇无畏，要是有人阻挡，那么他就会遭殃。

我和彼得发现，这是皮拉罕人的戏剧！当然，这只是我对眼前这一幕的分类，皮拉罕人可不这么描述它。无论这一幕是否具备戏剧的功能，在皮拉罕人看来，他们看到的是神灵。在这期间，他们用的称呼都是神灵的名字，从来没叫伊萨欧伊。

我们看到的跟萨满不一样，因为在皮拉罕部落，没有一个人能代表神灵或者可以和神灵对话。虽然相较于其他人，有些人会频繁地扮演神灵，但总体而言，每个皮拉罕人都可以担任这个角色，在我跟他们一起生活的时日中，他们扮演神灵时说的话也都大同小异。

第二天早上，我和彼得告诉伊萨欧伊能看到神灵是多么荣幸时，他也跟阿嘎比一样，表现出并不知情的样子。他拒绝承认这件事的存在，还说他当时并不在那里。

这引导我积极探究皮拉罕人的信仰。皮拉罕人认为看到的东西是虚构的还是事实？是神灵还是戏剧？不管是听录音带，还是其他村庄的皮拉罕人，他们都认为那是神灵。当我和彼得看这场"神灵表演"时，旁边的年轻人不停地说，这是神灵，而不是伊萨欧伊。

综合之前发生的一幕幕，如皮拉罕人质疑我是不是同一个人，认为白人可以随时变成神灵等事情，我得出的结论是：皮拉罕人的神灵类似于西方文化里的通灵和巫术。

皮拉罕人的神灵存在于脑海里，他们可以和神灵对话。不管别人怎么看，所有的皮拉罕人都说自己见过神灵。出于这个原因，皮拉罕的神灵也是直接经验原则的例证。其他文化里的神话故事也必须服从这个约束，否则在皮拉罕语中就找不到合适的方式来谈论。

自然而然地，有人可能会问，在西方人看来不真实的事情，是否可能被经历。我们有理由相信它可以。当皮拉罕人声称他们遇见了神灵时，他们的确是看到了一些东西，而他们把这些东西称为神灵。至于用身体里有没有血液来区分人与神灵的方式是否正确，我认为，这种划分并不对。但我同样相信在日常生活中，我们很多划分食物的方式也不正确。

一个人可以说他在商场见到的一米八高的大胡子是林戈·斯塔尔，而实际上他看到的是我。我们也可以说家中的小狗在想些什么，它知道我把狗粮放在哪儿，以为我要喂它，仿佛我们有证据似的。但这可能无关信念，只是小狗对刺激做出的反应而已。

但如果所有皮拉罕的故事必须体现直接经验，那么许多世界宗教经典，如《圣经》《古兰经》《吠陀经》等，都无法被翻译成皮拉罕语，也无法用皮拉罕语讨论，因为它们涉及的很多故事都没有目击者。这就是近300年来，为什么没有任何传教士能改变皮拉罕人的宗教信仰的主要原因。亚伯拉罕宗教中的故事缺乏目击者，至少当我还是一个虔诚的信徒时，我所实践的信仰的确如此。

第 **8** 章

丛林谋杀案

像麦茨河畔旁多赛特（Ponto Sete）的其他艾普瑞纳印第安人一样，每天一大早，乔奎姆就外出忙碌地工作了。他或是打理丛林的菜园和一小块木薯地，或是寻找猎物的踪迹以便晚上打猎时能收获多多，或是在河流上游的清澈河水里打鱼。

像其他住在旁多赛特的人一样，乔奎姆的身材比皮拉罕人更魁梧强壮。图皮族和艾普瑞纳的混合血统赋予了他强健的体魄，与皮拉罕人的干瘦身材形成鲜明的对比。他的脚掌宽大强壮，他从来没有穿过鞋子。他的脚趾强而有力，可以牢固地抓在小路上，比那些穿着昂贵徒步旅行鞋的西方人走得还稳。他大约 30 岁，腼腆害羞，沉默寡言。他经常笑，但笑的时候常常会用手捂住嘴巴，以掩饰他门牙掉了的窘境。他时不时地从我这儿偷走杯子（塑料的、不易碎的杯子，这些都是他的最爱），以为我不会发觉。他嘲笑皮拉罕人的身体比他弱。

虽然和皮拉罕人生活在同样艰难的环境里，但他却比皮拉罕人积累了更多的物质。皮拉罕人对此毫不介怀，但他却觉得这很重要。不论如何，他和其他住在旁多赛特的人都认为，他们和皮拉罕人是好朋友。旁多赛特的艾普瑞纳人总是很友好地对待皮拉罕人。

然而乔奎姆不知道，一个皮拉罕村的村民并不认为他和其他旁多赛特人是好朋友，也不认为他们有占有土地的合法权利。他的生活方式和皮拉罕文化存在实质性的差异，这进一步拉大了他和皮拉罕人之间的距离。这个皮拉罕村庄的人把他视为卑劣的入侵者。

艾普瑞纳人是通过一场悲剧事件，才间接发现了皮拉罕人对他们的真实看法。事情始于艾普瑞纳人和卡拉里约家族之间的不和。后者是一个商人世家，经常与艾普瑞纳人和皮拉罕人做生意。

卡拉里约家族表面上是神召会[①]的信徒，实际上占尽既没有数字也没有文字的皮拉罕人的便宜，他们用远低于市场价格的物资交换皮拉罕人的巴西坚果、乳胶、柯拜巴脂及其他丛林产品。而他们发现，艾普瑞纳人会用电台密切关注市场。因为广播里，巴西国家广播电台每天都会公布货物价格。

有一天，艾普瑞纳人警告卡拉里约家族的人以后别再来旁多赛特，因为他们是骗子。当达希尔·卡拉里约（Darciel Colário）违反禁令返回时，艾普瑞纳人用猎枪朝他开火。他们摧毁了很多商品，还把船舱打出了好几个洞。达希尔·卡拉里约受了伤，躲在炉子后面才幸免于难。他不敢站起来，以免暴露在艾普瑞纳人的枪林弹雨中。他设法掉转了船头，沿着麦茨河仓皇撤退。艾普瑞纳人认为，他们好好地教训了他一顿。

---

① 基督新教教会之一，属五旬节派，是 1901 年美国五旬节复兴运动后出现的教会组织。

　　但是达希尔·卡拉里约是成功的河流商人，不容易被打倒。达希尔·卡拉里约的父亲阿曼德·卡拉里约（Armando Colário）把印第安人称作是"小动物"。他放不下这件事，想报复这些袭击了他儿子的"低于人类的动物"。达希尔跟他的父亲半斤八两，他曾把皮拉罕人灌醉，并怂恿他们来偷我的东西。我曾警告过达希尔，要是他再来皮拉罕村，我会烧掉他的船，把他扔进河里，让他游回去（年仅 27 岁的传教士居然夸下了这种海口）。我离开麦茨河，回到坎皮纳斯州立大学后，卡拉里约就开始实施他的复仇计划。

　　为了教训旁多赛特的居民，达希尔父子决定征募皮拉罕人。他们找到自愿帮忙的皮拉罕人，一帮以图卡嘎（Túkaaga）为首的血气方刚的青少年。图卡嘎是欧比西（Xopísi）的儿子，在一个名叫柯塔（Coatá，位于旁多赛特的下游）的皮拉罕村里，欧比西是最为德高望重的人。达希尔给了他们一把新的猎枪，利用这些青少年渴望冒险和炫耀武力的心理对付旁多赛特的居民。艾普瑞纳人居住地附近盛产巴西坚果、硬木材和其他丛林产物。很多皮拉罕人向往那片富饶的土地，他们想从那里得到鱼和野味，而不用有什么竞争对手。达希尔及其家族则想在期间畅行无阻地获得丛林商品。

　　在悲剧来临之时，阿曼德·艾普瑞纳（Armando Apurinã）和他的大儿子多美（Tomé）正驾着独木舟在上游钓鱼打猎。乔奎姆和他的皮拉罕姐夫奥塔维（Otávio）留在了村里——奥塔维即皮拉罕人托拜提（Toíbaitii），是皮拉罕人里唯一一个和外族通婚的人。

　　奥塔维捕鱼，乔奎姆和他的妻子挖树薯、捡柴火。这是一项繁重的工作。木薯牢牢地附着在地底下，有时甚至超过半米深，他们需要用力拉拽，甚至是挖掘土地，才能把木薯挖出来。他们把挖出的木薯扔进大柳条编织的篮子里，等篮子里有 15 ~ 20 千克重的木薯时，乔奎姆就把它抬起来，然后用宽背带绑在头上。除了木薯外，乔奎姆还拣了大约 15 千克重的柴，他把柴横着抱在怀里。由于载荷过重，他回家时无法像平时一样小心地向左右张望。但乔奎姆认为这问题不大，因为他很熟悉路线，而且那里离村庄也很近，不太可能有野兽。

他根本没想到，路上埋伏着图卡嘎。图卡嘎带着他崭新的猎枪，静静地躺在路边等他。跟他一起的，还有另外两个柯塔村的年轻人欧瓦盖（Xowágaii）和比西（Bixí），他们是图卡嘎的朋友。这些男孩以前都没有出手伤过人，但他们都是技术精湛的猎人，是专业的动物杀手。乔奎姆和他的妻子慢慢走近，图卡嘎紧张而焦灼地等待着，乔奎姆的妻子走过后，乔奎姆进入了他们的视野。当乔奎姆离他只有三米远时，图卡嘎朝他开了一枪。

鲜血从乔奎姆的胯部、大腿和腹部喷涌而出。子弹的冲击力加上木薯和柴火的重量，使乔奎姆重重地摔在了地上。乔奎姆痛苦地叫喊，他的妻子和妹妹蕾木姐（Raimunda）朝枪声响起的方向跑去。蕾木姐看了乔奎姆一眼，就立即跑去找奥塔维帮忙。乔奎姆的妻子则尽其所能去止血，用泥土和树叶敷在伤口上。奥塔维跑过来，把乔奎姆背到自家小屋的阴凉处，然后迅速划船去上游，找多美和他的岳父。

猎枪射出的子弹打穿了他的身体，身上的一大块肉都被炸没了。乔奎姆一直哀号到傍晚才去世。

　　多美、阿曼德和他们的妻子差不多在乔奎姆去世时才从奥塔维口中得知，乔奎姆被不知名的人射杀的事。多美和阿曼德立即各自驾着独木舟返回居住地。他们认为袭击者可能是卡拉里约家族的人，或者是帕林廷廷印第安的人，根本就没有怀疑过皮拉罕人。

　　多美是麦茨河流域最强壮和最凶悍的人，就连皮拉罕人和河岸商人也比不上他。知道他脾气的人都对他敬而远之，遇到他时都恨不得绕道而走。他胳膊和腿上的肌肉线条分明，就像许多职业健美运动员一样。他可以扛着斧头整日工作，然后在晚上打猎，接着第二天再去捕鱼也不会疲惫。他近乎疯狂地划船到下游，没有丝毫松懈。大约午夜时分，他到达旁多赛特附近。他不知道乔奎姆已经死了，想先去看看他，然后再绞杀那些谋杀了妹夫的凶手。

　　砰！枪声响起，麦茨河畔激起很强的回声。多美和妻子再过最后一个河湾就回到村子了，他们依靠微弱的星光指路。有人向他们开枪，多美的肩膀和背部中了不少铅弹。他拿着桨，掉进了河里。幸好纳萨尔受伤较轻，她一把抓住多美的头发，尽量让他的头露出水面。然后她操起一个铝锅，以锅为桨，努力地把船划向岸边。以图卡嘎为首的皮拉罕少年跟原来一样，没等看结果就跑开了，趁着夜色回到柯塔村。

　　阿曼德就在多美的身后，他立即把儿子拉出水面。原本住在旁多赛特的四个男人里，一个遭谋杀，一个身负重伤。他们不知道该怎么办，埋葬乔奎姆后，幸存的几个人立即去了下游的柯塔村，希望能寻求奥塔维的同村人（也就是皮拉罕人）的保护。他们和皮拉罕人一起在柯塔村待了整整三天，根本不知道，他们借住的那家人里就藏着杀死同胞的凶手。阿曼德、多美和他们的妻子不知道，柯塔村的皮拉罕人实际上看不惯他们。几个月后，柯塔村的头人欧比西笑着对我说，他们之所以没有一举歼灭旁多赛特的那些艾普瑞纳人，是因为他们就待在村子里，如果开火，难免会伤及皮拉罕人。而且除非万不得已，他们也不想伤害奥塔维。

多美的伤势很严重。他们说服一个前来购买巴西坚果的商人，请他帮忙把多美送到曼尼科的医院就诊。这所医院位于河流下游，有两天的行程。

尽管伤势严重，且发生了感染，但多美还是奇迹般活了下来。就在他住院时，他的家人和旁多赛特的幸存者得知，袭击他们的是皮拉罕人，而且皮拉罕人不希望他们继续留在麦茨河。就连阿曼德的兄弟也不得不带着迪亚欧族的妻子和两个儿子举家迁徙。

50多年后，皮拉罕人竟然把艾普瑞纳人从麦茨河赶了出去。对艾普瑞纳人而言，这无疑是个可怕的打击。艾普瑞纳人离开后，他们去了马梅卢斯河，那里是巴西人定居的地方，乘独木舟从麦茨河顺流而下，到那里需要一天的行程。他们面对的是沉重的劳役生活，当地的巴西人表示，如果艾普瑞纳人愿意没日没夜地替他们工作，他们就可以留下。多美发誓要报复皮拉罕人，他通过商人传递这个威胁。他的家人劝他别这样做，他们说皮拉罕人在等着他，如果他出现在麦茨河，他们肯定会杀了他的。多美也明白这一点，皮拉罕人不允许任何人在不知情的情况下进入他们的领地。但是皮拉罕人也害怕多美，他们知道多美熟悉麦茨河的地形。他们确信，多美是个很难对付的敌人。

阿皮吉欧（Aprígio）等旁多赛特的居民明白，美丽富饶的麦茨河再也不是他们的家了。过了没两年，许多艾普瑞纳人纷纷去世，只剩下了多美夫妇、阿皮吉欧的儿子罗克（Roque，即多美的侄子）和蕾木姐。艾普瑞纳人走后，奥塔维后来独自返回村庄，像皮拉罕人希望的那样，最后和村民们生活在了一起。阿曼德也死了，没有人知道他到底是怎么死的（也许是中毒而亡），只知道他死得很突然。他的妻子和女儿也服毒自杀而死。几年后，阿皮吉欧也死了。

这个事件显现出皮拉罕人的阴暗面。尽管皮拉罕人彼此间非常地宽容，但为了阻止外人染指土地，他们的手段非常凶残。这也再次证明，尽管皮拉罕人可以宽容地和外人共处，但并不意味着他们长期接受外人的存在。艾普瑞纳人曾以为，只要和另一个民族比邻而居一辈子，就可以消弭两个民族的文化社会差异。他们得到的是血的教训，尽管皮拉罕人外表和善，但要克服文化间的障碍几乎是不可能的。许多其他地方的人也在历史的进程中学到了这一课。

在这个故事里，还有一个教训可以吸取，它关系到图卡嘎自身的命运。就在谋杀发生的几个月后，图卡嘎开始独自生活，远离了所有的皮拉罕村庄。他隐居了一个月左右，离奇而死（皮拉罕人基本上不太想谈论这件事，有人说他死于"感冒"，当然这也不无可能）。

我认为他可能是被其他皮拉罕人杀害的。警方调查出了乔奎姆的死因，图卡嘎的做法让所有的皮拉罕人感到恐惧。皮拉罕人听到传闻，附近的居民正考虑惩罚他们。一开始，皮拉罕人还嘴硬，说他们并不害怕。但是我能很明显地看到他们的恐惧，他们不过是在虚张声势而已。

越是谈论人们对谋杀事件的反应，皮拉罕人越是意识到，谋杀案的余震可能会导致更多的皮拉罕人死去。这可能就是图卡嘎被众人排斥的原因。排斥是极端的惩罚方式，因为在亚马孙流域，在维系人身、狩猎和采集食物等诸多方面，他们都十分依赖社会关系。

我们已经了解，皮拉罕人不需要首领、法律或法规来约束其成员的言行，他们只需要生存和排斥这两种手段。图卡嘎得到了沉痛的教训。据我所知，他的帮凶没有受到任何惩罚。那两人都成了我的朋友，而我从来没有问过他们图卡嘎的去向或是乔奎姆的死。

第 **9** 章
自在生活的专属土地

皮拉罕人面临的最常见的挑战是疾病，以及进入他们领地的外来人员，比如巴西或其他国家的潜水员、渔民和猎人。日本游钓者和巴西商业渔民的船只经常在马梅卢斯河出现，通过卡巴克罗人为中介，这些来访者向皮拉罕人提供朗姆酒、布料、木薯粉，甚至还有独木舟之类的比较贵重的商品，以此为代价，皮拉罕人帮他们找到鱼类丰富的河段。和卡巴克罗人做生意时，皮拉罕人常常吃亏，因为对方只用朗姆酒来换取丛林里的食物和产品。为了不被攻击或冒其他的危险，外来者与皮拉罕人接触时，通常要倾其所有的食物才能安抚他们。

皮拉罕人需要外界帮助划分土地、防止入侵和治疗疾病。这些都是皮拉罕人面临的最大问题。皮拉罕人需要外界的帮助。对于最后一个问题，我和凯伦时不时地帮助他们。为了让他们更好地走出面前的困境，我越来越有一种强烈的感觉，觉得自己有责任帮助他们。当沿着河道进入村子时，我们进一步了解了包围着皮拉罕人的卡巴克罗族文化，要扛起这份责任的感觉也就更明显了。第一次前往皮拉罕地区时，我们一家人坐的是飞机，因为妻儿罹患疟疾，我们中途撤出。再次前往皮拉罕村时，我们坐船到了麦茨河。

这一次我们打算待久一点，准备这一年的大部分时间都待在皮拉罕地区。为了带足所需物资，坐船显然比坐飞机更划算一些。个人的额外理由也让我选择坐船，因为我晕机。我们全家人到达波多韦柳港的港口，打算开始我们的第一次长途旅行。我们的货物装在金属桶（容积 45 加仑①）、油桶、木箱、皮箱、帆布袋和纸箱里，码头工人跑过来"帮忙"。不过，有人告诉我，他们只要一沾手，就会漫天要价。所以我把他们赶走了，独自搬运所有的货物。河岸泥泞而陡峭，我扛着货物走过 30 厘米宽的有些晃悠的跳板，把它们放到有些漏水的雷克雷尤船上。搬运这些物资需要多次往返，道路漫长而泥泞，有些地方被水淹没了，有时，路上还可以看到清晰的动物脚印（有一次我看到美洲狮就站在离我不远的地方）。

现在回忆起来，我想知道当时我们是否意识到，这些货物可能会给皮拉罕人带来怎样的影响。我想我们应该认识到，为了满足一个加利福尼亚家庭的所需，这些数量庞大的物资是否会给皮拉罕人造成困扰。在生活的那个阶段里，我从未考虑过还有其他的生存方式。皮拉罕人和我们都足够幸运，我们的决定最终是正确的，并不是因为我们之前有过深思熟虑。皮拉罕人对我们的东西不感兴趣，根本没想过要偷走它们（除了食物），也从来没向我们索要过什么。他们总是认为，我们的物品跟他们没有多大关系。

---

① 1 加仑（美）等于 3.785412 升。——编者注

不管世事如何，在后来的几年里，沿河旅行成了我们来到村庄的首选方式。乘船旅行可以让我们携带更多的物资，以便延长我们待在村子里的时间。此外，这样的交通方式也可以让我们时不时地沿途逗留，让我们了解到皮拉罕附近地区的巴西人的状况。附近的巴西人经常到皮拉罕一带与村民做贸易。

接触到这部分人后，我得知了一个让人颇为不安的事情：他们中不少人对皮拉罕人的土地很感兴趣。他们经常问我，皮拉罕人凭什么得到这块打猎和捕鱼的黄金胜地。"Mas, Seu Daniel, porque aqueles bichinhos têm direito à toda aquela terra bonita e os civilizados não?（葡萄牙语，意为：丹尼尔先生，为什么那些"小畜生"有权占领这么美丽富饶的土地，而我们文明人却不行呢？）"这种说法令我担忧，我仿佛想象到这样的场景，他们中的一些人搬迁到皮拉罕村地区，然后慢慢蚕食他们的土地。我想帮助皮拉罕人得到合法依据，确保他们对领地的拥有权，但我不知道该从何处着手。

当时，我和家人已经在巴西生活了很多年。完成博士学位后，我回美国待了一年，在语言学研究的前沿阵地——马萨诸塞州麻省理工学院语言学和哲学系做些博士后的工作。这个系有语言学的大师诺姆·乔姆斯基，他的语法理论对我产生了深远的影响。

我们在麻省理工学院工作 5 个月后，伊利诺伊大学芝加哥分校的人类学家奥德·柯累克（Waud Kracke）博士告诉我，巴西国家印第安人基金会希望我能加入他们的考察队。他们要去勘探皮拉罕人的领地边界，以便做官方的认定。我热情地同意了这个邀请。

图 9.1　皮拉罕人拥有美丽富饶的土地。

　　我通宵赶路，从波士顿飞到里约热内卢，然后转机 7 个小时，颠颠簸簸地飞到了波多韦柳港。巴西国家印第安人基金会邀请我帮助他们确定皮拉罕人的土地范围。邀请我的巴西国家印第安人基金会的代表名叫沙拉（Xará），他在巴西国家印第安人基金会担任高级职位。几年前，围绕着皮拉罕人、蒙杜鲁库人和帕林廷廷人，巴西国家印第安人基金会做了详细的考察。

　　巴西国家印第安人基金会想知道，有什么办法能让他们在各自的合法领地上保留传统的生活方式。沙拉中等个头，身材匀称，长相俊朗，留着完整的黑胡子和一头长发，与他同行的是他的伴侣安娜（Ana）—— 一位巴西的金发美女。他们穿着休闲，时而严肃时而懒散，让我想起了那些关心时事的嬉皮士。只不过，他们的精力专注于如何保护巴西印第安人，让他们可以继续其本来的生活方式，至少是能保留他们的祖先传下来的土地。

1977—1985 年，我在位于波斯多诺沃的皮拉罕村工作，沙拉曾拜访过我，从此以后，我们就成了朋友。那一次，我们详细讨论了皮拉罕人需要的专属领地的问题。沙拉在巴西国家印第安人基金会内获得晋升，现在，他已经有权组织考察队去确定皮拉罕人和帕拉廷廷人的领地。在划清印第安原住民领地的项目中，这是三个阶段中的第一步。他向研究帕拉廷廷文化的学者奥德和我发出了邀请函，问我们能否帮忙做翻译，因为我们是极少数能说当地土著语言的外人。沙拉说，我们在巴西境内的所有费用由巴西国家印第安人基金会承担，但是往返的国际机票需要自费。

奥德随后打电话给我，建议我问问"文化遗存"组织是否愿意支付我的旅费。该组织由已故的哈佛大学人类学家大卫·梅贝利－路易斯（David Mayberry-Lewis）创立，旨在保护因全球化和工业化的冲击而濒临灭绝的土著文化。当时路易斯教授还在世，他立即回复我说，文化遗存组织很乐意为我订去巴西的机票，支持我完成这一重要任务。

自 1979 年以来，皮拉罕人的土地日益遭到外部入侵，我一直努力让这个问题引起官方的注意，但都无济于事。我曾分别呼吁四位波多韦柳港的巴西国家印第安人基金会会长：戴尔西奥（Delcio）、阿莫里·维埃拉（Amaury Vieira）、阿波伊纳·梅尔莱斯（Apoena Meirelles）和贝纳默（Benamor），希望他们能确立皮拉罕人的官方属地。阿波伊纳·梅尔莱斯会长曾来到我所在的皮拉罕村，和我讨论过这件事情的可行性。在 20 世纪 80 年代早期，阿莫里·维埃拉曾派遣过一名巴西国家印第安人基金会的职员前来，他在这里待了两周，到皮拉罕区域切身体验了一阵子，但很快就被召回了。贝纳默曾经直截了当地告诉我："没有人想和皮拉罕人生活在一起，我根本受不了他们，他们说话就好像是在叫喊一样。"

有机会沿着麦茨河旅行，考察所有的皮拉罕村庄，我倍感振奋，这是我一直以来梦寐以求的事情。有很多东西我都想看想学，譬如，是否所有的皮拉罕村庄都和我见过的一样？是否所有的皮拉罕人都说同一种方言？他们能否听得懂我说的皮拉罕语？生活在皮拉罕区域的最初几年，我几乎所有的时间都停留在麦茨河口的波斯多诺沃地区。我还没来得及去其他的皮拉罕村庄，因为它们地处偏远，前去一趟的话，路途艰辛且花费巨大。

此行，巴西国家印第安人基金会邀请我来担任译员。我负责把皮拉罕人讲的故事和他们的回答翻译给巴西国家印第安人基金会的一位人类学家，他对皮拉罕人的生活方式和土地使用情况颇感兴趣。这位人类学家也要采访麦茨河流域的皮拉罕人，勘查他们的领地范围，然后辨别出在他们使用的土地中，哪些地方是他们的传统属地。

经过几个小时的旅途，我到达了霍伊。我需要一艘船把我带到麦茨河，所以我打了一辆出租车，让司机载我到两英里（约 3.2 千米）外的马代拉河河岸。其实这段路可以步行，但当时气温将近 38℃，我又热又累，实在是走不动了。几十艘木制船停靠在码头上，这些船的船身基本没有油漆过，看上去饱经风霜。我不认识任何人，也不确定巴西国家印第安人基金会会不会给我报销租船的费用，我只好大声地询问，希望能找到收费最便宜的船夫。我走到两兄弟面前，他们有一艘破败不堪的大约 8 米长的木船。兄弟俩一个潜入船尾的水里，一个懒洋洋地躺在吊床上盯着我。和许多亚马孙流域的船夫一样，船尾的那人正在把船漏水的地方补上。我走到河岸边，拍拍手。在不认识对方的情况下，巴西人用拍手来引起对方的注意，入乡随俗，我也就这么做了。

"Olá！（你好！）"我大声喊道，努力让自己的声音盖过船只的引擎声、码头的喧闹声和孩子们在河岸嬉戏的打闹声。

"Olá."他冷淡地回应。

"我想租船去麦茨河。到了那里，巴西国家印第安人基金会会给你钱的。"

"万一巴西国家印第安人基金会的人不在怎么办？"躺在吊床上的人怀疑地问我。

"那我就自掏腰包。"我信誓旦旦地答道。

我没有抱太大希望，毕竟我们素不相识。但是没想到，他说："好，我们带你去。"

"太好了。我先简单地吃个午饭，然后就出发。"

"好！"他回答。

我沿着河岸走到上游，那儿有数十家餐饮店，我随便选了一家。

一位身材肥胖的妇女站在厚木板制成的围栏后边，我走过去，对她说道："Quero um prato feito, por favor.（请给我一份套餐。）"一份套餐里通常有一大堆肉、豆子、米饭和意大利面，上面还铺着一层黄色的像麦粉一样黏稠的木薯。

"Você quer carne ou peixe ou frango?（肉、鱼和鸡肉，你要哪个？）"

"Todos.（全都要。）"我已经饿得不行了。

不到 10 分钟，热气腾腾的饭菜就摆在我面前了。除了油腻的食物外，里面还有一个装满了的塑料瓶。黄色酱汁是用煮过的木薯汁和辣椒制成的。大约 5 分钟后，我就狼吞虎咽地把所有东西都吃光了，还喝了一大罐冰镇的布哈马牌的拉格啤酒。这一顿饭大约花了 3 美元。

"谢谢。"我说，然后匆匆地向码头走去。

"Pronto？（准备好了吗？）"船主问道。

他的兄弟已经从水里出来，在给引擎加油。

"是的，我们出发吧！"

我走过狭窄的木板，把两个小包扔到了船上。然后我拿出吊床，把它挂在狭小的主船舱里。

我走到船头问兄弟俩："到那儿大概要用多长的时间？"其实这问题没有任何意义，因为没有别的船了，该多长时间还是得多长时间。

"如果通宵赶路的话，明天中午就能到。"

当时大约是下午 3 点，船随着发动机的开动而苏醒，发出震耳欲聋的声音。

"Embora！（出发！）"船夫大吼一声。

我们的船慢慢加速，朝着神秘而强大的马代拉河驶去，灼热的空气逐渐被徐徐清风所取代。日夜兼程的旅途疲惫、刚刚的饭菜啤酒，以及走在路上后的内心松弛，这一切突然让我困意连连。我朝吊床走去。微风、温暖和舒适的吊床，它们像催眠剂一样，让我几乎一路沉睡。中途我只时不时地醒来过几分钟。第二天早餐时，我吃了几块硬饼干（上面抹了点罐头黄油），喝了杯加糖的黑咖啡和一些牛奶。早餐之后，又过了大约 3 个小时，我们到了马梅卢斯河。看着美丽的黑色河水慵懒地在我们船底流淌，我心里无比感恩。我觉得自己很幸运，居然有机会体验这个梦幻般的世界！马梅卢斯河的河岸上沙土沉积，与马代拉河岸的泥泞形成强烈的对比。

　　和船夫预测的差不多，大约 24 小时之后，我们到达了目的地。河岸上，皮拉罕人兴致勃勃地畅谈着，他们的声音把我从睡梦中唤醒。没错，要是皮拉罕人兴奋起来了，他们说话的声音就会很大，而且谈笑风生，充满惊叹。小船缓缓地减速，我的吊床也随之轻轻地摆动，最后，我们的船停靠在麦茨河口，那里有一条通向皮拉罕村庄的河道。我们旁边停靠着另一艘船，但那条船更大。

　　我原以为等待我的是两位英国的巴西国家印第安人基金会职员，没想到，站在那条船甲板上的是巴西政府机构的三位代表，他们分别是巴西国家印第安人基金会的人类学家、地图测绘师，以及国家殖民与土地改革研究所（National Institute for Colonization and Agrarian Reform）的土地所有权专家。

　　当我出现在小船的甲板上时，皮拉罕人开始大声叫喊我的名字。船夫兄弟问我，他们能否安全地离开。"只要你们跟着我，保证你们万无一失。"我开玩笑地吓唬他们（不过他们相信了我的话）。

　　"嘿，丹尼尔，凯伦呢？"皮拉罕人问。

　　"她坐的船沉到了麦茨河河底，恐怕她已经凶多吉少了。"

所有皮拉罕人呆呆地看着我，过了几秒钟，他们才反应过来，不约而同地哈哈大笑。我和皮拉罕人的亲密互动，把在场的巴西人看得目瞪口呆。

"开始我们接到命令，要在麦茨河口等待一位美国语言学家时，我有些不太服气。"人类学家莱文奥（Levinho）向我坦承，"为什么巴西人要等一个外国佬给我们做翻译？不过现在我明白了。我们到这里已经三天了，但根本听不懂他们在说什么，没办法和他们交流。"

我们到各个皮拉罕村庄去，询问皮拉罕人如何看待脚下的土地，询问他们如何使用这些土地，询问他们是否认为自己是这些土地的所有者。莱文奥每问一个问题，我都负责翻译出来。就这样，沿着麦茨河，我们慢慢地溯游而上，遇到每一个皮拉罕村庄，我们都会停下来深入采访。我们请科贺当向导，因为在皮拉罕人里，他的葡萄牙语是最好的。我们希望在他的带领下，不错过任何隐蔽的皮拉罕人定居地。皮拉罕人的定居地规模不等，或是一个小家庭，或是几个家庭在一起。我们一般会把船开到村子的上游区域，然后再关闭引擎，让船顺流而行。

我通常都站在船头，用皮拉罕语对着村子大喊："我是丹尼尔，和几位非皮拉罕族的朋友前来拜访。我们想跟你们聊聊。"为了让人们放下戒备，向导科贺会在一边补充："我们并没有恶意，还带了鱼钩送给大家。"一些我素未谋面的皮拉罕人会走上船，一些男性还会兴奋地和我说话。而妇女和儿童，当我爬上河岸，朝他们的村庄走去时，他们只是站在河岸或小屋里远远地看着我。

一个星期后，巴西国家印第安人基金会团队的测绘任务完成了，我作为翻译的工作也随之结束。我们乘船到了跨亚马孙高速公路附近，这是我第一次看到这条公路。沿着这条高速公路，没有一个皮拉罕村庄。为了到波多韦柳港，巴西国家印第安人基金会给了我两个选择：一个是继续乘两周的船，沿着麦茨河慢慢往下走，经过马代拉河、玛瑙斯河；一个是搭车从高速公路走。我选择了搭车。于是，我在麦茨河的一座桥边下了船。所谓的桥实际上就是一个小小的木结构建筑。这座桥看上去一点都不结实，但平时，经常有重型卡车通过这座桥。这些重型卡车满载着木材或矿产，从300多千米外的矿业公司移动到这里。

我们此行收获颇丰。在我们来这里的5天后，地图测绘师得知，巴西政府航拍测定的地图是错误的。一天早上，我们正在喝咖啡，他说，以目前的速度，我们要花两天以上的时间才能到达下一个村子。这让我们忧心忡忡，因为我们的食物和燃料已经所剩无几了。我转头问科贺，下一个村子有多远。他说，下一个村子叫托伊托（Toitoi），我们中午就能到那儿。我把他的话转述给制图师。他说："好吧，这里是皮拉罕人的地盘，我没办法和他争辩。如果他是对的，那这份军事地图就是错的。"中午，我们的船驶进托伊托村。制图师仔细看了看地图，然后意识到，在地图上，在科贺的村子和托伊托之间，那段麦茨河的长度无意中被扩大了一倍。对巴西政府来说，这是个非常重要的教训。

对我和皮拉罕人而言，我们的收获更多。现在，皮拉罕人有官方认可的保留地了。获得专属保留地需要一个漫长的官方审批过程，现在审批可以正式开始了。就皮拉罕文化，我和莱文奥促膝长谈了好几个小时。皮拉罕文化中没有创世神话，这一点让他很好奇。他说他尝试了很多办法，想从皮拉罕人那里获得一些神话故事，但最后都无果而终。他还着迷于口述历史和口头文学的缺失，皮拉罕人没有口述历史和口传文学，这也让他很着迷。莱文奥是第一个让我意识到皮拉罕文化是如此非同寻常的人。他的热情还感染了身边的人，后来他的朋友——里约热内卢的人类学博士马可·安东尼奥·冈卡尔维斯（Marco Antonio Gonçalves）也开始研究皮拉罕文化。

我几乎见到了所有的皮拉罕人，也知道了他们的名字。他们对我很感兴趣。他们听说过有个能说他们语言的白人，但是大多数人都从来没见过我。当我用皮拉罕语跟他们打招呼时，妇女和儿童都惊讶得半天合不拢嘴。

每到一个村子，那里的皮拉罕人都热情地邀请我和我的家人，他们希望我能重返他们的家园，和他们一起生活。这个邀请对我来说充满吸引力，因为我发现，在麦茨河更加上游的区域里，这些皮拉罕人——也就是我现在见到的这些人从来都不会说洋泾浜式的葡萄牙语。下游的皮拉罕人知道一些葡萄牙语的动词，为了帮助我理解，他们跟我说话时，往往会用这些葡萄牙语。但是这样一来，实际上他们阻碍了我学习更地道的皮拉罕语。我想，如果我搬到上游的村子，我就能听到不受葡萄牙语"腐蚀"的皮拉罕语了。

因此，这次旅行对各方面都是有益的，比如皮拉罕人、巴西政府、科学和我。

第 **10** 章
卡巴克罗人：亚马孙巴西人的生活

卡巴克罗人是亚马孙流域原住民的后裔，现在只讲葡萄牙语。他们融入了当地经济发展的进程，认为自己是巴西人，而不是部落成员。皮拉罕人把卡巴克罗人称为 xaoóigíi（意为"正宗的外国人"，后缀 gíi 的意思是"正宗的"或"真实的"）。包括美国人在内的外国人，以及城市里的巴西人，皮拉罕人都只称他们是 xaoói。皮拉罕人和卡巴克罗人的关系相对更好，因为他们彼此能经常碰面。皮拉罕人和卡巴克罗人有诸多相似之处，他们共享相同的环境，同样也狩猎、捕鱼和划船，另外，他们对丛林的认识也大同小异。

两百多年来，卡巴克罗文化几乎每天都和皮拉罕文化相互碰撞。卡巴克罗文化是一种大男子主义文化，类似于美国的牛仔文化。但是，它的某些方面又接近斯多葛哲学，带有宿命论的色彩，在美国的亚文化中，很难找到可与之匹配的。

皮拉罕人对外部世界的认知，几乎全通过与卡巴克罗人的接触获得。美国人和卡巴克罗人的价值观非常不同。皮拉罕人看到这些差异后，通常更喜欢卡巴克罗人的观点，因为这更接近他们自己的文化。

例如，美国人和卡巴克罗人对人体的看法不同。相比于美国人，卡巴克罗人一致认为肥胖是懒惰的标志。卡巴克罗人认为，努力工作标志着健康的身材、良好的品格和获得神的祝福。如果身体健康，能够工作，那么神一定会庇佑你。对大多数卡巴克罗人而言，肥胖意味着腐败。他们觉得，肥胖者既懒惰又游手好闲，他们通常会索取超过自身需要的东西。因此，即使是很富有的卡巴克罗人，他们也有强烈的敬业精神。人们经常会见到，已经富有到不需要干活的卡巴克罗人亲自翻整自己的土地，他们挥舞着弯刀，和员工一起去丛林找寻产品。这些价值观在一定程度上与皮拉罕人的相同。他们和皮拉罕人一样体格精瘦，性格坚韧。他们熟悉丛林，自强不息，喜欢打猎和钓鱼。

要理解皮拉罕人对外界的看法，并且融入他们的社区生活，我发现，我需要了解卡巴克罗人。但由于我不能盖座房子，直接和卡巴克罗人住在一起，所以我对他们的了解多半来自偶然的个人接触。至于我和卡巴克罗文化最频繁的接触，则发生在我在河上旅行时。

其中一次经历特别引人注目。我带上表弟和一名牙医去拜访皮拉罕人。那位牙医会检查视力和配眼镜，他要去给皮拉罕人检查牙齿和配眼镜（免费的）。在波多韦柳港的码头，我注意到一艘我以前从未见过的船只。和码头上的其他船相比，这艘船既大又新，船身上的标志表明，它将驶往玛瑙斯和马尼科。马尼科是马代拉河口附近的一个小镇。在亚马孙河流域，这些船是卡巴克罗人进行长途运输的唯一工具。

在 7 月的旱季，河岸显得特别陡峭。我走下河岸，沿着狭窄的木板朝这艘船走去。我问谁是 dono（船主）。

一个男子走了过来，他大约 45 岁，身高约 1.64 米，脑袋秃顶，袒胸露乳。他说道："Eu sou o dono.（我就是船主。）"

像所有在亚马孙干活的男人一样，他身体强壮，皮肤粗糙黝黑。他的身材说明，他像大多数船主一样喜欢食物和饮料。他身上的白色百慕大式短裤已经被弄脏了，脚上穿着的人字拖是亚马孙地区最常见的鞋子。

"你们什么时候去玛瑙斯？"我问。

"A gente vai sair lá pelas cinco horas da tarde.（我们大约下午 5 点出发。）"他礼貌且信心十足地回答。

在去城镇的路上，我向同伴强调，搭乘雷克雷尤船在马代拉河上旅行，是一件十分有趣的事情。

"你们一定会非常喜欢！划着船徜徉在世界最大的河流之上，微风习习，与鸟儿、野生动物和丛林相伴，甚至还可以看到巴西人做饭！"

下午 3 点，在我的催促下，我们热情地踏过木板，开着玩笑上了船。我注意到有一些卡车还在往"我们的"船上装东西。据说很快就能装完，我们会按照之前的约定，在 5 点钟准时出发。挂好吊床后，我们买了一些凉凉的新鲜椰子。我们把吸管插到椰子顶部开口的地方，开始喝里面香甜的椰汁。我们恢复了精神。看着装卸工人在夕阳下辛劳地工作，我们放松地聊起了即将到来的旅行。箱子里装的是丁烷气瓶和香蕉，有好几吨之多，他们要运到玛瑙斯的市场上去卖。我们希望他们能快点，因为现在已经5点多了。下面确实还有很多卡车，我想大概还需要一个小时才能搬完。但这没关系，晚一两个小时，在亚马孙地区实在是太常见的事情了。又到了6点钟，我去问船主，什么时候能出发。

"Daqui a pouco.（很快。）"真是个振奋人心的回答。

我把这个消息告诉给旅伴。船主说，他会给我们提供一份免费的晚餐。"这次真是不错。"我心想，因为之前的旅行经验告诉我，通常第一晚是不提供晚餐的。后来，我开始觉得事情有些诡异。船上还有一个精瘦的、肌肉发达的人，他喝得醉醺醺的，脸上盖着一顶牛仔帽，躺在吊床上打鼾。除了我们和他之外，船上就没有别的乘客了。

晚饭后，他们还在装货。太可笑了！这艘船可以载多少东西？现在，它装的货物已经是我想象的两倍了。7点，接着又到了8点。等到9点30分，我实在忍不住了，又跑去问船主，这到底是怎么回事。

"不好意思。我们今晚走不了了。还有货物要装，我还得等。"船主煞有其事地回答。

旁边已经没有其他要走的船了，我们也没有车回暑期语言学院。代表团已经把我们租来的面包车开走了。在这里，我们必须要把车用在最需要它的地方。外面四处都是虫子，尤其是蚊子特别多。我们支起吊床，耐着性子度过了一个并不愉快的夜晚。我躺在床上时突然想到，巴西人沿河旅行时，通常都不会乘坐陌生的船只，但等我想起来时已经为时太晚了。在从波多韦柳港到玛瑙斯的路线上，这是一条新船，人们不会搭乘它，直到他们确定它靠得住、安全、便宜、餐食不错等。

到了第二天早上，我发现有其他的乘客上船了。好像除了我们这些外国佬，所有人都知道这艘船要早上才会离开一样。这真是让我大开眼界。上午 10 点，吃完了像糖浆一样甜的早餐，喝了杯很浓的咖啡，嚼着硬饼干和黄油，我们终于出发了。我们几个人都去了最上层的甲板。我们享受着微风，在响亮的马达声下谈笑风生。后来，我们回到吊床阅读，在树荫和微风的陪伴下放松。

下午 4 点钟左右，船突然停了下来。其他的乘客告诉我，我们在一个沙洲搁浅了。这再次表明，船员们没有经验。在接下来的 24 小时里，船长一直在设法让船从沙洲里驶出来。他发动船的引擎，再加上几艘舷外的摩托艇，想通过这样的方法把船从沙洲里拉出来。他们这样干了好几个小时，但没有任何效果。

等到傍晚时分，他开着摩托艇离开了。第二天凌晨 3 点，他带着两艘更大的船回来了，当然，比起我们乘坐的这艘，那两艘船还是要小很多。我的旅伴把我叫醒。

"丹尼尔，我们遇到危险了！"

我跟着他们走到第一层甲板上。从地板开着的缝里看下去，我们发现船主和船长正在修舵。水正从他们修补的地方慢慢渗进来。

"我们的船要沉了，丹尼尔。"我的朋友喊道。

"船要沉了，"我回答，"我们正在一个该死的沙洲上，我们不能继续往下沉了。"

船上的乘客都是穷人。除非他们真的是要去皮拉罕地区,任何有点钱的人,都会选择飞往玛瑙斯或干脆取消此行。虽然旅游宣传手册都在炒作乘船旅行,但只要稍微看一眼雷克雷尤,就足以把谎言戳穿。

这些船老旧、破烂,而且往往超载,乘坐它们十分危险。穷人们别无选择,只能坐这种船。乘客们都穿着人字拖,甲板上四处散落着几双牛仔靴、耐克鞋和锐步鞋。大部分女性穿着紧身短裤和吊带衫,也有些穿着牛仔裤和衬衫。有些男人穿着长裤,不过大部分人还是穿的短裤。一些人袒胸露乳,一些人穿着印着政治口号的 T 恤衫、polo 衫或鲜艳的短袖衬衫。他们的皮肤都是健康的褐色,彼此间正眉飞色舞地聊着天。

巴西人很健谈,他们很喜欢这样的航行。旅行的乐趣和自由使他们的天性开放而幽默,他们享受与陌生人,甚至是看起来怪怪的外国人,互动的乐趣。

我们在和一些乘客聊天。不过从前一天晚上开始,脸上盖着牛仔帽的家伙就开始不停地烦我了。他还是醉醺醺的,看上去大约50 岁,身体健壮。他一直都想和我讲西班牙语,许多巴西人都知道,相比葡萄牙语,美国人更容易懂西班牙语。即使我用流利的葡萄牙语告诉他,我已经有很多次这样的旅行了,他还是一直用手戳我的胸,咄咄逼人地说道:"这艘船是去马尼科的,你们必须睡在吊床上,这里的人都讲葡萄牙语。"他还说了一些啰里啰唆的话,我很想走,可他一直跟着我,就这样尾随了我好几个小时。我讨厌他,一些人看到陌生人就想欺负,在巴西北部,这是个越来越普遍的现象。

在某种程度上，一次在马梅卢斯河上旅行时的经历揭示了卡巴克罗人的本质。很久以前，我们在皮拉罕村待了几个月后打算离开，当时，我们一家人冒着雨沿河前行。按照事先安排的路线，我们先要坐船到奥希利亚多拉，然后换乘雷克雷尤去波多韦柳港。我们准备从那里飞往圣保罗。

在圣保罗的坎皮纳斯州立大学，我要重新开始我的博士研究。凯伦和莎伦患疟疾时，我们也是按这条路线撤离的。现在，它已经成了我们每年往返皮拉罕地区的常规路线。我们都喜欢走这条路。在凯伦患病，情况危急时，那些原住民和我们还是陌生人，但现在，他们已经成了我的朋友，我们很珍惜在危急关头建立起来的友谊。

我们到达波凯马杜时，岸边有位妇女向我们求助。因为下雨，我不太愿意停下来，但同时我也清楚，除非万不得已，否则亚马孙人（亚马孙州的巴西人）不会打扰别人。于是，我转头向她驶去，没过几分钟发动机停了，我们把船划向岸边。

"有什么需要帮忙的吗？"我问。

"我父亲病得很厉害，麻烦你们过去看看他。"

我们把船系在岸边。从河岸到房子有一段陡峭的路。当时我曾带着凯伦在绝望中求助，如今，轮到我们去帮助别人了。凯伦带着药箱，孩子们慢慢地跟在后头，就这样，我们朝房子走去。

房子里面很昏暗，所谓的墙壁，不过是由几块木板和一些树枝搭起来的而已。屋顶由棕榈茅草铺就，跟这一带的很多房子一样。地上铺着木板，木板之间的空隙很大，大到足以让各种爬行动物和虫子从缝里爬来爬去。的确，房子里的蟑螂无处不在，而且还可以看到一种 7 厘米长的大甲虫，如果你踩到它们的身上，它们会喷出白色的黏性物质。

亚马孙地区的卡巴克罗人大多习惯睡吊床。可和他们不同，这间房子的角落里放着一张自制的双人床，床上挂着蚊帐，晚上睡觉时可以把蚊帐放下来。床是木制的，上面有一张简易的泡沫橡胶床垫。床垫上沾染了积年的粪便，对此我已经见怪不怪。一个老人躺在床上，大家都称他为阿尔弗雷德先生（Seu Alfredo）。

阿尔弗雷德是制造独木舟的大师，他的儿子继承了他的手艺。在这个地区，所有的人都会买他的独木舟。他会做很大的 canoas（卡诺阿斯）。这是一种很大的独木舟，底部坚实，用亚马孙热美樟做成，周身有 4 块木板，每一块都有 2.5 厘米厚，严丝合缝就像大船一样。他还会做 cascos（卡斯柯，意为 "像炮弹一样的形状"）。他的船全都是用亚马孙热美樟制成的，没有人会像他这样做独木舟。皮拉罕人很喜欢他，因为他从来不抢他们的女人。皮拉罕人说，这个地方的卡巴克罗人经常抢妇女。

阿洛·海因里希斯曾劝说阿尔弗雷德，让他成了一名基督徒。从那时候起，他就过上了基督徒的生活。20 多年过去了，他一直坚持自己的信仰。在这个地区，他出了名的值得信赖。他为人善良，经常去看望病人，为他们唱赞美诗。他对每个人都很友好。

有时候，在这附近的河岸边，我会看到他手捧着尤克里里，从自己的独木舟里走出来。他爬到岸边，弹琴，唱赞美诗，向每个走向自己的人微笑——河边洗衣服的妇女，带着狩猎装备朝目的地进发的男人。每个路过的人都笑着，不由自主地停下来听阿尔弗雷德唱歌。他的音调很高，虽说唱得不是很完美，但充满热情。歌词大意是：自己不害怕明天，因为他今天认识了耶稣。唱一会儿歌后，他就会去看望病人，在村里到处溜达，跟人讲笑话，告诉别人耶稣如何改变了他的生活。他一个人，就像是一支传教士组成的队伍。

卡巴克罗人很难得到其他卡巴克罗人的信任。但阿尔弗雷德却获得了人们的信任和尊重。在这一带，他是我认识的唯一一位口碑和信誉兼具的男子。

可现在，他一病不起。我慢慢走近他，问道："你病了吗？"

"是的，我很不舒服。你走过来一点，我看不到你。"他气若游丝，声音里充满了痛苦。

我靠近他，发现他的胳膊很细。他的脸痛苦地扭曲着，身子一直在颤抖。

"Ah, é Seu Daniel！（喔，是丹尼尔先生！）"他认出了我。

空气中弥漫着腹泻物和呕吐物的气味。

"你什么地方不舒服？我带你去波多韦柳港看医生，怎么样？"

我也仰慕阿尔弗雷德先生。他一直都很支持我这个白人传教士，从来就没有不信任我的时候。

"不，我快不行了。我告诉过我的女儿，不要去打扰你。我很快就要死了。"

我看着阿尔弗雷德昏沉的眼神和他干瘪的毫无生气的身体。病重的他只能躺在床上，我如鲠在喉，不知道该说些什么。凯伦的眼里满含泪水。孩子们还站在门口，一直盯着我们，有些不明所以。

"让我帮你吧！阿尔弗雷德。波多韦柳港的医生一定可以治好你。"

"不，丹尼尔，"他说，"人快死的时候，自己是知道的。不过你不要伤心，我很高兴死亡能结束我的痛苦。坦白跟你说，我不怕死。我很感激自己能活到现在，而且过得很幸福。我儿孙满堂，他们都很爱我，一直守在我的身边。我真的很感谢生活，感谢我的家人。"

他重病缠身，十分痛苦。尽管每个人都很悲伤，阿尔弗雷德却尽力宽慰大家，面对死亡，我从未见过有人像他一样成熟和勇敢无畏。我握着他的右手。他的女儿用湿布擦着他的额头，不停地在哭泣。她和她的父亲一直在感谢我们的到来。

"来吧，孩子，我们过来。"我说。

"怎么了，爸爸？他要死了吗？"莎伦问道。

克里斯和卡莱布把头探进房间里，接着又看了看我。

"嗯，他快要去世了，"我强忍着泪水回答，"当死亡临近时，这里的人们能预感到它的存在。但我希望你们能看看阿尔弗雷德，他一点都不害怕。他相信耶稣，相信自己将去天堂。我希望自己也能像他这样，勇敢而坦然地面对死亡。"我觉得在我面前的是位圣人。

我们婉言谢绝了他们准备的咖啡和饼干，因为我们要去奥希利亚多拉，在雷克雷尤船来接我们之前，我们还要去看望一些朋友。我发动马达，掉转船头向下游驶去。一路上，我又开始思考这些卡巴克罗人的性格。我从遇到的困难中学到了一个道理：在亚马孙河及其支流旁，一座房子就意味着一个港湾。这些家庭你此前从未见过，但他们会随时向你伸出援手。他们会邀请你，给你提供吃住。如果有需要的话，他们还会用船把你载去你想去的地方，甚至还会把自己最后的财富拿出来帮助你。

你要帮助那些需要帮助的人，因为也许明天，你也会需要别人的帮助。在亚马孙地区，这是人们的行为准则。这里是我所见过的，践行这一规则的典范之地。

对于卡巴克罗人，有件事我没有完全弄清楚，那就是他们对印第安人的种族偏见。他们经常对我说："丹尼尔，我们是辛勤工作的印第安人，我们不懒惰，从来没有人给过我们什么东西。我们不喜欢其他印第安人，因为他们总是乞讨，总是向别人求助，我们很少这样做。"

有趣的是，卡巴克罗人自己也叫印第安人为卡巴克罗人。他们很少把自己称为卡巴克罗人。他们把自己叫作 ribeirinhos（傍河而居的人），或者是巴西人（更常见的和更为简单的情况下）。

如果你在这个区域寻找与世隔绝或很少与外界接触的印第安人，那么你就有必要了解卡巴克罗人对印第安人的这种态度。通常，这个地方有没有印第安人，只有卡巴克罗人知道。但是你千万别这样问他们："这附近有没有还在说母语的印第安人？"最好的问法是这样的："Tem caboclos por aqui que sabem cortar a giria？（这里有没有说俚语的卡巴克罗人？）"之所以使用这种委婉的说法，是因为如果你跟卡巴克罗人聊得够深入，你很容易就会发现：他们觉得印第安人的语言并不是什么正儿八经、可称得上真正的语言。而且他们还觉得，印第安人说的各种语言实际上没有太多的差别。

卡巴克罗人很穷，所以他们愿意不顾一切，甚至冒着生命危险去改善自己的经济状况。和许多西方人一样，他们对成功怀有渴望。

他们深切地感受到自己的贫困。反观皮拉罕人，虽然他们在物质上不如卡巴克罗人富足，但他们对贫穷却没有什么概念，反而很满意自己的生活。

卡巴克罗人对钱很感兴趣，关于这一点，在 20 世纪 80 年代的波多韦柳港淘金热中，我的感受最为明显。那时，人们在马代拉河及其支流附近发现了黄金，马代拉河沿岸的城市，特别是波多韦柳港开始繁荣起来。许多卡巴克罗人投身勘探行业，他们很快就暴富起来。勘探黄金是一份既危险又辛苦的工作。卡巴克罗人完全没有接受过潜水训练，但面对马代拉河里的水蟒、鳄鱼和黄貂鱼，金钱的诱惑还是让他们自愿地戴上了潜水头盔。他们在黑灯瞎火中潜到 15 米深的马代拉河河底，面对泥泞且湍急的水流，他们沿着河床，把巨大的真空管慢慢挪上来。

河上的驳船为他们提供空气，在船上工作的卡巴克罗人负责过滤他们捞上来的东西。通过汞和重力的作用，过滤系统把黄金从泥土、岩石和其他碎片中分离出来。当时的马代拉河，面临着严重的汞污染问题。

如果潜水员捞上来的东西里有黄金，他们就会在为自己提供空气的软管上做上记号。这是极其危险的，有可能会引来一场杀戮——如果附近驳船上的人看到他们捞到了黄金，而自己却一无所获。当时，因为类似的事情被杀害的船员不止一个。附近的淘金者只需要切断潜水员的空气软管，并派自己的潜水员下去把他弄死就可以了（如果他没有因缺氧而死的话）。

我的朋友华雷斯（Juarez）是一名潜水员，他是戈多弗雷多·蒙泰罗（Godofredo Monteiro）的儿子。在他第一次潜水时，因为水压太大，他的耳朵里流出血来。"如果想致富，你就必须坚持。"他说。

他确实赚了些钱。他最终淘到了足够多的黄金，帮他父亲还清了债务，还在镇上买了栋房子，开了家冰激凌店。在霍伊一带，这是他的事业风生水起的关键一步。黄金逐渐开采一空，亚马孙地区的经济发展主要仰赖于卡巴克罗人和其他巴西穷人的贡献，因为富人拥有驳船，穷人负责开采。

除了勤奋地工作，这股淘金热还让我领教了卡巴克罗人的幽默。淘金热期间，我看到一个卡巴克罗人走在波多韦柳港的大街上，他穿着新衣服，背后绑着一串钱。

"你为什么把钱这么绑着？"我问他。

"Filho de Deus！（我的耶稣啊！）"他用这样的方式回答（这是亚马孙人常见的表达方式，意在讽刺），"我整整一生都在追逐金钱，现在我找到黄金了，应该让钱来追我了。"

还有一个证明卡巴克罗人十分幽默的例子。在霍伊市的马代拉河沿岸，晚上7点半是和伴侣散步或者拜访朋友的好时光。这时候的天气温暖潮湿，但不让人难受，很像是天然的桑拿。这里有一个小广场，广场地面上铺着灰色的水泥，四周围着低矮的白墙，墙上有红黏土瓦片，人可以坐在上面。一对对夫妻在广场上结伴，他们穿着洗净的衣服，身上的白裤和亮彩色上衣覆在他们的棕色肌肤上，散发出迷人的魅力。他们围坐在广场上，吃着冰激凌、爆米花和三明治。广场上还有各种各样的虫子，包括蚊子、黄蜂和犀甲虫，它们围着光转来转去。广场的中心位置被两轮式手推车占据，这种车有点像纽约的热狗小贩车。车子旁放着电灯和小炭炉，炉里的煤熊熊燃烧着，正在烤着肉串。卖三明治的推车叫 x-baguncas（即奶酪杂食车。葡萄牙语中字母 x 的读音为 "shees"，这个发音和英语中"奶酪"的差不多）。广场一端有位老妇在卖三明治，她的孙子在附近的水泥地上玩一辆塑料卡车。在广场另一端做生意的是这孩子的父亲。两个人的生意都很好。他们做的三明治非常棒，火腿、土豆、豌豆、蛋黄酱、奶酪和法兰克福香肠，该有的东西应有尽有。

小男孩问祖母要吃的。她说不行。他跑过去找父亲，叫道："爸爸，奶奶不让我喝可乐。"

这个小男孩很生他奶奶的气。

他爸爸默默地看了他几分钟，之后提出了一个解决方案。"那么，我们去杀了她。"他认真地说道。

小男孩一脸迷茫地看着他父亲。然后，他感伤地说："不，爸爸，我们不能杀了她，她是我的奶奶。"

"你不想杀她？"

"不想，她是我的奶奶！"

"好吧，那我得工作了。"

"好吧。"小男孩跑回奶奶身边。我看到，他的父亲暗自得意地笑了。

卡巴克罗人对皮拉罕人最大的影响在于他们对超自然的信仰，会用热拉尔语的外来词支离破碎地表达（热拉尔语早期在巴西一带很盛行）。皮拉罕人经常会问我卡巴克罗人的信仰问题。

这些信仰是天主教信仰、本土民间故事、神话故事和马库姆巴（macumba）的融合。马库姆巴是巴西黑人的一种宗教仪式，类似于招魂术。他们迷信克鲁皮（curupira）。据说克鲁皮是一种丛林精灵，也有人说是漂亮的女人。传说中它们能引导人们进入丛林的中心，因为它的步点朝后，这样，地狱亡魂就会以为它离开了丛林，所以其他的人就相对安全了。当地人还认为，粉色的亚马孙河海豚会在晚上变成男人，然后引诱年轻漂亮的处女。

我记得戈多弗雷多也提到过海豚变形。他把海豚的故事改编成了一个精致的故事。在他的版本里，海豚变成了肤色苍白的男子，他用大而长的阴茎，伤害了奥希利亚多拉附近一个不幸的女孩。故事讲完之后，戈多弗雷多问道："丹尼尔，你相信吗？"

"我相信其他人都相信。"我说。

"我真的相信。"他说，并试图利用我们的友谊让我也相信他。

我见到戈多弗雷多的时候，他已经有两个女儿了，她们分别叫索尼娅（Sônia）和雷吉娜（Regina）。索尼娅跟莎伦的年龄相仿，而雷吉娜跟克里斯的年龄差不多。索尼娅12岁那年，我们一家人住在圣保罗，当时我正在攻读博士学位。那一年，她和她的朋友，一个奥希利亚多拉的小女孩，因腹绞痛而突然去世。索尼娅去世后，我们收到了戈多的来信。这封信是他口述，由别人执笔，然后再托朋友乘船带到霍伊邮寄过来的。从信上描述的症状来看（包括呕吐、无法排便等），我们推测小女孩可能是肠阻塞，当然，也可能是中毒或其他病症。

戈多的判断代表了当地人的典型想法："Ela mixturou as frutas.

（这是把水果混起来吃导致的。）"跟皮拉罕人不同，卡巴克罗人对吃的东西很迷信，他们很忌讳把一些食物一起吃。他们认为，某些食物混合在一起，会导致快速而痛苦的死亡。例如，他们认为吃杧果等水果时，绝不能喝牛奶。

有一次，我们去戈多弗雷多家，他的儿子华雷斯刚刚摆脱疟疾，正从病危中康复。华雷斯一连好几天都发热、恶心、疼痛，戈多看着儿子忍受不住在地上翻滚，却没有去找医生给儿子问诊。

"你为什么不带他去城里看医生？"我问道，心里有些不安，"如果你愿意的话，我现在还可以带他过去。所有花销我来支付。"

"丹尼尔先生，每个人都有自己的命数，时辰到了该走就得走。这就是为什么一个医生会死在另一个医生手里的原因。医生无法控制生死。"这是卡巴克罗人睿智的回复。

几年后，华雷斯快过 17 岁生日时，我想帮他找一个更容易赚钱的工作。在从奥希利亚多拉到皮拉罕地区的旅途上，我坐下来和戈多聊起了这件事。

"戈多，华雷斯是个非常聪明的小伙子，他喜欢捣鼓录音机和收音机。如果他能接受这方面的培训，我们再在经济上稍微帮他一下，给他置办一些工具，那他就可以开店赚大钱啦。我在波多韦柳港有个叫里卡多（Ricardo）的美国朋友，他是个收音机方面的技术员。他已经答应教华雷斯技术了，我们可以让华雷斯搬过去跟他一块儿住。等华雷斯完成培训后，他还可以提供一些工具。我愿意帮你支付培训的费用。你认为怎么样，戈多？等我离开皮拉罕村时，我想把华雷斯一起带走。"

戈多没有直接同意我，而是说："让我考虑一下，丹尼尔，等你来波多韦柳港时，我会给你答复的。"

几星期后，戈多到皮拉罕村购买巴西坚果，我到他的船上拜访他，和他一起喝咖啡。

"丹尼尔，我好好想了想你的提议。"戈多说，"我觉得这个主意不行。你想，我需要他帮我干活。我太穷了，雇不起帮手，如果他走了，学到那么多新鲜的玩意儿后，他肯定会留在城里，再也不会回来。他会在波多韦柳港或霍伊赚钱，不会再帮他父亲了。"

"但是，戈多，"我不由自主地干涉起他的家事来，因为我被这种自私的想法震惊了，"你这是在毁掉华雷斯的前途，就为了你自己的利益。"

我感到烦乱，华雷斯和他的继母塞萨莉亚正在船尾疑惑地看着我们，听到这话，他们低下了头。

"也许我是在毁掉他的前途，也许不是。只有上帝知道，丹尼尔。我只知道，现在我需要华雷斯陪在我身边。"

我怒不可遏，一口气把剩下的黑咖啡全部喝掉，然后起身告辞。戈多的想法代表了大部分卡巴克罗人。在他们看来，孩子是父母赚钱的帮手。孩子是他们的主要资产，成人们不会浪费他们。孩子是家长的所有物，他们必须做家长要求的事，包括成为他们赚钱的工具。

几年后，戈多问我，我当年的提议还是否有效，这时华雷斯已经 20 多岁了。"戈多，里卡多已经离开了波多韦柳港，我现在没有认识的人可以教华雷斯了。"我说。

最终，华雷斯变成了一个悲剧故事中的人物，在卡巴克罗人那里，这是很普遍的事情。我刚刚写完这一章的第一版，就得知他遭遇了一场摩托车车祸，在跨亚马孙高速上丧生。以前，在跨亚马孙高速上骑车时，我也不止一次与鬼门关擦肩而过。华雷斯的事让我伤心了很久，一个年轻而有前途的生命以悲惨的方式收场，他的潜力和才华再也没有机会施展。

总结卡巴克罗文化，并不意味着对其丰富的信仰系统和生活方式做出公正的评判。随着我深入亚马孙人的世界，卡巴克罗人也和皮拉罕人一样，在我生命中扮演了越来越重要的角色。他们既是我最亲爱的朋友，也是最让我恼怒的熟人。

我不能只根据粗略的调查就做出结论，而不提他们时刻准备战斗的性情。卡巴克罗人的生活准则，很像《神枪手》（*The Shootist*）[①]中约翰·伯纳德·布克斯（John Bernard Books）的行事风格："我不能受委屈，不能受欺负，不能受人伤害。我不犯人，所以人也不能犯我。"只要你开口，亚马孙人一定会帮你。如果需要，他们甚至会把最后一口食物留给你。但不要露出一丝的高高在上，他们对此特别敏感多疑。

有时候我的皮肤和相貌就会触犯这种敏感性。许多巴西人都认为美国人是种族主义者，老是觉得自己高其他民族一等。有时，仅仅我的出现就会是一种冒犯。为了给朋友看看自己有多厉害，他们总想吓唬我。

---

① 《神枪手》是 1976 年上映的美国西部剧情电影，是约翰·维恩（John Wayne）的最后一部电影。

我经常会被问到"你是谁？""你来巴西做什么？""你想从我们国家偷走什么？"等类似的问题。

在亚马孙流域旅行，必须要有强韧身体和生活常识做基础。皮拉罕人学到了这一课，卡巴克罗人也是。为了避免打斗，这两者缺一不可。我花了一段时间，犯了错误，付出了沉重代价后才慢慢掌握了这个道理。

我们一家人生活在皮拉罕部落时，有一次，来了一艘很大的船。这种船在马代拉河、亚马孙河和尼格罗河里很常见，它有三层甲板，足足有 30 米高。这艘船沿着麦茨河来到我们所在的村庄。当时正好在涨潮——河岸只高出河流 30 厘米左右，旱季时，这个距离通常有 12 米，所以船刚好停在我们房子前的河边。船离河岸很近，由于河水水位很高，船员可以看到房子里面的样子。我看到他们盯着凯伦和我两个风华正茂的女儿。我本能地感到气愤。我登上那艘船，看到一个外国佬，他大约 30 岁，身高约 1.8 米，体重约 70 千克。

"你在印第安人的土地上做什么？"我气愤地问船主，他名叫罗马诺（Romano），是一个彪形大汉。

"我们正在寻找硬木材。"他淡淡地说。

我环顾四周，发现一个船员没有眼睛，眼眶里只有白色的肉球，另一个人身上有一条很长的刀疤，从前额一直延伸到喉咙，还有一个人的肚子上有一道伤疤。他们个个都比我体格健壮，肌肉发达，但作为一个愤怒的父亲和丈夫，我命令他们滚出皮拉罕人的土地。

"你是谁，有什么资格让我们离开？"罗马诺问道，"一个美国佬竟敢命令巴西人离开巴西的土地？"

"巴西国家印第安人基金会驻波多韦柳港的代表阿波伊纳·梅尔莱斯（Apoena Meirelles）授权我，没有他的允许，任何人都不能来这里。"我如实回答，有些天真，不理解这对土生土长的巴西人来说这是何等的冒犯。

虽然我需要基金会的许可和支持才能行动，但我不知道巴西国家印第安人基金会基本上对卡巴克罗人没有约束力。

我准备好面对一切，尽管我没有任何计划，不知道如果事态严重我该怎么做。一阵长久的沉默（期间船员继续盯着我的房子），罗马诺看着我，突然命令船员们准备开船。我不禁松了口气。他给了我一杯加糖浆的浓缩咖啡，我们一块儿喝了。他礼貌地说再见，然后离开。从这件事中，我学到了另一个道理：看起来可恨的人实际上也可能很友好。

卡巴克罗人和皮拉罕人一样，都和巴西人相对疏离。当巴西人或外国人来到他们的土地上时，他们会相互通知，引起警觉。

几年前，当 Projeto Rondon 的成员抵达那里时，我从卡巴克罗人的反应中明白了这一点。Projeto Rondon 是巴西政府支持的一项行动，旨在提高巴西北部穷人的健康和增加巴西南部特权阶级的社会意识。这个项目计划把巴西南部的大学生带到偏远和原始的北部地区，让他们在那里做短期访问，给当地人提供医疗保健。那时我待在奥希利亚多拉，戈多弗雷多和塞萨莉亚都还健在。一些人正在树荫下乘凉，他们喝着冰镇的南极洲啤酒，穿着短裤、人字拖和无袖衫。我路过那里，他们朝我叫唤。

"Seu Daniel, como é que vai? Sabe rapaz, na semana passada

tinha um grupo de estrangeiros do seu pais aqui. Falavam português enrolado que nem você！（丹尼尔先生，情况怎么样？上星期来了一群你们国家的外国人。他们的葡萄牙语说得很烂，就跟你一样！）"

"一群我们国家的人？"我问道，很好奇竟然还有美国人会来奥希利亚多拉。"他们从哪个州来的？"

"他们都是 Projeto Rondon 的人，从圣保罗来。"

我走开了，感觉很好笑。卡巴克罗人竟然分不清美国人和来自圣保罗的巴西人。

图 10.1　卡巴克罗人分不清美国人和来自圣保罗的巴西人。

Don't Sleep,
There Are Snakes

*Life and Language
in the Amazonian Jungle*

第二部分

皮拉罕语

第 **11** 章
皮拉罕语的发音

不管是旅游、与卡巴克罗人接触还是体验亚马孙地区的各种风俗，我其实都只是为了一个目的：弄清楚皮拉罕语的语法。我的进展非常缓慢，这让我意识到这门语言的非比寻常。在分析皮拉罕单词的发音方式时，我首次认识到这一点。我曾在墨西哥南部对泽塔族做田野研究，也学习过美国俄克拉何马州的科曼奇语和切罗基语，也帮助传教士分析过其他的亚马孙语言。这些经验再加上广泛阅读，让我认识到皮拉罕语的独特性。

我通常在部落房子的阁楼上进行严肃的语言学研究。阁楼沿河平行而建，我可以感受到微风拂过。我们家里有一个储藏室和一个卧室。卧室上方有个木雕的天花板。这既是为了让屋子里凉快一些，也是为了防止睡觉时，有会爬行的、会跳跃的或会滑行的生物从上面掉下来。

茅草屋顶和天花板之间，形成一个三角形的封闭空间。我在这里放了一张桌子和几把椅子，以便做我的语言学工作。这里是我的书房，由于空间封闭，这里其实相当燠热，而且经常还有蛇、青蛙、狼蛛和其他生物的光顾，不过它至少让我在这个小村子里有了一个相对私密的地方，这样我和我的语言老师们才能更加专注。我的书房下面就是客厅，要走进书房，必须在客厅的墙上搭一个梯子。

在书房工作，我经常热得满头大汗。我的 T 恤会紧紧地粘在身上，头发也湿答答地贴着脑袋。但我完全顾不上这些，那些蛇虫鼠蚁之类的不速之客分散了我的警惕和注意。

只要有蛇爬过，茅草里的青蛙就会被惊动而跳出来。每当此时，我都不得不停下手中的工作。蛇基本上都不大，但有些有剧毒。这个地方有很多可以吃的食物，所以它们都窝在屋顶的茅草里。

我工作时，通常都会在椅子旁放一根硬木棍。一听到头顶上的茅草沙沙作响，我就马上拿起棍子静静地等着。最开始是青蛙受惊跳出来，我也曾试图杀死它们（因为我希望没有任何的蛇虫鼠蚁），但它们实在是跳得太快了，而且又小。后来我掌握了规律，不管是什么东西吓到了青蛙，它们都不会立刻出来，所以我必须耐心等待。蛇会先把头伸出来，因为我早已伺机而动，所以滑溜溜的长蛇通常都凶多吉少。我的棍子一挥，打中蛇的七寸。接着我把他们扔进丛林，然后回去继续工作。

在村里，我会尽量说皮拉罕语。但当我了解到这门语言的困难时，最初抱有的彻底解析皮拉罕语的乐观心态便消失殆尽了。

我们都看过好莱坞电影里描述的一些探险家或科学家，他们在很短的时间内就可以流利地说一门部落语言。在我奋力学习皮拉罕语后，回过头再看这些电影，我觉得里面的情景不太真实。没有任何教科书，也没有人能把皮拉罕语翻译成葡萄牙语（顶多只有一些粗浅的翻译）。6 个月过去了，我都不确定自己是否真的理解了皮拉罕老师教我的东西。这实在是令人沮丧。看到三四岁的皮拉罕孩子也能学习当地语言时，我心想，随着时间的推移，自己的皮拉罕语也可以说得和三岁孩子一样好。

虽然研究语言是我在皮拉罕地区的一大学术追求，但我也从未忘记，自己是受教堂和基督徒们的资助，要把《圣经》翻译成皮拉罕语。要实现这个目的，就必须弄清楚这门语言的结构。至少在这个阶段，上述的两个目标还是兼容的。

皮拉罕语是世界语言中语音数（又称音位）最少的，男性用语中只有 3 个元音（i、a、o）和 8 个辅音（p、t、k、s、h、b、g 和声门塞音 x）。女性用语中只有 3 个元音（i、a、o）和 7 个辅音（p、t、k、h、b、g 和 x），男性用语中发音 h 和 s 的地方，女性都发 h 音，因此女性用语的辅音比男性用语少。这种情况虽然不是独一无二，但也是挺不寻常的。

对很多读者而言，声门塞音没有什么意义。因为包括英语在内的欧洲语系中，很多语言都没有这个音位。但它在皮拉罕语中很重要。在英语中，我们偶尔会用到声门塞音，比如说"呃"（uh-uh，表否定意义）。辅音是在牙齿的部位挡住气流，辅音 k 是舌头顶住上颚切断气流，声门塞音则是将气流包裹起来，然后再在它进入咽喉时阻断。

皮拉罕语的音位很少，要认识这一点，对比一下其他语言便知。英语中大约有 40 个音位，根据方言略有不同。但这并不算多，越南赫蒙族语的音位超过 80 个。与之相反的例子，新几内亚罗托卡特语和夏威夷语都可以与皮拉罕语相匹敌，它们都堪称世界上音位最少的语言。前两种语言的音位都是 11 个，与皮拉罕语中男性用语的音位数相同。

有些人可能会问，一种只有 11 个音位的语言是否可以传递复杂的信息。科学家知道，根据人类的编程，计算机可以传递任何我们想要传递的信息，而这只需要两个"字母"1 和 0（也可以认为是两个音位）。莫尔斯电码也只有两个"字母"，长字母和短字母。

这只是各种语言自身的需求而已。事实上，就算只有一个音位，一门语言也能表达出意思，在这种语言中，单词可能就会是 a、aa、aaa、aaaa 等。当然，已知语言中还没有只有一个或两个音位的，音位越少，说话者用来表达信息和区分的单词就会越长。如果单词很短，它们的发音就会很类似，我们的大脑就越难分辨（太长的单词记起来更费劲）。所以，如果有一门人类语言是像二进制的计算机语言，那么人类也需要用计算机般的大脑去使用和识别那些非常长的单词。想象一下，50 个 a 组成的单词和 51 个 a 组成的单词，它们区别起来有多么困难。

因此学习大量的音素与把单词控制在更容易管理的规模，这两者无形中存在博弈，如果可供使用的音素很少，那么单词就会"很长"。有些语言在这两个方面都可以同时很复杂，比如，德语既有很长的单词，也有大量的音素。

为了帮助理解，我们用几个例子来说明音位如何区分单词。以英语单词 pin 和 bin 为例，前者是"大头针"的意思，后者是"容器"

的意思。对大多数人来说，两者的区别是音位 p 和 b，否则这两个单词就是一样的。这意味着在英语中，p 和 b 是两个有独立意义的音位，不像单词 pin 和 spin 中的 p。

在单词 pin 中，p 是送气音，也就是说发音时空气会排出去。而在单词 spin 中，p 不是送气音。（你可以拿一张纸放在离嘴巴大约 7 厘米的位置，然后用正常的声音读以下这两个单词。说 pin 时，纸张会稍微弯一下；但说 spin 时，纸张形状基本没有变化。）因此，我们会用 p 和 b 来区分这两个发音，这种差别不在于这两个单词中 p 的发音，而是因为不管有没有送气，我们都能辨别它们。受母语荷兰语影响，奥黛丽·赫本（Audrey Hepburn）往往不会发辅音中的送气音，不过大多数人都没有注意到这一点。

有一些发音，要根据它们在音节中的位置来区分。这对语言学家很重要，但在英语中却并不是很重要。不管 p 在 pin 和 spin 中的发音是否送气，说英语的人都能区分这两者。

再看两个单词，sheet（床单）和 shit（粪便），对母语是英语的人来说，他们可以根据元音发音时舌头的卷曲度来区分。但是，在如西班牙语或葡萄牙语的很多罗马语系中，并没有第二个单词中的短元音。说这些语言的人区分这两个单词会有些难度，因为英语里有长元音和短元音这两个音位，而后两门语言中却没有。

虽然皮拉罕语中的音位不多，但很多皮拉罕单词并不像我们想象得那么长。那是因为这门语言里有两个额外工具：语境和音调。

语境能帮助区分意义。我们以 two 和 to 为例，在英语中，这是两个同音异义词。如果我问"你说多少？"，而你回答"t ū（该字的发音）"，我们都知道，这种语境中肯定指的是 two，而不是另一个单词 to。事实上，语境能避免很多潜在的模棱两可的情况。

有一天，我和科贺坐在书桌旁。我想要向他学习更多的皮拉罕语的发音。凯伦端了一杯咖啡给我，她用手势问科贺要不要也来一杯。科贺笑着说："Tí píai."我猜测这应该是"我也要"的意思。

我组织了一些诱导句式来证实直觉。我试着说"科贺喝咖啡，丹尼尔 píai""科贺喝咖啡，我 píai"，等等。

我记下这些句子，还把这个词语独立出来，用于"我也""你也""她也"，等等。然后我让科贺重复说这些话，这样我就可以验证它们的发音了。

他说的话让我大感意外，而且困惑不已。

他重复道："Tí píai."

我又说了一遍。

他说："没错，kí píai。"

"你说什么？"我既绝望又惊讶地问道。为什么他改变发音呢？难道还有更简单的表达方式？

"Kí kíai."他又重复了一遍。

我开始质疑自己的理智。三次回答三种不同的发音。我确信皮拉罕语 k、p、t 是意义不同的音位，而音位是不可以彼此互换的。比如，英语中，把提姆（Tim）变成吉姆（Kim）或皮姆（Pim），改变的不只是发音，而是得出不同的词。

"Kí kíai？"我问道。

"没错，pí píai。"他的答案能把我气死。

又重复几遍，科贺又给出了其他的发音（这次出现了皮拉罕语中代表声门塞音的 x）："xí píai" 和 "xí xíai"。

我想知道科贺的发音纯粹是因为随性还是反映了皮拉罕语更深层次的变化。或许这个词转换意义的方式是我先前不知道的，又或许这只是个"自由变异"的例子，而没有实质意义上的变化。就像是南加州的人会把 economics（经济学）发成"eeconomics"或"ehconomics"，但意义是一样的。我最后得出结论，它确实是种"自由变异"。

我从其他皮拉罕人身上也发现了这种发音变化。同样的一个单词，人们有许多不同的发音。如英语单词 head（头部），在皮拉罕语中可以发音为 xapapaí、kapapaí、papapaí、xaxaxaí 和 kakakaí。液体燃料（如煤油、汽油、丁烷等）皮拉罕语的发音可以是 xísiihoái、kísiihoái、písiihoái、píhiihoái 和 kíhiihoái 等。

看到皮拉罕语的辅音出现大幅度的变化，我深感惊讶，特别是在音位极少的情况下。我发现皮拉罕语中会大量使用音调、重音和音节等，因此这门语言可以吹出、哼出，也可以喊出和唱出。

例如，"Káixihí xaoxaagá, gáihí（那里有只天竺鼠）"这句话就有音乐形式，可以用哨子吹出、哼出或唱出。

竖线表示单词之间的间隔。两条竖线之间的记号代表每个单词中音调的升高或降低。音符下方的符号 (^) 表示该音节的音调是整个单词中最高的。空心椭圆的全音符代表皮拉罕语中最长的音节（辅音＋元音＋元音），实心椭圆的四分音符代表最短的音节（辅音＋元音）。还有其他音符和附点音乐来表示音节长度，所以皮拉罕语有五个音节长度。音符的相对高度表示语调的变化。位置较高的音符代表高声调，位置较低的音符代表低声调。两个音符之间的连线，代表音调由高变低或由低变高，且之间没有停顿。

在 káixihí 这个字的音乐表现中，先是有一个音调下降的音符，接着是一个短的低音，随后是一个短暂的停顿加上哨音（声门塞音 x、i），随后是另一个短暂的停顿（h）以及一个短的高音。这个词无须考虑辅音和元音，其重音（声音的大小）是根据音节的轻重来决定的。因此即使当中缺乏音位，其音节依然可以用哨音、哼唱或喊叫等表现形式来区分清楚。

皮拉罕语不像乐谱（钢琴 C 调的频率为 256Hz）有准确的音调，而是只有音调的相对性，所以我没有用五线谱来表示它们的音调变化。皮拉罕语的音调没有固定的频率，仅仅是高音调的振动频率大于低音调的而已。

我开始觉得，少量的音位与这些"说话的方式"间存在某种关系。我推测，要理解皮拉罕语中少量的辅音、元音，以及辅音中令人惊讶的变异，这些"言语的方式"就是关键。既然这些"言语的方式"都有赖于皮拉罕语中的音乐形式，我们就应该试着了解这些音乐形式的来源。

语言中有所谓的音调。每个单词中的元音都有可能是高音调或低音调，就像是汉语等有声调的语言那样。

语言的音调（也就是"音高"，即声带振动的相对频率）是从世界所有语言中的共同特点推断而来的。所有语言都会用音调来区分其意义。例如在英语中，句子结束时升调往往意味着这是个问句，而降调则表示这是个陈述句。

"约翰来了。"（陈述句，用降调。）

"约翰来了？"（问句，用升调。）

在英文的标点符号中，句号代表降调，问号表示升调。当用音高来区分句子的含义时，这种用法就叫作"语调"。语调可能有许多的变化。

要知道英语中语调和重音的使用有多复杂，看看我最喜欢的一个例子就可以了，语言学家称之为"重音冲突优先原则"。thirteen（十三）这个词单独发音时，重音在最后一个音节，也就是"thirTEEN"。women（女性）这个词单独发音时，重音在第一个音节，也就是"Women"。但是如果把这两个词放在一起，它们的发音会是怎样的呢？你不会说"thirTEEN Women"，而会说"THIRteen Women"。

为什么是这样的呢？因为英语和其他语言一样，不喜欢把两个高音或重音音节放在一起。它更倾向交替的模式：重音—非重音—重音—非重音等等。所以当"thirteen"用于修饰别的名词时，重音的位置会有所改变，这样句子的重音才有变化，同时还保证重音在句子的主要单词上。在"THIRteen Women（十三名女性）"这个短语中，名词women就是主要的单词。以英语为母语的孩子，不需要教他们就会。他们是自然而然学会的。解开这个谜团，是语言学中比较有趣的领域之一。

无论是在澳大利亚沙漠、洛杉矶街头，还是巴西丛林，所有语言都有语调。但许多语言也会使用音高。英语中会使用音调来改变句子的意思，但不会用音调来改变单词的意思。不过也有少数例外的情况，在皮拉罕语或汉语这类的声调语言中，随着音调的变化，单字本身的意思也就发生了改变。

英语中也有随着重音的变化，单词的词性发生改变的情况。比如CONtract（"合同"，名词），conTRACT（"订立合约"，动词）；PERmit（"许可证"，名词），perMIT（"许可"，动词）；CONstruct（"建筑"，名词），conSTRUCT（"建构"，动词）。在这几对单词中，名词都在重音的第一个音节，动词都在重音的第二个音节。

在英语中，只有少数单词会用音高来区分意义。但在声调语言中，每个音节、元音或单字都有不同的音高，叫作"声调"。

在学习皮拉罕语的过程中，我犯下了一个严重的错误才学会了这种区别。当时，我和科贺讨论几个我觉得翻译《圣经》时很重要的单词。

我问他："当你很喜欢一个人时，你会怎么称呼他？"

"Bagiái." 科贺回答。

于是我试着使用这个词。"你是我的 bágiái。"我笑着说。

他大笑："不！"

"什么，"我问道，"难道你不喜欢我吗？"

他又咯咯地笑着说道："我喜欢你，我当然喜欢你，你是我的 bagiái。但我们不喜欢 bágiái。"他澄清道。

为了帮助我理解他在说什么，科贺用口哨缓慢地吹出这两个单词。我这才听出了其中的区别。"朋友"是 bagiái，高音在后面那个 a 上——"ba-gi-Ai"；但"敌人"这个词两个 a 都是高音——"bA-gi-Ai"。皮拉罕语就是用这个细小的差异来区分朋友和敌人。对皮拉罕人而言，这两个词是息息相关的，因为 bagiái（朋友）的字面意思是"触动的人"，即一个你愿意亲切接近的人；而 bágiái（敌人）的字面意思是"因事件聚集"。但是从文化上看，bágiái 的背后其实另有深意，即敌人会导致与他无关的事件发生。

这样的惯用语不能只靠字面上的意思来解读，就像在英语中，"kick the bucket"的字面意思是"踢水桶"，而实际意思是"一命呜呼"，和字面意思完全不相干。

显然，记录皮拉罕语，就必须记录它十分重要的组成部分——音调。于是我采用语言学上的常用方法，用重音符来标记高音调，而如果上面没有标记，则代表该处是低音调。

以下是另一组皮拉罕单词，单词间的差异在于元音音调的高低：

xaoói (aoOI)	"皮肤"
xaoói (aoOi)	"外国人"
xáoói (AoOi)	"耳朵"
xaóoí (aOoI)	"巴西胡桃"

皮拉罕语中的音高使用十分广泛，所以有些表达方式是大多数欧洲语言所缺乏的。我遵循社会语言学先驱戴尔·海默斯（Dell Hymes）的叫法，称它们为"言语的方式"。皮拉罕语有五种言语的方式，每一种都具有独特的文化功能。这五种方式是：哨语、哼唱、说唱、喊语和正常说话方式（即使用辅音和元音）。

要了解皮拉罕语，就必须了解这些言语方式及其功能。在到皮拉罕地区之前，我就听说过这些言语方式，也知道其他语言有类似的表达方式，比如非洲的鼓语和加纳利群岛的哨语。但我第一次亲耳听到皮拉罕语中的言语方式时，我还是觉得新奇不已。

事情发生在一天下午，我拿出一些旧的《国家地理》杂志给皮拉罕人翻阅。他们喜欢看动物和人的照片，不管是亚马孙地区还是世界其他地方的，他们都喜欢。伊欧伊塔坐在地上看杂志，怀里抱着正在吃奶的孩子。她的裙带及膝，双腿朝前伸直，像典型的皮拉罕人那样坐着。她对着孩子有节奏地哼唱着，而她的孩子则随着节奏用力地吸奶。我注视了一会儿，才发现她是在用哼唱展现杂志上的鲸鱼和爱斯基摩人。随着她的哼唱，小男孩不时地把目光移向杂志的照片。这时，伊欧伊塔的哼唱声就更大了。

和所有沟通方式一样，哼唱可以"说"出任何能用辅音和元音表示的单词。但跟其他的言语方式一样，哼唱有一个特殊的功能，即可以掩盖讲话的内容或讲话者的身份。因为即便是皮拉罕人，如果不仔细听的话，也很难知道哼唱的具体内容。哼唱通常非常小声，就像是我们讲悄悄话一样，因此相对私密 。还有，当嘴巴里满是食物以及母亲对孩子说话时，也常常使用这样的方式。

喊语主要使用元音 a，有时也使用单词中原有的元音，再加上辅音 k 或 x（声门塞音）中的一个。用喊叫的方式呈现音乐，利用的是语气、音节和重音。喊语通常在下雨天打雷时使用，特别是当雨声和打雷声都很大时。隔着很远的距离交流时，皮拉罕人也使用喊语。它就像大喊那样，不过没有辅音，偶尔也用假声。

寇比欧生活在阿吉欧派，从波斯多诺沃乘独木舟需要 7 天的时间才能到达。我在一个下雨天去拜访那里，寇比欧那时正在河对岸父亲的家里。他的妻子伊欧伊塔要回自己的家，正在穿过河到对面去。寇比欧开始用这种方式喊叫。

"Ká, Kaáakakáa, kaákaá." 这句话正常的皮拉罕语表达方式是 "Kó Xiáisoxái, Baósai（嘿，伊欧伊塔，记得拿上我的衣服）"。令人惊讶的是，尽管雨声遮盖住了大部分声音，但喊语还是很清晰地传了过去。很快，我们就听到伊欧伊塔用喊语回答："好的，我过来的时候，会带上你的衬衫。"

此外还有说唱，在皮拉罕语中它有一个独特的名字。皮拉罕人把说唱叫作"下巴跑掉"或"下巴脱离"。这种言语方式是把单词中低音和高音的相对差异夸大，并改变单词和短语的节奏，使之听起来有类似音乐的旋律。这种言语方式也许是皮拉罕语中最有意思的部分，在传达信息方面，它的功能也颇为有趣。皮拉罕人通常用它来跟神灵交流（主要是神灵本身使用这种语言），但主要是在跳舞时使用。一个很有趣但我还没有找到解释的现象是，当我让皮拉罕人用说唱复述时，女性似乎不像男性那样能够下意识地说唱出来。

皮拉罕人把哨语称为“噘着嘴”或“吮着嘴”说话，他们用嘴吸柠檬时，也这样描述他们的嘴型。出于某些缘故，哨语只有男性使用（主要用于狩猎时沟通），或者男孩间进行打斗游戏时使用。

有一天，皮拉罕人允许我跟他们一起去打猎，那是我第一次真切地高密度接触到哨语。我们走了大约一个小时后，他们认为之所以还没碰到任何猎物，是因为我身上叮咚作响的水壶和开山刀，以及我的先天笨拙造出了太大的动静。

“你先待在这里别动，我们过一会儿来找你。”埃凯拜轻声而坚定地说道。我看着他们离我而去。我站在一棵大树旁，根本不知道自己身在何处，也不知道他们什么时候会回来。郁郁葱葱的树木遮住光线，让丛林显得很昏暗，蚊子在我的周围嗡嗡作响。我拿出开山刀，以防周围有猛兽出没。我不确定皮拉罕人还会不会回来找我。（如果当初他们没有回来，恐怕现在留在那儿的是我的骸骨。）

正当我试图好好利用这独身的时刻，却突然传来了皮拉罕人互相吹口哨的声音——“我去那边，你从这里过去”以及其他狩猎时说的话。显然他们正在交流。这些对话很有趣，跟我之前听过的语言都非常不同。口哨声在丛林里既悠远又清晰。我立刻明白了这种言语方式的重要性和实用性。我猜测，相比男性正常说话时的低频声音，哨语更不容易吓跑猎物。

　　这些言语方式展示出文化是如何影响语言的。如果我不知道言语方式，我就不会知道在传递信息时，什么时候用何种言语方式在文化上才是恰当的。要完整描述皮拉罕文化，我们就必须讨论人们如何传达神灵信息和私人信息。这些言语方式的作用本身就具有文化的意义。也就是说，要解释皮拉罕语中数量极少的音位，以及让我抓狂的辅音之间的自由变化，我们就必须先了解皮拉罕文化。

　　简而言之，皮拉罕语中的音位之所以少，是因为它本就不需要更多的音位了。对言语方式的倚重，使得辅音和元音在皮拉罕语中的重要性，远不如它们在英语、法语、纳瓦霍印第安语、西非豪萨语、越南语和其他语言中那样重要。这对现代语言理论来说是一个挑战，因为在这些理论中，人们没想到文化会影响语言的结构。

　　一些人并不认同我上述的观点。他们认为正是语言中辅音和元音的数量稀少，才造成了皮拉罕语中言语方式的形成。这与我的解释正好相反，认为是语言影响文化，而不是文化影响语言。

　　许多语言都有各种各样的言语方式，但是这些语言中还是有大量的辅音和元音。比如墨西哥南部的拉拉纳奇南特克语（一种很小众的印第安语言）和西非的约鲁巴语，这两种语言中都有大量的辅音和元音以及口哨语。其中的一个原因可能是，他们日常交流中使用辅音和元音更为频繁（但这一点还需要更多的研究，才能得出更可靠的结论），因此它们的辅音和元音担负着更多的沟通责任。

　　同时，和皮拉罕语相比，这两种语言中有韵律的言语方式较少（没有哼唱和喊语），使用哨语的频率也更低。要理解文化与语言系统间的关系，我们还有很多研究工作要做，所以到目前为止，我猜测我的解释可能还不尽完善。但是我提出的解释不仅值得深入，还探究了乔姆斯基的语言学中完全忽略的问题。

1984 年，我第一次在《语言学研究》（*Linguistic Inquiry*）期刊上发表了关于皮拉罕语语音结构的论文，顿时在学界引发了不小的轰动。我原本以为，这篇文章至少修正了重音系统和音节结构理论中常见的错误。文章刊发时，受美国国家科学基金会（the National Science Foundation）和美国学术团体理事会（the American Council of Learned Societies）的资助，我当时正在麻省理工学院做访问学者，我的办公室隔着一个大厅就是乔姆斯基的办公室。我想我自己终于"成为"了一个学者。

文章发表后，我很意外地收到许多情感丰沛的信（当时还没有电子邮件）。华盛顿大学的教授艾伦·凯瑟（Ellen Kaisse）寄来一张明信片，说这篇文章让她有"醍醐灌顶"之感，她将原本定好的教学计划推迟，好和学生讨论皮拉罕语的语音结构。

其他的语言学家也纷纷来信。有些人告诉我，我显然不知道自己在说什么，因为根本就不可能存在那样的语音系统。但也有些人是写信来鼓舞我。这是我在国际期刊上发表的第一篇文章，我还没有准备好怎么应答各方的意见。我还以为不会有人看到这篇文章，它只是我简历上的一点点缀而已。

等到 1995 年，我已经发表了大量的文章来讨论皮拉罕语的音韵。此时皮拉罕语已广为人知，并且多次陷入学界关于语音结构本质的理论争斗。关于这些语音结构的争论，关键在于演绎和归纳的冲突。语言理论学家认为，他们已经成功地建立了一个界限，人类

亚马孙深处的奇幻蘑菇 *Don't Sleep, There Are Snakes*

语音系统的所有变化都包含在这个界限之内。这些界限从更普遍的理论原理中推导出来，所有语言理论学家都认为它正确且必然。然而，如果我的研究是正确的话，皮拉罕语的归纳法则揭示了一个超越这些界限的系统。

这些争议引起洛杉矶加州大学的彼得·赖福吉（Peter Ladefoged）的注意，他是我在巴西时最重要的访客。彼得得到美国国家科学基金会的资助，立项记录世界各地濒危的小众语言。他问我能否带他去皮拉罕地区，想亲自听听我在文章中描述的皮拉罕语重音系统。

那时我正好在巴西，于是开车到波多韦柳港的机场接彼得。在开车去机场的路上，我觉得自己好像是去接受美国国税局的审查。我提出的观点引发了学界关于皮拉罕语语音系统的争议，而现在，世界顶尖的语言学家要亲自来检验这些观点。我在论文中如实地说出了我的观点，虽然我相信自己是对的，但我还是很紧张。

彼得已经在 2006 年去世，他身材高大，有贵族气质。他声音低沉，说着一口公认的英国上层社会的女王式英语。他是电影《窈窕淑女》的顾问，而正是这部电影让我立志成为语言学家。这部电影在 1962 年上映，我在好莱坞埃及剧院观看后，做出了上述决定。电影中，亨利·希金斯（Henry Higgins）办公室留声机里传出的声音就是彼得的；希金斯拿着本子在伦敦科芬园歌剧院前与奥黛丽·赫本饰演的伊莉莎·杜利特尔（Eliza Doolittle）见面时，本子上的字也是彼得的笔迹。

取完行李后，彼得从行李认领处出来向我挥手。我马上迎上去，

226

告诉他我多么期待他亲自前来，希望他没有看出我的紧张和激动。

"我有些怀疑你的关于皮拉罕语语音系统的观点。"他开门见山，第一句话就如此坦率。"布鲁斯和东卡也怀疑，他们让我过来仔细核实一下。"彼得继续说，还提到了两位在加州大学的德高望重的语言学同事。我们在村子待的几天里，彼得仔细做着高质量的录音，这些录音最终证实了我在文章中提出的观点，并对皮拉罕语语音结构的研究记上了浓墨重彩的一笔。

但实验需要皮拉罕人有极度的耐心。为了更准确地测量这些参数，我们建设了一个太阳能语音实验室。皮拉罕人必须戴着耳机，在麦克风前五厘米的地方发声。而且有时候，他们的鼻子还得戴着管子，以便测量发声时声带上方的气流。他们很听话，安静地做完了所有的实验。又一次，他们为科学做出了贡献。

这些录音被保存在加州大学洛杉矶分校，以供其他研究人员，比如加州大学圣芭芭拉分校的马修·戈登（Matthew Gordon）进一步推动人类语音结构理论的发展。有了这些声音资料，其他的研究人员就可以听到皮拉罕语了。这不仅可以检查我的分析是否正确，而且也可以像戈登那样，用来深化我们对其他类似语言的理解。

第 12 章
皮拉罕语单词

做田野调查时，我们要不断地关注细节。在丛林中，不论是语言还是其他生活方面，我们都很难做到面面俱到。因此我们需要每天都训练有素，严守纪律。

在雨季，暴雨常常整夜下个不停。我的小船停在河岸，几个小时的大雨就能让它沉没。拴在船尾的马达有 65 千克重，我不能每天傍晚都把它搬到干燥的土地上。因此我把马达就这么留在船上。但马达的重量会使船头上翘，在亚马孙地区的暴雨天，所有的雨水都在船尾聚集。所以尽管我的船可以载重一吨，但如果不去处理的话，它很快就会被河水吞没。

所以，当午夜时分有暴雨来临时，我必须在 3 点钟起床，冒着倾盆大雨跑到小船上，把水给舀出来。这种对细节的关注，是我在皮拉罕地区生活时一点点学会的。

凌晨 3 点从温暖舒适的吊床起来是一件很困难的事，更不要说冒着倾盆暴雨，穿过村庄走到小船所在的地方，一路上还要提防蛇、皮拉罕人的狗以及其他动物的攻击了。不过我知道自己必须这么做，而且也基本做到了，除了有一次例外。

那天大雨瓢泼，我醒来时发现，尽管只有大约 30 米远，但我很难走到小船停泊的地方。我安慰自己，雨并没有那么大，毕竟我的小船至少能承受 450 千克的重量。

我像往常一样在 5 点起床，开始计划这一天的日程。我闻到了汽油的味道，虽然我知道出事了，但我内心深处却不想承认。所以我若无其事地按惯例工作，正当我煮咖啡时，伊欧塔华吉大喊："丹尼尔！快来看看你的船！"我迅速朝河边跑去，只见汽油浮在水面，拴着船的尼龙绳拉得很紧，船几乎垂直地沉入水中。我走到边上往下看，绳子另一端的小船沉入约 9 米深的河中，篷顶大开。

我所在的地方到亚马孙公路大约 160 千米远，小船是我通往外界的唯一交通工具。我不知道小船是否捞得上来，也不知道马达还能不能发动。如果马达坏了，我该怎么办？这一切我心里都没底。一群皮拉罕人跑过来帮忙，男男女女都有。我找了几根 3 米长的硬木棍和几块修房子时留下的木板，想了一个打捞船只的计划。

我们几个人拖船，直到把它从水里弄出来。然后，我们合力把它弄到水面平静的浅滩，那里的水只有 30 ～ 60 厘米深。我把木板给几个皮拉罕男人，告诉他们如何以木板为杠杆，把船一点点地拖出水面。几个小时后，船被拉出了水面。与此同时，几个女性不用我的指挥，立即就跳进船里，开始往外舀水。最后，我们把大约三分之二的积水都处理掉了。我把船头和船尾同时系在岸边，把虹吸管插入油箱之中，以此排除油箱中的大部分积水。由于水的密度比汽油的大，我先把水和汽油的乳白色混合物弄出来，直到只剩下纯汽油。大概还剩下四分之一的汽油，足够我路上用的了。现在最要紧的问题是马达还能否运转。如果马达坏了，那汽油也就没用了。

首先是拆除两个化油器，我把它们拆下来，烘干后在内部涂上消毒酒精。其次我把火花塞拆下来，弄干。再次我拿来注射器，在发动机的每个气缸里都注入大约 3 立方厘米的酒精。最后我试了三次，终于发动了马达。虽然酒精在气缸里有爆炸风险，但它确实引燃了汽油。我立即试着全速前进，然后小心翼翼地不要驶出村子之外，以防马达熄火。只要马达足够，我知道剩下的积水就会慢慢地蒸发掉。我为自己的智慧感到骄傲。

当然，我也记得只要早起 15 分钟，也许根本就不用那么费劲地拯救船了。细节就是如此重要！读那些探险者的传记时，我意识到他们的成功取决于辛勤的工作、周详的计划和对细节的关注。

在研究皮拉罕单词时，我逐渐发现对细节的持续关注充满挑战，这可比清理几个化油器艰难多了。分析皮拉罕语虽然没有修船那么紧急，但却更重要。对于理解人类语言，皮拉罕语的重要性不仅在于它的发音，它的语法更是深刻挑战了人类语言的性质、起源和使用的大部分现代语言理论。

我现在意识到，乔姆斯基的"特定语法原则是天生的"这个假设，并不适用于皮拉罕语。而他提出的语法元件间是如何工作和组合的理论，也同样不适合。既然厘清人类语言的理论规则如此重要，那么我们就必须仔细做更为完整透彻的研究。

按照传统的语言研究，研究语法应该从单词开始入手。句子由单词构成，文章由句子构成。所以语言研究都遵循这个顺序来讨论不同语言的语法。

第一组我感兴趣而记录下来的单词是身体各个部位的名称：手、胳膊、眼睛、脚、臀部等。因为这些单词既实用又简单。

像往常一样，我和科贺一起工作。

"这是什么？"我指着鼻子问道。

"Xitaooí."

"Xitaooí."我重复道，心想自己的发音完美。

"Xaió, xitaopaí."他说。

嗯！我心想，单词结尾处的 paí 做什么用呢？

所以我天真地问道："为什么鼻子有两个说法？"

"只有一个词，xitaopaí。"又一个令人火大的答案。

"就只有 xitaopaí 这个词？"

"对，xitaooí。"他说。

我花了很长时间才明白，字尾 paí 的意思是"我的"（所有表示身体部位的单词都可以这样用，但其他的皮拉罕语单词就不行）。所以 xitaooí 的意思是"鼻子"，xitaopaí 的意思是"我的鼻子"。就像我们无法解释 I want to go（我想去）中 to 的意义，为什么不直接说 I want go 呢？皮拉罕人也无法对此做出解释，语言学家只能自己去琢磨其中的道理。

除此之外，皮拉罕语的名词大都很简单，没有什么前缀或后缀，也没有复数或单数形式，更没有什么不规则变化的棘手特征。

由于缺乏单复数的变化，皮拉罕语显得十分独特。英国语言学家格雷维尔·科贝特（Greville Corbett）曾对世界各地语言的这一特点做过调查，他的调查报告有一本书那么厚。其结果显示，现已经灭绝的语言以及前期阶段的口语中也没有单复数。因此，皮拉罕语中的 dog 和 dogs、man 和 men 之间没有区别。每个皮拉罕单词都像英语中的 fish 和 sheep 一样，单复数同形。

因此，像"Hiaitíihí hi kaoáíbogi bai- aagá"这样的句子，从很多方面看它的意思都是很含糊不清的。它既可以是"皮拉罕人害怕恶鬼"，也可以是"一个皮拉罕人害怕一个恶鬼"，还可以是"皮拉罕人害怕一个恶鬼"或"一个皮拉罕人害怕许多恶鬼"。

和皮拉罕人不会算数一样，皮拉罕语缺乏单复数的独特现象，也是依循直接经验法则的结果。使用数字就需要违反直接经验法则，因为类别的概念化是为了更大的概念化，而这些都超出直接经验的范畴。

皮拉罕语的名词很简单，但其动词就复杂得多。每个皮拉罕动词可以有多达 16 个字根，不过，不是所有字根都是必需的。由于字根可以有也可以没有，这就使得在使用这 16 个字根时，每一个都有两种可能性。因此每个皮拉罕动词就有了 216，即 65 536 种可能形式。但实际上根本没有那么多变化形式，因为一些不同的字根是不相容的，不能同时出现。但即便如此，皮拉罕动词的变化形式还是比一般的欧洲语言丰富。英语动词一般只有 5 种变化形式：sing、sang、sung、sings 和 singing。西班牙语、葡萄牙语和其他罗马语系中，每个动词则有 40 ～ 50 种变化形式。

也许最有趣的字根，是语言学家所说的示证式字根，代表的是说话者凭借其知识经验做出的评估（当然这并非皮拉罕语才有）。皮拉罕语中有三种这样的字根，分别代表听闻、观察和推演。

要弄清这些字根怎么用，我们可以先看看几个英语例子。如果我问你："Did Joe go fishing?（乔去钓鱼了吗？）"你可以回答："Yes, at least I heard that he did.（是的，至少我听说他去了。）"或者"Yes, I know because I saw him leave.（是的，我知道他去了因为我看到他离开。）"或者"Yes, at least I suppose he did because his boat is gone.（是的，至少我觉得是，因为他的船不在了。）"英语和皮拉罕语的区别在于，英语是用句子来表示上述的三种回答，而皮拉罕语则是用动词的字根来表达。

在基本动词中，不同字根的用法本身就是语法的一个特性。皮拉罕语有 16 个这样的字根，而这些字根的意义多少会导致它们位置的差别。比如示证式字根一般都放在动词的最后，因为它代表对所描述事件的整体判断。

动词在句子中至关重要，所以单词结构对句子结构也很重要。在一个简单的句子中，动词的意义基本上就决定了这句话的意思。想想英语动词"die（死）"。这个动词的意思使得"John died Bill（约翰死比尔）"这句话听起来怪怪的。"to die"是一个个体的事，如果你知道英语中"死"的意思，你就会明白"John died Bill"中名词太多了，因为死并不是你对另一个人做的事。但是只要我们在"死亡"前加上"致使"的意思，我们就可以说"John caused Bill to die（约翰导致了比尔死亡）"，或者更简单地说"John killed Bill（约翰杀死了比尔）"。加上死亡的原因，因此在这样的句子中，约翰要为比尔的死亡负责（两个句子都包含了"导致"死亡的语义），因此"John died Bill"不符合语法规则，但"John killed Bill"就没问题。不论是根据英语法则增加其他的单词，比如"cause"，还是采用一个相关的单词，比如"kill"，改变一个单词就会改变整个句子的意义。我们进一步研究动词在句子中的作用时，可以看到大部分的语法不过是动词意义的投射（一些语言学家在他们的理论中明确表达了这一点）。

虽然最初我是在乔姆斯基生成语法的基础之上研究皮拉罕语，但随着时间的流转，我越来越清楚地感受到，乔姆斯基的理论对研究皮拉罕语并没有太大的帮助，尤其是皮拉罕文化对其语法有重要影响作用的时候。

根据乔姆斯基的理论，人类之所以有别于地球上的其他生命，主要在于人类有使用语法的能力。人类与动物的差别并不在于沟通的能力，因为乔姆斯基认识到许多物种也懂得交流。

我们必须知道句子是如何形成的，我们听到或说出的句子又如何构建出意义。因此语法对人类语言就显得至关重要。但既然人类并不是唯一懂得交流的生物，那么语法对于交流本身可能就没那么必要。活着就是沟通，所有的生物，包括植物、动物和微生物都会沟通。

物种内部和物种之间为何可以交流信息？是什么让沟通可能？答案是：意义和形式。这一点正是伟大的瑞士语言学家费迪南德·德·索绪尔（Ferdinand de Saussure）的语言学符号概念所强调的，即形式和意义是构成语言的基本单位。

蜜蜂用跳舞的形式来告诉其他蜜蜂食物就在附近；蚂蚁用分泌特殊化学物质的方式来告诉别人"好吃的就在那边"；狗通过摇尾巴、吠叫、舔等方式，来告诉别人它没有攻击性；人类则用声音或手势的方式来传达意义。

但是人类的交流并不仅仅借由形式。人类有多样的沟通方式，不同于其他物种，我们还通过声音、手势或单词来交流。我们能够讨论比其他物种探讨的更为复杂和广泛的问题，我们是怎么做到的呢？原因有二。其一，我们比其他生物更聪明。人类的认知能力是目前地球上已知物种中最高的。其二，要表达出人类思维和沟通的复杂性，我们使用的工具也比其他物种更多。

这些工具是什么呢？语言学家在这个问题上观点不同，不过其中一些他们是一致认同的。我个人认为最重要的工具，应该是已故语言学家查尔斯·霍凯特提出的"结构双重性"。存在许多方法来构建这样的情况，但基本上，人类把他们的发音组织成结构，然后再把结构组织成单词和句子。虽然人类的脑容量有限，但还够用，因此人类语言的分层方式使得我们能比其他生物传达更多的信息。

为了说明声音的组织形式，我们可以看看一个已经提到过的相似例子，也就是看看这几个简单的单词：pin、pan、bin 和 spin。pin 按照 p+i+n 的序列构成。我们把这三个字母占据的位置看作"空槽"，把字母本身看作是"填料"。空槽代表水平线或直线，如果写在纸上，单词的组织方式是从左到右；如果用嘴巴发声，则是从第一个字母念到最后。填料是单词的垂直组织方式。在线性结构的单词中加入一个单元，就会得到更长的单词，比如 spin 就是在 pin 之前增加一个字母 s。如果在垂直组织的单词中改变单元，我们就会得到同样长度但意思不一样的词，比如 pan 和 pin，我们用 a 代替 pin 中的 i。

事实远比看上去复杂，因为并非所有单词都可以填充或扩展。我们可以添加一个 s 到 pin 之前，得到 spin，但不能增加一个 t 得到 tpin；我们可以用 e 替换 i 得到 pen，但不能用 s 替换 i 变成 psn（至少英语中没有这个单词）。这种根据发音来组织语言的方式即为音韵学。这是双重结构性的第一个部分：把声音组织为单词。

但我必须补充一点，人类足智多谋，如果由于某些原因他们不能说话或选择不说话，他们就会用另一种沟通方式，比如手语。手势或符号之于手语，就好比声音之于口语。语言学家发现，虽然手势与声音的物理性质有很大差别，但这些元素在构成单词、短语或句子等更大单位时，遵守的规则都是相似的。因此，音韵学的概念也囊括了手势和声音。

不管我们使用的是手势还是声音，构成语言的不仅仅是单词，还有语法。语法是人际交往中必需的，所有人类语言都会把单词组成更大的单位，比如短语、句子、文章和对话等。一些人把这种组合形式称为语法，另一些人则称之为句法。其他生物的沟通中都没有这种双重结构性，但人类可以。

当然，皮拉罕语肯定也有语法。看看这个句子：Kóhoi kabatií kohóaipí（科贺吃貘）。其中 kabatií 的意思是"貘"，而 kohóaipí 的意思是"吃"。皮拉罕人把宾语放在谓语前，这种规则我们在很多语言中都见过。我们可以看到皮拉罕人怎样用音位组成单词，然后再用单词组成句子。也就是说皮拉罕语具有双重结构性和复合性，离开了这两种特性的人类语言是难以想象的。

我认为语言中最重要的部分是意义。意义是语法的陀螺仪。我喜欢这个比喻，因为它表达了许多语言学家（包括我在内）的信仰，即只要意义上稍有不同，句子的形式就会有很大差异，就好像轻微地移动陀螺仪，就会导致火箭的飞行方向大为不同。

换句话说，语言就是意义。我们从意义开始，然后用语法来实现。所有语法都是由意义引导的。但意义是什么呢？这个问题困扰了思想家数千年。处理这个问题可能超出了我的能力范围，但我愿冒风险，略论其核心的内容。

哲学家和语言学家用两个术语来讨论意义——观念和参照。参照指语言的使用者和听话者对某个特定对象有一致的认识。如此，两人在对话中就能知道对方的意思。比如名词"男孩""比尔""你"等，它们都指代真实世界中的实体。我们知道这个男孩，或者这个人叫比尔，或者说"你"的时候我们都知道指的是谁（如果听话者和讲话者在参照上不一致，就会产生严重的误解）。

另外，也有些名词不指代任何东西。当我说"John rode the unicorn（约翰骑着独角兽）"时，很明显，独角兽并不是现实世界中存在的物体。同样，如果我说"I will keep tabs on you（我会密切关注你）"，tabs 也没有具体的意义，它只是习语的一个部分。还有单词不是名词，但也指代实体的例子。比如，在"I had built a house（我造了一间房子）"中，"had built"代表建造房子这件事在过去已经完成；在"The house is yellow（这间房是黄色的）"中，yellow（黄色）指的是特定的颜色。在什么样的词能指代实体这个问题上，语言学家还存在分歧。有些语言学家不认为动词和形容词能用来指代物体。

意义的另一个基本组件是观念。我们可以把它拆分为两个部分。首先，它是说话者认为的，实体、行动和特质等我们用在话语中的东西（我说大的时候，你脑海里浮现出什么概念，是大蝴蝶、大损失还是大象？）；其次，观念是单词和单词用法之间的关系。

看看 break 在以下例子中的意思："John broke his arm（约翰弄折了手臂）""John broke the ice in the frigid conversation（约翰打破谈话的僵局）""John broke the sentence down for me（约翰帮我拆解了这个句子）""John broke into the house（约翰破门而入）"等。要知道 break 的具体含义，唯一的办法是了解它的使用情境。使用一个单词也就意味着选择了一个特定的语境，包括特定的单词该如何使用，以及和这个单词一起使用的其他单词。

简而言之，意义就是：一个单词或句子如何被使用、如何与其他单词或句子相关联，以及说话者依靠某个单词或句子所指代的世界。皮拉罕人像所有人类一样，说话时物有所指。但这并不意味着我们说的话都是相同的意思。皮拉罕语的意义也深受其价值和信仰的影响。

因此，我们知道，学习任何语言的单词，都要从各个层面来理解单词的意思。我们必须了解一个单词在文化上的意义和使用方法。我们必须了解其发音结构，理解这个词在不同语境、句子和故事中是如何使用的，有什么特定意思。

大多数语言学家都认同从这三个层次来理解单词的观点，但是我们从皮拉罕语里学到的不仅仅是这些东西。的确，单词的意义可能会受到文化的影响，比如"朋友"和"敌人"这两个皮拉罕单词很相似。但除此之外，无论是哨语、哼唱还是其他言语方式，它们也都是文化的产物。对于后面这个结论，其他语言中也存在广泛的例证，但却很少在语言学界得到充分讨论。对于未来的语言学调查研究工作，皮拉罕语给我们提供了一个非常鲜明的范例。

第13章
人类需要多少语法？

在电影《窈窕奶爸》（*Mrs. Doubtfire*）中，罗宾·威廉姆斯（Robin Williams）看到刊登的广告后，打电话给莎莉·菲尔德（Sally Field）："我……是……工作？"除开电影营造的喜剧效果，剧中人物和观众能立即知道这句话的意思："我想要你们登在报上的那份工作。"

观众怎么知道这句话的意思呢？他说的可不是一个完整的句子。我们之所以知道他想要这份工作，是从语境、电影、生活，以及这句话的文化背景来决定的。语法是沟通的一个组成部分，但并不是全部。在《窈窕奶爸》的例子中，虽然语法几乎都是错的，但意义仍然可以传达无误。

我们学习用另一种语言表达意义时，最开始就像罗宾·威廉姆斯那样，是从文化而不是从尽善尽美的语法入手。要了解文化如何影响语言（哪怕只是偶尔影响），我们得想想学习另一门语言的过程。

我们如何学习其他的语言呢？如果你能完美地拼读法语，而且完全理解和掌握了每个法语单词的意义，就可以宣称自己会讲法语了吗？只知道发音和单词的意义，你就能够在特定的社会情境中使用恰当的句子了吗？拥有这些知识，你就能像法国学者一样读懂伏尔泰的原著了吗？这些问题的答案都是否定的。语言不仅仅是单词、发音和句子的总和，如果不了解语言所处的文化，我们就无法恰当地使用语言来交流和沟通。

文化引导我们理解周围世界的意义，而语言就是我们周边世界的一部分。美国人不会去谈论亚马孙丛林犬的行为，因为大多数美国人根本不知道有这种狗。文化和经历就用这种明显的方式限制我们的"话语界限"，也就是我们谈论事物的范畴。但文化通常是通过不太显著却更有趣的方式来影响我们的语言。在我们的故事中，文化是让我们理解故事的关键因素。

例如，将皮拉罕人和美国人进行对比，美国人通常只在小说中提及鬼怪。这不是因为美国人没有听说过鬼怪，而是因为他们不相信世界上真的有鬼怪。即便在那些宣称自己相信鬼怪的美国人中，也几乎没人说他们真的见过鬼怪。当然，小说中出现鬼怪也是现代世界才有的事情。根据女巫审判的文献记载，在殖民时期，美国人经常会谈到他们见过超自然事件。文化在某些情况下会影响我们说话的方式。我们大部分人都认同这一点。

跟美国人一样，皮拉罕人的语言也受他们文化和价值观的影响。

其中一个价值观表现为，他们从不谈论外来的事物。比如，皮拉罕人从不讨论如何用砖建造房子，因为他们从来不用这种东西。在回答外来人员的问题或者刚从城市回来时，皮拉罕人可能会描述一下看到过的砖房，但之后，便不会再主动提起这个话题。

总的来说，皮拉罕人不会引进外界的思想、哲学或技术。他们喜欢省力的工具，如木薯研磨机、独木舟上的小型发动机。但他们固执地认为，这些东西都是从外界"收集"来的，燃料、保养或替换品都要由外界负责。皮拉罕人拒绝任何会改变他们认知或常规的新事物。如果这些工具不能纳入皮拉罕人的传统作业体系，它们就不会被接受。

例如，马达之所以会被接纳，是因为它很容易附加到皮拉罕人惯用的独木舟上，而且还能帮助他们继续传统的生产方式（而且皮拉罕人看到卡巴克罗人也在使用马达）。皮拉罕人认为卡巴克罗人是他们文化的一部分，隶属于周围的世界。但皮拉罕人不会使用钓竿，因为用钓竿钓鱼改变了皮拉罕人传统的捕鱼方式，而且卡巴克罗人也不用钓竿。

在皮拉罕语中，钓鱼是指"用矛刺鱼"或者"用手抓鱼"，没有"用竿钓鱼"的意思。美国人并非他们常态环境的一部分，他们对这种美国人热衷的技能不感兴趣。在过去的50年里，他们只认识6个美国传教士，以及几个短暂停留的游客。你可能会听到皮拉罕人谈论如何安装马达，比如："那些外国人说要把马达装在螺旋桨的后面"。但你永远不会听到他们谈论如何使用鱼竿和鱼线，尽管美国人给了他们这些工具，并且教过他们怎样使用。

谈论皮拉罕文化中不存在的事情，比如其他文化中的神灵、西方思想中微生物的观念等，就需要在生活和思想上有所改变，因此他们会避免这样的话题。不过也有例外的时候。例如，皮拉罕人偶尔也会谈论卡巴克罗人的信仰，但主要是因为卡巴克罗人经常谈论他们的信仰，而这些信仰也已经成为皮拉罕文化的一部分。经过几个世纪的交流，卡巴克罗人的信仰成了他们茶余饭后偶尔的话题，逐渐成为皮拉罕人环境的一部分。

图 13.1　皮拉罕人不会使用钓竿，因为用钓竿钓鱼改变了皮拉罕人传统的捕鱼方式。

从这个意义上讲，皮拉罕人的话语体系是向内交流而非向外传播，他们只愿意拥抱不会挑战皮拉罕人既有观念的话题。当然，从某种程度上说,这是所有人的共性。只不过皮拉罕人对外来思想和事物的态度更保守一些,尽管西方社会也不那么待见新思想新事物。[①]

我们无法用单个例子来判断向内交流与向外传播孰优孰劣。更确切地说,向内交流是因为文化群体中普遍接受的谈话方式和话题都较少。传达的信息是新的,但并不新奇,因为它没有超出大众的预期。如果一个美国人在广播中说"火星人正在街上着陆",那其他美国人听到后一定会对这个全新的威胁感到震撼。

美国人不只会说火星人来了,他们每天都会说各种各样天马行空的事。如果皮拉罕人看到火星人的话,他们也会说火星人来了,但前提是他们一定要亲眼见过。

皮拉罕人会谈论日常生活经验中的话题,比如钓鱼、打猎、其他皮拉罕人、见过的神灵等。这并不代表他们缺乏创造力,而是他们的文化价值使然。这是个非常保守的文化。

在文化、普遍人类智慧和意义外,语法还包含什么?人们究竟需要多少语法?语法的一个重要功能是通过动词传递出句子的意义。但另外,句子的形成更加复杂,不仅仅是添加有意义的动词而已。很多语法中都有一个另外的工具,那就是修饰。

---

① 向内交流的概念来自卡罗·瑟斯顿、乔治·格蕾丝,以及艾莉森·雷的著作。英国曼彻斯特大学的珍妮特·赛克和尤金妮亚·斯泰普特率先提出这个概念来研究皮拉罕语。向内交流通常指在一个高度封闭的群体中进行的、有一个团体边界的沟通。向内交流能促进理解,因为听众在不同情况下都能预期讲话者的意图。语言预设于提供旧的或可预测的信息,虽然并非完全如是。

修饰会缩小一个词或一个短语的意思，不是单纯通过动词来呈现意义，而是通过增加单词来使句子的形式和意义更加复杂。我可以说"约翰把书给了这个男孩"，也可以说"约翰把书给了这个胖男孩"，还可以说"昨天，约翰把书给了这个男孩"或者"约翰把书给了俱乐部里的男孩"。

句子的斜体部分不是动词必备的意思，它们只是进一步限定了谈论的主题。这就是修饰的精髓所在。

还有一个会影响语法的语言因素，就是乔姆斯基通常所说的置换，亦即一个句子符合语法，但句子中的单词却不按预期的方式排序。改变单词在句中的位置，是为了句子的实际效果，也就是说对故事中的新旧信息或重要与不重要的信息重新排序。

看看几个英文句子，我们就能感性地认识置换及其功能了。比如我说："John saw Bill.（约翰看见了比尔。）"在这个句子中，语序符合英语使用者的期待。主语"John（约翰）"在前，之后是谓语"saw（看见）"，最后是宾语"Bill（比尔）"。但我们也可以说："Bill was seen by John.（比尔被约翰看到了。）"在这个句子中，谓语"seen（看见）"后面缺少宾语，"Bill（比尔）"是这个句子的主语，而原句中的主语"John（约翰）"成了介词"by（被）"的宾语。

大多数的研究表明，第一个主动语态的句子和第二个被动语态的句子之间的区别，跟这两个句子在英语叙事中的功能有关系。例如，当比尔是故事的主角时，我们可以使用被动语态；当约翰是故事的主角时，则用主动语态。

置换的另一个例子是句子的语气变化，比如陈述句、疑问句和命令句。当我说"The man is in the room（男人在房间里）"时，句中的语序同样符合我们对它的期待。但如果把这句话改成问句，那么动词"is"就要提到句子的开头，变成："Is the man in the room?（男人在房间里吗？）"一般谓语都在主语之后，但在这个问句中，谓语却放在了主语之前。我们也可以把这句话改成另一种不同类型的疑问句，当我们需要更多信息的时候可以说："Where is the man?（男人在哪里？）"在这种类型的问句中，动词和被问的内容都在主语之前，排列位置与其他的都明显不同。

乔姆斯基平生都在潜心研究句子成分如何置换的问题。他关心的不是句子成分为什么要置换（最多只提到这是出于"实际的需要"），而是置换产生的机理。

但在皮拉罕这种向内交流的族群中，置换十分罕见，甚至不存在。置换在英语环境中扮演的角色，几乎不存在于皮拉罕语中。

对于这种现象，乔姆斯基在他的理论中探讨出一种可能的解释，那就是置换其实还是存在的，即便我们没有听到。它发生在乔姆斯基称之为"逻辑形式"的抽象语法层面上。

皮拉罕语的语法跟英语并无区别，只不过你能听出英语中的置换，却听不出皮拉罕语中的而已。关于这一点，我们可以批评乔姆斯基理论的复杂，因为这种说法更像是巴洛克式的牵强附会，而非实际必要。如果我们不需要置换就可以理解句子的含义，那么语法可能就没有我们想象的那么重要。

事实上，许多理论都没有"逻辑形式"或抽象意义上的语法规则，却可以容纳像皮拉罕语这种没有置换，并且只有很少修饰的语言。

我建议我们继续讨论皮拉罕语，但要抛开抽象的假设，也别把语法的重要性看得过高。

也许，一个深度保守的文化并不需要太多的语法。倘若如此，那么我们就能更好地理解皮拉罕语中语法相对简单的现象。如果文化影响语言的假设合理，那么皮拉罕人的认知能力便一点也不原始，他们的语言也一点都不奇怪。他们的语言和语法完全贴合他们的文化。如果这个研究方向正确，那么理解人类语法，我们需要的是崭新的方法。

这种方法和乔姆斯基在 40 多年前提出的完全不同，语法并不是必要且独立存在的。例如，杜塞尔多夫大学的罗伯特·万·瓦兰（Robert Van Valin）就提出了一个与乔姆斯基不同的理论。他认为在理解人类语言上，语法并不像乔姆斯基认为的那样重要，而且完全由意义驱动。他称他的理论为"角色指称语法"。在万·瓦兰的理论中，他很自然地就用文化来解释语法。尽管这个理论尚未完善，但它至少为我上述的理念提供了一定的基础。

万·瓦兰并不是唯一在普遍语法之外提出新理论的学者。新墨西哥大学的威廉·克罗夫特（William Croft）也提出一种理论，声称人类语言之间的共性也是人类认知的共性，不因种族而异，也不需要乔姆斯基牵强附会的普遍语法。克罗夫特称他的理论为"激进构式语法"。

尽管这些理论还不完备，但对皮拉罕人做的研究也支持这些新的理论。如果我们更多地研究像皮拉罕语这样的语言，就需要在前人的开创性工作上发展出更强大的理论。这样的理论可能比乔姆斯基的普遍语法（平克称之为"语言本能"）更能提供可靠的解释。普遍语法（语言本能）的假设，根本没有论及文化和语言如何互动，但现在看来，这两者间的互动关系对理解人类语言似乎有着至关重要的作用。

第 **14** 章
价值与话语：文化和语言的共生关系

我和皮拉罕人有过一次关于食物的有趣谈话。那时，是我第一次在皮拉罕村吃沙拉。

大米、豆子、鱼和野味，再加上大量的塔巴斯科辣椒酱，这些食物足以给我的味蕾带来顶级的享受。如果你喜欢新鲜蔬菜，那么吃了几个月的大鱼大肉后，你可能就会想念沙拉。

传教机构的飞机每 8 个星期就会为我们送来信件和物资。这是我们与皮拉罕之外的世界发生接触的唯一方式。有一次，我问飞机上的传教士同事能否帮个忙，下次来的时候给我带一些沙拉。两个月后，我们的沙拉便到了。

那天晚上，我坐下来享用 6 个月以来的第一顿生菜、西红柿和卷心菜。阿侯阿帕蒂走过来看着我吃的东西，一脸的困惑。

"你为什么吃叶子？"他问道，"你没有肉吃了吗？"

皮拉罕人对食物非常挑剔，他们认为，吃什么东西会决定你成为怎样的人。其实在某种程度上，我们有时候也是这样。

"有！我还有很多罐头，"我告诉他，"但我喜欢这些叶子！我已经有很长一段时间都没有吃过蔬菜了。"

我的这位皮拉罕朋友先是看着我，然后再看看叶子，接着又回头看我。"皮拉罕人不吃叶子，"他说，"这就是为什么你说不好皮拉罕语的原因。我们皮拉罕人的皮拉罕语之所以说得特别好，是因为我们不吃叶子。"

然后他径直走开了，显然认为自己刚刚把一个学习皮拉罕语的秘诀透露给了我。但是我不能理解吃生菜和说皮拉罕语之间存在什么关系。他的话到底是什么意思呢？饮食习惯跟语言之间存在联系吗？这太离谱了，但他的话一直萦绕在我耳边，好像阿侯阿帕蒂的话里有些对皮拉罕人有用的东西，只不过我暂时还没发现。

然后我注意到另一个令人费解的事实。在跟我说话时，皮拉罕人会突然转身谈论我，就好像我根本不存在一样。

"丹尼尔，你能给我们一些火柴吗？"有一天，伊波吉当众问我。

"没问题。"

"好的，他给了我们两根火柴。现在我要问他要衣服了。"

为什么他们在我面前这样谈论我，就像我听不懂一样？我刚刚才回答了火柴的问题，表明我能听懂他们的话。我弄错了什么吗？

在他们看来，他们的语言是来自皮拉罕式的生活，以及与其他皮拉罕人的关系。因此即使我能恰当地回答他们的问题，并把它们录下来，也不能证明我会说他们的语言。我不过就像是麦茨河一带常见的金刚鹦鹉而已。对一些皮拉罕人来说，我不是真的会说他们的话，会的不过是可笑的小把戏罢了。

虽然我想谈论的不是皮拉罕人的语言与文化是否有关系的理论，但他们的问题和行为确实鼓励我思考其中的关系。

正如我在皮拉罕地区看到或听到的许多不寻常事物，我最终意识到阿侯阿帕蒂告诉我的东西其实远超我的理解：说他们的语言就是要拥抱他们的文化。

今天，仍然有一些语言学家按照 20 世纪早期先驱者爱德华·萨丕尔（Edward Sapir）和弗朗兹·博厄斯（Franz Boas）开创的传统，认为文化对语法和语言有着重要的影响。但是我的观点与这些语言学家依然有很多的不同。

我在翻译《圣经》时遇到的种种困难，很大部分是来自皮拉罕社会和语言的联系方式。因此抛开了他们的文化，便很难理解其语言之下的语法。我相信这一点适用于所有语言和社会。语言是社会价值观、沟通理论、生理、心理、物理（大脑以及音位先天的固有局限性）和人类思想综合而成的结果。我相信语言和语法之间真的存在千丝万缕的关系。

现代语言学以及主流语言哲学，为了理解人类交流，大部分都将语言和文化独立开来。用哲学家约翰·塞尔（John Searle）的话来说，此举使得他们无法把语言理解为"自然现象"。自 1950 年以来，许多语言学家和哲学家几乎都单纯地从数理逻辑的角度来理解语言的特点。这就像是在说，语言有意义被人类使用的事实，与理解语言之间没什么关系。

语言恐怕是人类取得的最大成就之一。正如塞尔所指出的，一个民族一旦有了自己的语言，他们就有了一系列关于如何标记、描述和分类周围世界的共识。这些约定是建立其他社会契约的基础。卢梭的社会契约并不是人类建立的第一个契约，至少不像他认为的那样。但另外，语言并非社会价值观的唯一来源，传统和人类的生物性也扮演着强大的、非语言的作用。许多社会价值观都不通过语言来传递。

威尔逊等生物学家指出，我们的价值观根源于灵长类动物的生物学特征。我们对陪伴、食物、衣服、住所的需要，都与我们的生物性息息相关。

以"沙发土豆"为例，某些价值来自个人或家庭的文化传统。有些人喜欢躺在沙发上，一边吃油腻的食物，一边看电视，尤其是美食节目。这个习惯并不健康，但还是有很多人喜欢。这是为什么呢？大部分原因是这符合人类的生理本性。显然，我们的味蕾偏好高脂肪食品的口感（如炸玉米饼和豆泡），我们的身体想省力（柔软沙发的吸引力就在此），而我们的兴致则喜欢感官刺激（男人喜欢球赛、穿比基尼的女人、粗犷的沙漠风景或名厨埃默里尔·拉贾斯新创的美食）。

但在这些不健康行为的背后，生物性并不是全部的因素。毕竟，不是每个人都喜欢沙发土豆。那么为什么有些人用一种方式满足他们的生理需求，而另一些人用另一种方式甚至是健康的方式来满足呢？这种行为不是通过语言学习到的，而是通过其家庭或所在群体中的榜样学到的。

无须通过语言而学习到文化价值的例子还有很多，沙发土豆不过是其中一个而已。这类价值观以及直接受到生物性影响的价值观

（如衣食住和健康），在我们的解释和讨论下共同形成了一个整体的语言和文化。我们通常认为，我们的价值观和我们谈论价值观的方式完全是与生俱来的，其实不然，它们是偶然而成的，部分来自我们恰巧存在其中的文化和社会。

皮拉罕人经常与他们的狗共享碗里或盘里的食物。有些人觉得这不卫生，但也有人认为这没什么。我肯定不会和狗一起吃饭。我有时会用手喂狗吃零食，然后忘记洗手就直接吃饭。但这已经是我的底线了。我知道有些人会让狗把他们的盘子舔干净，他们觉得反正洗碗机还要消毒。但我不会让狗坐在我旁边，跟我一起分享盘子里的食物。

我不想和狗共用一个盘子，是因为我有细菌的观念，而且认为细菌会让我生病。尽管我没有直接证据证明细菌存在，也不知道如何向别人证明细菌存在或者描述它们的特性。但我仍然相信细菌是存在的，因为关于细菌的知识是我所在文化中根深蒂固的东西。（虽然我不清楚狗身上的细菌会不会让我生病，但固有的文化观念让我觉得，与狗同食会传染细菌。）

和世界上的其他民族一样，皮拉罕人也不相信细菌的存在。因此他们不忌讳与狗同食。在丛林生存之战中，狗是皮拉罕人的盟友，所以他们对狗有种近乎偏执的爱。不相信这个世界上有细菌，又加上如此爱狗，皮拉罕人当然不认为与狗同食有什么问题。

当然，语言学家们了解这些情况，人类学家、心理学家、哲学家和其他人也同样如此。因此到目前为止，我所提到的文化价值观和语言之间的关系并不是新鲜事物。但是直到阿侯阿帕蒂和我有了关于沙拉的对话，我才意识到之前错过了很有意义的环节。

正如我们已经了解到的，皮拉罕人高度仰赖直接经验和对现实的观察。从这个层面来说，皮拉罕人和密苏里州人相似，他们凡事都要"证明给我看"。不过，皮拉罕人不仅认为"眼见为实"，还认为"相信就是要看到"。如果你有事想告诉皮拉罕人，他们会想了解你如何知道这些事，特别是你说的事是不是来自直接经验。

皮拉罕人的神灵和梦境都是直接经验，因此他们经常会谈到。谈论神灵对皮拉罕人来说是在谈论真实事件，而不是虚构的事件。直接经验原则很好地解释了皮拉罕人的精神生活，其中至关重要的是，他们相信自己看到了正在谈论的神灵。而这很容易发生。

下面这则简短的梦境描述，由史蒂夫·谢尔登记录下来。故事本身没有什么特别之处，皮拉罕人没有给他们的梦境赋予任何神秘的气息。做梦与他们其他的经历并无不同，只不过故事发生的地点可能在麦茨河以外的区域，到了下层的"世界"，比如 bigí（米基）。

卡西米罗的梦

消息提供者：卡波巴基　　　记录者：史蒂夫·谢尔登

概要：文本是一个人的梦境，讲述者说他梦到了一个曾经住在村子附近的巴西女人，她身材高大。

1. *Ti xaogií xaipipaábahoagaíhiai kai.*

我梦到了他的妻子。

2. *Ti xaí xaogií xaixaagá apipaábahoagaí.*

然后我梦见了这个巴西女人。

3. *Xao gáxaiaiao xapipaába xao hi gía xabaáti.*

她在梦里说话了。你将跟这个巴西男人待在一起。

4. *Gíxa hi xaoabikoí.*

你要跟他待在一起。

5. *Ti xaigía xao xogígió ai hi xahápita.*

然而关于我,那个身材高大的巴西妇女消失了。

6. *Xaipipaá kagahaoogí poogíhiai.*

然后,我梦到了木瓜和香蕉。

如果我们把这个故事看作一个单一的故事,那么第五行和第六行之间的缺乏过渡看起来会有点奇怪。但这确实是讲话者的叙述方式。皮拉罕人并非不清楚梦境与日常活动的区别,他们只是认为这两者大致相同:都是他们拥有和目睹的经验。这是一个直接经验原则的例证。

现在,对于每个社会和种族,文化和语言都以多种方式相互交织。文化会影响语法,语法也可以影响文化,这两者并不矛盾。事实上,厘清文化和语法之间各种不同的关系,是语言学和人类学值得优先研究的课题。

语法对文化的影响是多种多样的。有时,它们就像你的右手一样显而易见。在书房与科贺共事时,我就发现了很多这样的例子。

"美国人把这只手叫'left hand'(左手),巴西人叫'mão esquer-da',那皮拉罕人怎么称呼它呢?"

"手。"

"是，我知道这是手。但是你们怎么说左手？"

"你的手。"

"不是，你看。这是你的左手，这是你的右手。这是我的左手，这是我的右手。你们怎么说这只手呢？"

"这是我的手，那是你的手。这是我的另一只手，那是你的另一只手。"要求消息提供者告诉我在他们的语言中如何区分左右手，显然行不通。我只是想破脑袋也不明白，为什么要得到左右手的叫法这么困难？

我决定先吃点饼干。我想休息一下，于是我和语言老师坐下，来了点速溶咖啡和饼干。我打算让科贺再次与我一起攻克这个难题。如果第二次还不成功，我就得想个别的办法了。

我心想，如果连左右手这样的名词都没办法搞清楚，还怎么把《圣经》翻译成皮拉罕语？哎！我陷入了狂躁。但至少科贺同意再试一次，所以我又从头再来。

"Mão esquerda."

他回答："这只手是上游。"

到底发生了什么？我心想，完全摸不着头脑。他现在是在逗我吗？我指着他的右手。

"这只手是下游。"

我决定放弃，转向另一些话题。但我对这件事一直耿耿于怀，觉得自己是个很不称职的语言学家。

一个星期后，我和一群皮拉罕男子去打猎。我们到了距离村庄大约 3 千米处的一个岔路口。卡阿欧伊在队伍后排大喊:"嘿,科贺,去上游。"

科贺向右转。卡阿欧伊并没有说右转,但科贺朝右转了。然后我们继续往前走,又遇到了岔路口。

另一个人朝着领头的科贺说:"朝上游方向走!"面对同一个向上游走的指令,但这次,他左转了,而不是右转。

在接下来的打猎过程中,我发现皮拉罕人都会用河流的上游、下游或丛林来表示方向。皮拉罕人很清楚河流在哪里,而我不知道,我彻底迷失了方向。皮拉罕人用地理位置来指示方向。而不是像我们一样用左手、右手或身体部位来指代方向。

当时我并没有明白这一点,也没有找到皮拉罕语中代表左手和右手的词语。但皮拉罕人用河流来指向这一点可以解释,为什么跟我一起去城里时,皮拉罕人首先会问我:"河流在哪里?"他们需要知道如何找到自己的位置。

几年后,我读到一份极有趣的研究报告。这是一项来自荷兰奈梅亨马克斯普朗克心理语言学研究所(the Max Planck Institute for Psycholinguistics in Nijmegen)的研究。该研究由斯蒂芬·C. 莱文森(Stephen C. Levinson)博士牵头,其研究团队对不同文化和语言进行调研后发现,人类语言与文化依循两种模式来指示方向。比如欧美国家是以身体为支点,用左和右的相对词语来表示方向。有人把这称为内倾取向法则。另一些如像皮拉罕人这种用身体外部的物体来定位的方式,则称为外向取向法则。

皮拉罕人标示方向的方式,显然与多数美国人都有很大不同。

但即使在英语中，我们也会用与皮拉罕文化类似的"绝对"定向系统。我们可能很自然地就会说"美国在墨西哥的北方"，或者"当你看到停止标志时，就往西走"。这种基于罗盘的指向方式类似于皮拉罕人以河流为标示的指向方式，因为它们都是利用身体以外的事物来指向。但皮拉罕语中没有在英语和其他语言中，以自己身体为原点的指向方式。当我们说"左转""笔直向前""右转"等这些词时，都是在以身体为导向。

这是个很有用的系统，但前提是听者要知道说话者的位置和身体面向。许多时候，这点实施起来比想象中困难。想象一下，如果说话者面对你，那么他的左边就是你的右边，他的一直往前就是你的一直往后。又或者，万一说话者是在跟你打电话，或者根本不在你面前，此时你根本无从知道他的身体方位。这种以身体为导向的"相对"定向系统在某些情况下行得通，但注定不够精确，而且有时还令人混淆。

所以，英语既有外倾性的稳定高效定向法，也有以身体为导向的但偶尔失灵的定向法。这种双重系统的存在主要是历史和文化造成的。皮拉罕人缺乏以身体为导向的定向系统，他们只有不会产生混淆的外向定位系统，这是确定无疑的事实，皮拉罕人总是傍河而居，他们按照河流的方向来定位。所以在思考自己在这个世界上的具体位置时，皮拉罕人会比我们更精确。反过来，这也意味着皮拉罕语要求他们以不同的方式来看待这个世界。

这项发现的意义在于，我们可以由此看到文化和语言在认知上并非彼此孤立。此外，我们也必须警惕那种毫无根据就仓促下结论的做法。例如我们不能因为在巴西人和墨西哥人的语法中可口可乐是阴性词汇，就得出他们认为可口可乐是女人的结论。我们也不能因为皮拉罕语中缺乏数字，就说皮拉罕人没办法干与数字相关的工作。这些都是错误使用了语言影响思想的观点。

这个观点一直以来都有争议，它有各种各样的称谓：语言决定论、语言相对论、沃尔夫假说、萨丕尔 – 沃尔夫假说等，这个假说主要与本杰明·李·沃尔夫（Benjamin Lee Whorf）的理论相关，因为他是首位广泛在语言塑造思维方面著书立说的语言学家。

不过，萨丕尔也持续关注这个领域，认为语言对文化有着深刻的影响。萨丕尔是美国语言学的创始人。他曾与鲁思·本尼迪克特（Ruth Benedict）、玛格丽特·米德（Margaret Mead）等多位美国人类学家一同师从于哥伦比亚大学的弗朗茨·博厄斯。博厄斯是学习物理出身的人类学家，被认为是美国的人类学之父。萨丕尔常年在北美洲做语言学的田野调查，基于在该领域丰厚的研究经验，他针对语言、文化、历史三者间的相互关系，得出了语言和文化相互作用的结论。萨丕尔一篇著名的论文里这样写道：

人类并非独自生活在客观世界里，也不像一般人理解的那样，是独自生活在充满社会活动的世界里的。人类生活在受特定语言影响的世界里，而语言是人类所在社会的表达介质。人类不可能在不使用语言的情况下适应现实，而把语言视为只不过是解决沟通或进行反思时偶然产生的手段，也是不正确的……没有两种语言会相似到可以被视为代表相同社会现实的程度。不同的社会是截然不同的世界，而非仅是带着不同标签的同一个世界。（选自《语言是一门科学》，1929年，第209页。）

根据爱德华·萨丕尔的主张，语言会影响我们看待事物的方式。在他看来，生活中的见闻源于我们谈论世界的方式。当我和皮拉罕人在丛林里跋涉时，这些观点确实帮助我更好地理解：为何我说树枝在颤动时，他们会说是神灵在树枝上移动。萨丕尔甚至更进一步认为，语言建构我们的世界观，即我们感知到的"现实世界"都经过了语言的过滤。

如果萨丕尔和沃尔夫的观点无误，那么，它对哲学、语言学、人类学、心理学等学科都意味深远。

沃尔夫甚至声称，西方科学在大体上是西方语言在语法上限制的产物。所以康德的先验范畴是不是德语中名词和动词分布特点的结果？爱因斯坦的相对论也是如此吗？这些假设看起来似乎不太可能，但它们都是沃尔夫大胆提出的建议。

对语言学和人类学而言，萨丕尔－沃尔夫假说是一个研究方向，促使我们去研究语言如何影响我们以不同的方式思考世界。

萨丕尔－沃尔夫的观点说明了语言和思想之间存在的共生关系。这种观点的极端版本（语言决定论）认为，思想无法逃脱语言的限制，但事实上，这种观点很少有人接受。我们的思维是否会因为某种特定的语言而拥有一种不变的优势或劣势，应该视涉及的课题和语言的类别而定。

一种较为广泛接受的观点是，我们可能无法跳出"语言的盒子"进行思考，因为我们不会意识到语言对我们思维方式的影响。即便是那些明确拒绝萨丕尔－沃尔夫假说的人，我们也可以在他们那里观察到这一点。

证明"说话方式会影响我们的思维方式"这个观点对知识分子的冲击，美国语言学学会（Linguistic Society of America）成员的看法便是一例。美国语言学学会有一个严格的指导方针，那便是反对性别歧视的语言。这意味着至少有一部分美国语言学学会成员认可我们说话的方式会影响我们的思维方式，至少这一点与萨丕尔－沃尔夫假说是相同或者相关的。

然而，美国语言学学会部分成员几乎全然拒绝这一假设。让我着迷的是，美国语言学学会的两类成员都认为，美国语言学学会应该推动性别中立语言的使用。比如在美国语言学学会某一名成员的论文中，他既反对语言相对论的假设，又非常小心地选择用"他们（they）"或者"他／她（he/she）"这样的词汇，而不是用"他（he）"来泛指男女两性，比如，他会这样表述，"如果有人想要这份工作，他们（they）就能拥有它"，而不是"如果有人想要这份工作，那么他（he）就能拥有它"。

他之所以这样写，并不仅仅是因为性别中立的语言比性别特定的语言更有礼貌。迫使我们改变英语的压力源于我们的思维，我们认为，无论是有意识的冒犯还是不小心的失礼，这些都会影响我们看待别人的方式。

我读过大量心理语言学的研究，也听说过很多轶事，这些都足以证明语言对思维的影响，我相信温和的萨丕尔－沃尔夫假说并非毫无道理可言。

但同时，我也觉得，这个假设可能无法实现一些人想要它发挥的功能。比如，它似乎没办法解释皮拉罕语没有数字和算术的问题（皮拉罕人不计数，因为他们的语言中没有数字）。如果用这个假说，那么很多现象都无从解释。

例如，世界上许多族群的数字系统都很落后，但他们会算数，而且当社会经济压力需要数字进行贸易时，他们也会从周围的语言中借用数字。澳大利亚中部的土著语言瓦尔皮里语就是一个例子。

皮拉罕人和巴西人的贸易往来已经超过两个世纪了，但他们还是没有借助任何数字来促进其贸易。根据沃尔夫假说对皮拉罕语中的数字系统的解释，这是因为皮拉罕人没有理由去借助单词来表达后来才有的概念。因为如果没有先存在的单词，后来的概念是没有什么用的。事实上，这种加强版的沃尔夫假说是不符合科学的，因为科学就是在探索那些之前没有单词来形容的概念。

对皮拉罕文化和语言中所有不寻常的事实，萨丕尔－沃尔夫假说无法提供统一的解释。比如为何皮拉罕语中没有表示颜色的单词、没有量词、没有数字，以及没有亲属关系系统等。我们想理解皮拉罕语言与文化间的互动关系，就需要将它放置在知识领域背景下去审视。

我们需要厘清多年来提出的语法、认知和文化之间的不同关系。它们之间的关系总结如下（表 14.1）。

表 14.1　语法、认知和文化之间的关系

	制约关系	代表性理论
1	认知 → 语法	乔姆斯基的普遍语法
2	语法 → 认知	语言相对论（沃尔夫）
3	认知 → 文化	布伦·特柏林和保罗·凯的颜色词汇研究
4	语法 → 文化	格雷格·厄本关于话语中心文化的研究
5	文化 → 认知	文化限制的思维对特定行为的长期影响
6	文化 → 语法	民族语法：由文化构成的个性化形式

　　想要了解文化、认知与语法的相互关系和彼此影响，就必须避免过度简化人类经验的塑造过程。与此同时，一开始我们也不得不用一些理想化或故意简化的方式开始研究，以便我们暂时忽略其他因素，把注意力都聚焦在这三个领域之间的主要连接上。这种方法有助于在处理复杂问题时抓住重点。

　　在表 14.1 的第一行中，认知表示语法的控制和影响，指的是思维所必需的脑力或心智建构，又或者是想法本身。从这个意义上说，过去几十年来，乔姆斯基只专注于认知对语法的影响，他提出了一个普遍语法的概念，主张认知影响了人类语法。

　　普遍语法认为，全世界的语言只有一种语法，按照一些"原则和参数"，进行相对有限的变化。在某个环境中成长，听某种特定语言的经历，会开启孩子在语法中的某种特定属性。假设你在巴西出生，成长中耳濡目染的都是葡萄牙语，那么根据普遍语法，你从小

便采用了所谓的"零主语"的参数,也即句子不需要有明确的主语。所以在葡萄牙语中,"看到我昨天(Saw me yesterday)"符合语法规则,但在英语中却不合文法。相比英语,葡萄牙语的动词能透露出更多所谈主题属性的信息。在所有语法和认知关系的传统研究中,这是最具影响力的一个观点。

上表第二行代表萨丕尔 – 沃尔夫的研究传统,它主张从人类思维如何影响语言和语法的角度去理解语法与认知的互动关系。

对于表 14.1 第三行,我首先想到的是布伦特·柏林(Brent Berlin)和保罗·凯(Paul Kay),两人都是加州大学伯克利分校的荣誉退休教授。他们的研究工作意在展现所有的文化对颜色的分类都受制于人类大脑识别色彩、色调和色相的物理约束。大脑的认知限制会限制所有文化对颜色的分类。

第四行代表人类语言学家的观点,如宾夕法尼亚大学的教授格雷格·厄本(Greg Urban)。厄本的研究表明,语言主要以有趣、微妙的方式影响文化。他关注在不同社会中,英雄概念如何受到被动语态(约翰被比尔看见)与主动语态(比尔看见了约翰)的语法结构的影响。

厄本指出,在一些语言中,不管是口语还是书面语,被动语态句子的比例高于其他语言。他进一步说明,当被动语态在语言中更加常见时,话语中英雄的遭遇便是他们碰上的而不是自己造成的。与使用主动语态句子中的英雄相比,这些英雄被视为具有更多的被动性格。

在没有被动语态的语言中,我们会碰到如"男人杀死美洲豹",

以及"美洲豹咬死男人"的句子,而没有"男人被美洲豹咬死"等被动句式。当我们要呈现某个行为时,行为发起者是讲述这件事的核心。

相反,在喜欢使用被动语态的语言中,行为发起者往往不是故事的核心。举个例子,我们来仔细比较"男人杀死了美洲豹"和"美洲豹被男人杀死了"(更常见的被动结构是"美洲豹被杀了")这两个主动与被动语态的句子。我们很快就能意识到,在被动语态中,"男人"的核心地位减弱了,被动句中的主角是"美洲豹",而不是"杀死"这个动作的行动者。这样的对比可以跟文化相结合,看出某个文化在阐述故事时是凸显还是弱化行为发起者。

由于皮拉罕语没有被动语态,与其他使用被动语态的语言相比,其故事中的主要人物(像豹的故事)是行动发起者,而且更具有英雄色彩。在此,我就不再赘举后者的例子,因为我只是想简单描述一下厄本的理论。事实上,我觉得倾向于使用被动语态的语言中的实例,会比厄本提出的理论更加复杂。无论如何,这凸显了把语言和文化放在一起来研究的重要性。就像我所做的研究工作(尽管是从相反的方向),这既有悖于传统的现代语言学,也有悖于现代人类学。

第五行代表的是文化如何影响认知的研究。皮拉罕语是个很好的例子。皮拉罕语缺少算数,这是文化约束的结果,我们先前对此已经有所讨论。但这种文化也会影响认知能力:生活在缺少数字的环境中,在成年后,皮拉罕人几乎再也不可能学会算数了。

表 14.1 中的最后一行代表我和其他人的研究，处理的是文化价值观对句子形成、单词结构和发音结构的影响。

　　这些研究有争议，甚至与多数语言学知识背道而驰。我提出的直接经验法则，就是如此。

第 15 章

递归：语言就像俄罗斯套娃

理论影响我们的认知。它们是文化信息的组成部分，会限制我们看待周围世界的方式。

关于文化与认知之间的关系，有许多与科学无关但能说明我观点的例子，比如有一次，我误把蟒蛇当成浮木。我的文化告诉我，乘船旅行时要小心浮木，并且告诉我河流中浮木的模样，但它没有告诉我，大水蟒在河里朝你游来时会是什么样子。

我们驾驶摩托艇离开村庄，到霍伊搭乘巴士去波多韦柳港。凯伦用自制的面包做了金枪鱼三明治，船上还有些饮料。当我驾着小船沿麦茨河一路向下游驶去，到马梅卢斯河时，我们大家都很放松。莎伦在看巴西漫画《莫妮卡》，其他人则或是在打盹，或是在看窗外的风景。

接着，我们来到整个旅程中我最喜欢的一段地方。在这里，马梅卢斯河的深绿色河水与马代拉河的巧克力牛奶色河水相遇。

我兴奋地喊大家过来看，瞪大双眼看着两种颜色的河水渐渐汇聚，在距离河口大约 450 米的地方，浑浊的绿色河水打起旋涡，慢慢地与另一条河流相汇。

随后，我绕过位于马梅卢斯河河口的小岛，把注意力放到河上游的奥希利亚多拉的小岛上，当晚我们要在那里过夜。马代拉河以树木闻名，河里经常有被从泥泞的河岸冲下来的树木，它们朝亚马孙河的方向漂浮而去。这些巨大的树干和树枝在河里或浮或沉，如果肉眼一时无法发现，将给航行带来极大危险。我看到在河流上游大约 200 米开外的地方，一根扭曲的原木在激流中漂浮。

我刚开始在亚马孙流域活动时，对这个崭新的世界充满好奇，因此经常把河里漂浮的原木误认为是蟒蛇。面前这根原木看上去也是如此，不过这个时候我已经心里有底，知道不能把蠕动的东西都认成蟒蛇。况且我也弄明白了蟒蛇并没有原木粗大。等我凑近观察时，我估摸这根原木大概有 12 米长，直径有 1 米粗。

我把目光转向两只金刚鹦鹉，它们从我头顶飞过时叫了几声。接着我又回头看那根原木。现在它离我们更近了。我心里想，奇怪，原木怎么漂向河岸，而且方向还与水流垂直？

等它更接近后，我发现它真的在扭动。突然，它直接向我的船尾游过来。这不是什么原木，而是我此生见过的最大的蟒蛇。它的头比我的还大，它的身体比我的还厚实，并且长度超过 9 米，张开大嘴朝我游来。我马上急转弯，然后用 15 马力的舷外发动机的螺旋桨狠狠朝蟒蛇撞过去，我的家人也因此被甩到了一边。砰！一阵猛烈的打击。我想我应该击中了蟒蛇的七寸，但并不十分确定。

蟒蛇不见了。一秒钟之后，蛇身整个立出水面，高高地在我们的船身之上，冲着我们而来。我们以 16 千米每小时的速度全速向前，它慢慢地被甩在后面。最后，我看到这条巨蟒落入马代拉河，引起一阵巨大的涟漪和声响，白色的腹部漂浮在水面之上。

没想到水蟒竟然这样厉害，这可怕的东西刚刚很可能会跳到我们的船上！我两眼直勾勾地盯着。这时候，莎伦也从她的漫画书中抬起头，惊叫了一声："哇！"

这一错误感知的经历教会我心理学家早就知道的一课：感知是后天习得的。我们作为理论家和宇宙中的公民在感知世界时，依据的是自己的经验和期望，而不是这个世界的本来面目。

随着我的皮拉罕语越来越熟练，我开始怀疑，皮拉罕人会因为我的缘故把话语说得尽量简单。他们跟我说话时，只会用到很短的句子，短到就只有一个动词。所以我决定仔细倾听他们彼此之间如何交流，这应该比他们和我的对话更有价值。

我在心里盘点了一下，觉得最好的切入点是阿侯比因的妻子拜姬波侯埃。他们家距离我的卧室只有几米远。

每天早上 5 点钟左右，阿侯比因就会把自家小屋里的火烧旺，而妻子则坐在一旁扯着嗓门大声说话。她会把自己晚上梦到了什么告诉整个村子的人。她会挨个喊别人的名字，问他们那天打算做些什么。看到男人们开着独木舟出去打鱼，她会嘱咐他们该捕什么样的鱼、最好去哪里捕这样的鱼，以及如何避开外国人等。她就像是村里的传令员和小道消息传播者。

听她说话是一种享受。她的说话方式有很强的艺术性，她的声音低沉且抑扬顿挫（从超低音到超高音然后再慢慢回落），而她吐字发音的风格也十分独特，仿佛是把空气从肺部和口腔吸入，而没有再吐出来。如果说，皮拉罕地区有谁说话是专门说给皮拉罕人听的，那肯定非拜姬波侯埃莫属。这对我来说十分重要，我把她的话录下来，然后在转录后发现，和科贺等人对我说话时的句子结构一样，它们都只有一个动词。

这极具挑战性，因为在分析皮拉罕语语法时，我也像很多语言学家那样，努力收集词组套词组、句子套句子的例子，因为这类复杂结构的句子比简单句能更好地展现目标语言的语法。我开始寻找类似"The man who caught the fish is in the house.（捕鱼的男人在屋里。）"的句子。这是一个关系从句，名词词组"The man（男人）"里包含定语从句"who caught the fish（捕鱼的那个男人）"，而这个从句修饰的名词在整个句子中充当主语。当时，我一厢情愿地认为所有语言都有关系从句。

为了弄清皮拉罕语中是否有关系从句，有一天我决定问问科贺，如果我说"The man came into the house. He was tall.（一个男人走进了屋里，他个子很高。）"，这样的表达方式算不算"很地道"。这是两个简单句。在英语中，我们更倾向于把第二句话放进第一句里，让它成为一个关系从句："The man who was tall came into the house.（一个高个子男人走进了屋里。）"

当我问皮拉罕人，我这么说是不是很地道时，他们通常会出于礼貌说"是"。但如果我真的词不达意，他们不会直截了当地告诉我，而是用正确的皮拉罕语重述一次。因此，当我说出这两句话时，我很希望科贺能用正确的皮拉罕语纠正我,比如皮拉罕语中类似"The man who is tall came into the house"的从句表达。但是事与愿违,科贺只说了一句我说得很好,然后简单地重复了一遍我刚刚说的话。通常皮拉罕人不会重复错误的语法。

我尝试了各种不同的皮拉罕句子,并且在不同的皮拉罕语老师身上做实验。所有人都无一例外地说,我说得很地道或者 Xaió(正确)。

所以在我编写皮拉罕语的语法时,我在关系从句的部分这样写道:"该语言没有关系从句。"但是有一天,科贺正在做捕鱼的箭,他需要把一枚钉子钉到箭矢上。

他 对 儿 子 派 塔 说:"Ko Paitá, tapoá xigaboopaáti. Xoogiai hi goo tapoá xoáboi. Xaisigíai.(嘿,派塔,给我带一些钉子回来。丹尼尔买了那些钉子。它们都是一样的。)"

突然听到这几句话,我停下了自己的脚步。我意识到把这些短语连在一起,它们的功能就像是关系从句的单一句子。而且你甚至可以把它们翻译成一句英语,只不过它们呈现出的形式明显不同。它们是三个独立的句子,而不像英语那样,是句子里面包含另一个句子的复合句。因此,皮拉罕语的这类结构,缺少语言学家一般所指的关系从句。至关重要的是,最后一句话,"Xaisigíai(它们都是一样的)"等同于前两个句子中的"钉子"。在英语中我们会说:"Bring back the nails *that Dan bought*.(带几枚丹尼尔买的钉子回来。)"我标注的斜体部分就是关系从句。由此我看到的是独立的从句连在一起的解释意义,虽然它们并不是同一个句子的组成部分。所以尽管没有严格意义上的关系从句，但还是可以像关系从句一样传达意义。

在大多数语言学家看来，句子以单词来表达命题，是表现单一思想而未被明确的意义单位，比如"我吃了""约翰看到了比尔""球是红色的""我有一个锤子"等。许多语言不仅有这样的简单句，还有把一个句子或短语放在另一个句子中的复合句。计算机科学家、语言学家、心理学家和哲学家称这种俄罗斯套娃式的特点为"递归性"。目前语言学、语言哲学、人类学、心理学等在讨论这个问题时，纷纷陷入一场关于皮拉罕语语法对理解人类及其语言的潜在意义的辩论。

对于这些看法，我收集的证据渐渐支持我后来对于皮拉罕语句子结构所持有的两种观点。第一个观点是，皮拉罕语的句子缺乏递归；第二个观点是，递归并不那么重要。很显然，你在一种语言中对递归性的看法不一定就适用于另一种语言。语言学家虽然未必使用相同的专业词汇，但他们一直坚信，递归在语言中非常重要。所以我知道，对于这个问题，皮拉罕语中的任何证据都至关重要。

人类有限的大脑如何产出如此无穷无尽的句子？乔姆斯基是第一位如此提问的语言学家。一定有些工具，使我们正如语言学家说的"无限地利用有限的手段"。（尽管我认为，可能没有哪位语言学家可以用科学术语来系统表达这个句子的含义。）乔姆斯基认为，递归是人类语言创造力的基本工具。

传统上，递归是指将一个物品放到另一个相同类型的物品之中（数学中的递归指的是函数，里面囊括能反映自身特质的方程或子程序）。当你举起一面镜子对着另一面镜子时，你会在镜子中看到无限倒退的影像，这便是递归的视觉形式。递归的听觉形式则是反馈，如果增强扩音器的音量，产生的尖叫声就会不断扩大。

这些都是递归的标准定义。从语法层面说，递归是指一个单位内含有另一个相同属性的单位。比如这一短语"John's brother's son（约翰的兄弟的儿子）"，它包含着约翰、约翰的兄弟和约翰兄弟的儿子等名词；又比如句子"I said that you are ugly（我说你很丑）"中，包含着"你很丑"这个句子。

2002 年，诺姆·乔姆斯基、马克·豪泽（Marc Hauser）、特库姆塞·芬奇（Tecumseh Fitch）等人在《科学》（Science）期刊上发表文章。在这篇文章中，他们给递归赋予了很重要的地位，认为它是人类语言的独特成分。他们认为递归是语言创造力的关键，只要语法具备这种正式的机制，就可以产生长度不限的无穷尽的句子。

然而，在我向科学界宣称，皮拉罕语中缺少数学上的俄罗斯套娃式的递归性后，有趣的事情发生了。在一些乔姆斯基的追随者那里，递归的定义改变了。从某种意义上说，这正是哲学家里士满·托马森（Richmond Thomason）那句经典之语的真实写照，他曾这样形容那些临阵改变主意的人："如果没有成功，那就改变成功的定义。"

乔姆斯基学派对递归的最新定义是，递归是一种语意合成形式。简而言之，就是把组件放在一起就能构成新的产物，而且这种组合可以永无止境地进行下去。根据这种崭新的递归概念，把单词放在一起形成句子是递归，把句子放在一起形成故事也是递归。就我所知，这种对递归的定义，任何数学语言学家和计算机科学家都无法接受。

我个人对这种新定义的理解是，它把推理和语言混为一谈。人们当然可以把句子放在一起，然后把它们作为一个整体的故事来理解。但这就像犯罪现场的调查人员，他们使用不同证据推测出案情的来龙去脉。这不是语言，而是推理。

对大多数科学家而言，乔姆斯基理论的主要吸引力在于，它区分了推理和语言，特别是区分了故事结构和句子与词组的结构。他曾多次声称，故事和句子的组成法则大相径庭。递归的新概念无法分辨上述的区别，并与乔姆斯基的原先理论互为矛盾，却与我的观点不谋而合，这实在是十分讽刺。

如果我对皮拉罕语缺乏递归的判断无误，那么乔姆斯基及其他研究人员就有一些头疼的问题需要解决了。他们需要解释，一个把递归视为语言重要组成部分的理论，该如何处理缺乏递归特性的语言。

乔姆斯基等人的回答是，皮拉罕语缺乏递归，是因为递归是大脑可用的一种工具，但不一定必须使用。但这种说法跟他们所声称"递归是人类语言的基本属性"的论断相矛盾，因为如果递归不需要出现在某个现存的语言中，那么原则上，它就不需要出现在任何一门语言中。因此当他们宣称，递归是人类语言的独特属性，实际上却又并不需要出现在任何一种人类语言中时，也把自己置于了进退维谷的地步。

判断递归在解释任何特定语言的语法中是否有作用，实际上并不困难。事情很简单，问题要分成两个方面。首先，比起语法中有递归的语言，学习语法中没有递归的语言是否会更简单？其次，如果语法中的确存在递归，那么你希望找到什么样的句子？一种没有递归的语言跟有递归的语言是不同的。

它们的主要差异在于，前者不具有句中句的形式。如果你发现句子中套有句子，那么基本可以判定该语言有递归特性。如果没找到，很可能该语言就没有递归特性。当然这一点还有待更多的证据来证明。所以第一个问题是，皮拉罕语中是否存在句中句？按照理论语言学建立的标准来看，答案是否定的：它缺乏拥有递归性语言的音高标记、单词或句子长度。

世界中各语言的语法，会使用不同标记来表明句子中的递归性。这样的标记并非必需的，但很常见。有些标记是单独的单词，在英语中，我们可能这样说："I said that he was coming.（我说他马上过来了。）"在这个句子中，"he was coming（他马上过来了）"这句话位于词组"I said（我说）"之后，"he was coming（他马上过来了）"就是我说话的内容。"That（这）"是英语中常用来表征递归的"补语标记"。我们再来看看科贺说的复杂关系从句，我们看到的是三个独立的句子，它们合在一起表达一个含义，而没有任何显示一个句子包含在另一个句子中的证据。

一个常见的递归标记是语调，即用音高标记不同的含义以及句子及其组成部分之间的结构关系。比如在复合句中，主句的动词短语发音通常要比从句的动词短语更高。

举个最常见的例子，在"The man that you saw yesterday is here（你昨天见到的那个人在这里）"这句话中，"is here（在这里）"会比"saw yesterday（昨天见到）"的音调更高。这是因为"saw yesterday（昨天见到）"处于从属地位，或者说是一个嵌入式动词短语，而"is here（在这里）"是主句的动词。但是我和罗伯特·万·瓦兰曾受国家科学基金会的嘱托，花了三年时间研究亚马孙地区五种语言的语调及其与语法的关系。我们发现，没有证据表明皮拉罕语以语调来作为递归的标志。

尽管皮拉罕语的确用语调把句子组套成段落和故事，但这不是语法意义上的递归，至少根据乔姆斯基语法理论的整个发展历史来看这不是（虽然许多语言学家不同意乔姆斯基的语法理论，而把故事归入语法范畴。就这点而言，我和其他流派的语言学家没有任何的异议）。这是推理意义上的递归。

事实上，许多研究语调的语言学家认为，直接把语调连接到句子结构，而不论及句子的意义以及故事的构成，是幼稚可笑的做法。如果这是正确的，那么我们便不能单凭语调来界定语言是否有递归特性。

我们已经看到，混淆语言和推理是一个严重的错误。两者很容易混淆的原因是，推理涉及许多语言学家认为与语言联系的认知过程，比如递归。赫伯特·西蒙（Herbert Simon）在其1962年的经典文章《体系结构的复杂性》（*The Architecture of Complexity*）中，给出了一个关于语言以外引人入胜的递归例子。西蒙的例子甚至还表明，递归有助于你生意兴隆。完整的引文如下：

> 从前有两位名叫霍拉（Hora）和坦帕斯（Tempus）的钟表匠，他们制造的手表非常精美。两人在当地小有名气，生

意兴隆，找他们修手表的电话总是响个不停，许多新客户也不断地打电话进来。但是久而久之，霍拉的生意越来越好，而坦帕斯却越来越穷，钟表铺最终也倒闭了。

为什么会这样呢？

两位工匠制作的手表有大约 1 000 个零件。坦帕斯的制作方法是，从头到尾完成，但是他中途往往要不停地接电话，而每次一接电话都会前功尽弃，不得不从头开始组装零件。客户越喜欢他的手表，他的生意就越好，同时这就意味着他接到的电话就更多，那他就越没有时间不间断地完成一块手表的制作。

霍拉制作的手表也跟坦帕斯的差不多复杂，但他有设计，这样他可以先把大约 10 个小部件组装在一起。而这些半成品又是一个更大的子系统的组成部分，就这样，他一步步地制作出整块手表。因此，当霍拉不得不放下手里的活去接电话时，他只会有一小部分需要重来，就这样，他组装手表的时间比坦帕斯节省了许多。

这个手表的例子与语言研究无关。通过这个例子以及其他例子，我们知道人类的推理是递归的。事实上，除了人类以外，世界上还有许多事情都是递归的，甚至原子构造也呈现出递归的层次结构，因为它们是由亚原子构成的。我们熟悉的俄罗斯套娃展示了另一种递归，我们把它称为嵌套，一个娃娃嵌套在另一个相同类型的娃娃里面，以此类推。

　　从这种递归的现象可以得出一个重要推论：如果一门语言中存在递归，那么该语言中就不存在所谓的最长的句子。比如在英语中，人们说的任何一句话都可以变得更长。我们可以将"The cat that ate the rat is well（那只吃掉老鼠的猫很好）"可以扩展成"The cat that ate the rat that ate the cheese is well（那只吃掉偷吃了奶酪的老鼠的猫很好）"，还可以用类似的方式把句子继续加长。

　　重要的是，在皮拉罕语中，没有证据显示不同类型递归的存在。卡布基告诉我的美洲豹的故事是一个很典型的案例。皮拉罕语的语法中没有任何上述类型的递归特征。

　　对于我的皮拉罕语中不存在递归的观点，能证明它的可能是如下的一个有趣的例子。因为皮拉罕语中没有明显的方式能使句子变长，于是就出现了这样的句子："Xahoapióxio xigihí toioxaagá hi kabatií xogií xi mahaháíhiigí xiboítopí piohoaó, hoíhio.（一天，一位老人在河边慢慢地屠杀大貘，有两只。）"任何给该句子做补充说明的成分都会使这个句子显得不合语法，比如加入"棕色"一词使之成为"棕色的大貘"。

　　短语只能有一个修饰词，比如正常故事中的短语。我的确可以通过加工得到一些有更多修饰词的皮拉罕句子，但皮拉罕人并不喜欢，他们使用该语言叙事时绝不会使用一个以上的修饰词。他们偶尔会在句尾插入第二个修饰词，作为一个事后的补充想法，比如上述句子结尾处的"有两只"。如果这个判断正确，那么我们就可以说皮拉罕语的句子是有限的，而且没有递归。

　　几位语言学家曾向我指出皮拉罕语中存在递归，现在我需要排除这些最后的可能证据。第一位语言学家是剑桥大学语言学系的教授伊恩·罗伯茨（Ian Roberts），他曾在 BBC 的一档广播节目《物质世界》（*Material World*）中与我展开辩论。

伊恩·罗伯茨认为，如果皮拉罕语能够在句子后面增加重复单词或短语，那么该语言中便存在递归，因为按照他的说法，"迭代也是递归的一种形式"。

这在逻辑上是正确的。把一个短语放在另一个句子的末尾，从数学上看等同于在短语或句子后面再重复一次。比如"John says that he is coming（约翰说，他来了）"这句话，"he is coming（他来了）"被放在了句子"John says……（约翰说……）"后面。这就是所谓的"尾递归"。在数学或逻辑上这句话等同于"John runs, he does（约翰在跑，他的确是）"，其中，"he does（他的确是）"只不过是在重复"John runs（约翰在跑）"的意义。皮拉罕语也可以，事实上也必须一个句子后跟着另一个句子，比如："Kóxoí soxóá kahapii. Hi xaoxai hiaba.（科西欧已经走了。他不在这里。）"但如果豪泽、乔姆斯基和芬奇等人对递归的定义仅仅是重复迭代，一个句子连接另一个句子（他们的一些追随者认为如此），那么你就会发现人类以外的物种都存在递归性。

我们养的狗宾利是比较情绪化的动物。看到其他狗经过我们房前，它就会比较激动，想要吃掉或袭击它们。它总是在有其他狗路过时狂吠。我觉得它的叫声并非毫无意义，它想传达的信息是"赶快离开我的地盘"。但实际上，叫声的意义并不重要，重要的是它在用叫声与外界交流。有时，宾利只叫一两声就会停下来。这是因为让它狂吠的目标已然离开。有时候，它会叫个不停，也就是说它在重复吠叫，这表明它在生气，希望外面的狗离开我们的院子（或者其他它想要表达的意思）。它一再吠叫的意义何在？如果迭代是递归的一种形式，这就意味着宾利的叫声具有递归性。但是宾利并非人类，所以递归不仅仅局限于人类。或者更确切地说，迭代不应被认为是递归。

我之所以认为皮拉罕语中不存在递归，并非只有负面的原因。当我们说一种语言缺乏递归的时候，其实也是宣告了这门语言的语法会有怎样的面貌。我们可以依据此来做出预测，看看它们是否适用于皮拉罕语。

无处不在的直接经验原则，可以解释为什么皮拉罕语缺少嵌入式句子。我们再来看看关系从句，比如这句话 "The man who is tall is on the path（高个子男人在路上）"。这个句子由两个小的句子构成：主句是 "The man is on the path（男人在路上）"，其嵌入式从句为 "who is tall（高个子的人）"。

语言学家称为命题的新信息可以在主句 "The man is on the path（男人在路上）" 中找到。而嵌入句则只是听话者和说话者共享的旧信息（我们都知道的那个高个子男人），把注意力集中到特定男人身上，这样就可以帮助听者了解路上的男人是谁。后面这个句子不是一个命题，而嵌入句也不会被用来提出命题。所以根据直接经验原则，皮拉罕语中缺少嵌入句，因为根据法则，陈述句只能包含命题。句子中包含嵌入句就表示嵌入的是一个非命题，而这违反了直接经验原则。

另一个例子是"The dog's tail's tip is broken（这只狗的尾巴末端断了）"。这是皮拉罕人经常会说的话，因为他们的狗多数都尾巴受过伤。一天晚上，我发现村里有条狗的尾巴没了。于是我说道："Giopaí xígatoi xaóxio baábikoi.（这条狗的尾巴是畸形的。）"这句话的字面意思是"狗尾巴的末端受伤了"。皮拉罕人答道："Xígatoi xaóxio baábikoi.（尾巴的末端受伤了。）"起初我并没有太在意这个表述中省略的部分，因为对于人们都知道的共同信息，省略是很常见的。我们没有必要重述讨论的对象是那条狗，因为每个人都心知肚明。

但是当我进一步调查时却发现，"The dog's tail's tip is broken（这只狗的尾巴末端断了）"是"Giopaí xígatoi baábikoi, xaóxio（狗的尾巴受伤了，在末端）"的唯一类似表达。我发现在皮拉罕语中，一个给定句子不能有一个以上的所有者（就像狗是尾巴的所有者）。这一点在没有递归的语言中是合乎情理的。只要谈话者彼此都共享的文化或语言理解，句子中只有一个所有者就够了，没有必要使用递归，如果两个名词相邻，那么前者就被理解为是所有者。但如果从句中有两个所有者，那么其中一个短语就必须包含在另一个短语中。

皮拉罕语中没有这些结构。许多语言学家无法理解如何从文化上解释这个现象。我同意将文化约束连接到复杂的名词短语上，虽然这条道路似乎有点迂回曲折。

关于关系从句，我们首先要记住的是，根据直接经验原则，嵌入句是不被允许的，因为它不是一个命题。这引发了一个问题，皮拉罕语的语法如何遵从文化禁忌，消除他们认为不必要的嵌入句。

方法有三。首先，语法可以禁止某些规则，使递归无法被创建出来。这些规则的技术表现为 A → AB。如果语法中不包含这条规则，那么就不能出现一个短语或句子包含在同类型短语或句子中的情形。其次，语法中没有进化的递归。越来越多的语言学家都认为，没有递归的语法会随着时间的推移演化出递归的语法。即便是拥有递归的语法，非递归的结构也在很多环境中得到应用。最后，皮拉罕语的语法无法在句子中提供结构。没有递归的本质是没有短语，皮拉罕语只有被解释成一个句子的并排放置的单词而已。

　　皮拉罕语没有语法，其语法缺少动词短语、名词短语、嵌入句等。事实上，我们可以把皮拉罕语的句子理解成是一条绳子上的串珠，不需要更复杂的短语结构。

　　所谓的句子，就是使动词意义完整的单词列表，再加上少数修饰，通常是一个形容词或副词类型的修饰词。按照我个人比较极端的观点看来，皮拉罕语之所以缺乏语法，是为了确保陈述句中只有命题，以免与直接经验原则相悖。直接经验原则使陈述句中只包含命题，因此直接经验原则约束了皮拉罕语的语法。

　　再来看看我无意中从科贺那儿听到的关系从句："Hey Paitá, bring back some nails. Dan bought those very nails. They are the same.（嘿，派塔，带一些钉子回来。丹尼尔买了那些钉子。它们是一样的。）"这里有两个命题："丹买了那些钉子"和"它们是一样的"。但是用英语的关系从句讲，"the nails that Dan bought（丹尼尔买的那种钉子）"，这不是一个命题，因此违反了直接经验原则。

　　如果我的推理没错，那么对于皮拉罕语的语法，根据直接经验原则我们还能有什么其他的预测呢？事实证明，这些预测都完全正确。

直接经验原则还代表皮拉罕语缺乏并列连接词，因为并列连接词也涉及递归的一般属性。正如我们已经讨论的，这是为了避免陈述句中同时具有嵌入式的非命题。

当然，并列连接词在英语及其他多种语言中都很常见。它的递归性表现在如下的句子里，"John and Bill came to town yesterday（约翰和比尔昨天来到了镇上）"中的名词"John（约翰）"和"Bill（比尔）"同时构成了比较长的名词短语"John and Bill（约翰和比尔）"。并列动词和并列句子被排除在外，所以皮拉罕语中没有类似于"Bill ran and Sue watched（比尔跑了，而苏看着）"或者"Sue ran and ate（苏跑过去吃）"这样的句子。

直接经验原则对于递归的限制，也准确预测了皮拉罕语中没有选择连接词，比如"Either Bob or Bill will come（鲍勃或比尔会来）""I had some white meat, chicken or pork（我吃了一些白肉、鸡肉或猪肉）"等句子。皮拉罕语中缺乏选择连接词，因为选择连接词就像并列连接词一样，要求把短语放在其他短语内部，而这又是递归的一种形式。皮拉罕人不会说"鲍勃或比尔会来"，但他们会说："鲍勃可能来。比尔可能来。呃，我不知道。"

这些还不是由皮拉罕语缺乏递归可以预见的所有结果。目前，很多心理学家和人类学家还在对其他预测做检验。这很有趣，因为直接经验原则的一些实验已经证明，这既是皮拉罕语递归缺失的消极结果，也是皮拉罕语语法性质的明证，也表明皮拉罕语与其他语言的区别。

这样的证据是比较积极的,因为皮拉罕人将文化影响施加到了其语法之上。皮拉罕语并不是简单地恰好缺乏递归性,而是它不想使用递归,文化原则的限制不允许递归使用。

直接经验原则除了能解释皮拉罕语的语法,还能解释该语言中为何缺失其他的东西,比如前文已经论及的缺乏量词、数字、颜色的单词以及复杂的亲属关系等。

不过,直接经验原则对抽象和概括的限制相对有限。它绝没有禁止皮拉罕文化中的抽象思维,也并非禁止该语言中所有的抽象或概括。例如,就像其他语言一样,皮拉罕语中有表示食物种类或类别的词汇,而这些单词(通常是名词)就定义而言处于一种抽象的状态。皮拉罕语中为何存在这种表面上的矛盾呢?

我曾经认为,语法太过复杂,似乎无法从人类普遍的认知属性中被推导出来。要弄清语法,人类需要大脑中的一个专门组件,或是某些语言学家所说的"语言器官"或"本能"。但是如果我们能证明,语言不仅能从个体发展出语法,还能系统地发展出语法,那么这样的"语言器官"存在与否就并不重要了。

像今天大多数的语言学家那样,我也曾认为文化和语言大体上相互独立。但如果我现在的观点正确,即文化能对语法产生重要的影响,那么我半生的研究中所相信的理论(语法是人类基因组的一部分,世界上各种语言中的语法,其差别微不足道)便大错特错了。语法不需要有特定基因的存在;语法的生物学基础也可以是美食烹饪、数学推理和医学发展的基础。换句话说,这个基础不过就是人类的推理能力。

例如在语法进化的过程中，许多研究人员都强调这样一个事实，即我们的祖先有谈论事情和事件的需要，有谈论相对数量的需要，必须与同类的其他成员交流思考的内容。如果不能谈论事情和发生在他们身上的事件以及状态，那就没什么可谈论的了。因此所有语言都需要动词和名词。

不过，我自己的理论和别人的研究让我相信，如果语言中有上述要素，那么其语法主要的基本框架便形成了。

动词的意义需要一定数量的名词来支撑，而按照严格的逻辑要求排序，这些名词和动词就构成了简单的句子。这些基本语法的排序还受到文化、上下文，以及名词和动词的修饰的影响。语法还有其他元素，但数量并不庞大。当我看待事物相对抽离时，所谓的正确语法并非人类基因组的一部分。语法甚至不像我们先前认为的那样，是一个独立的实体。

尽管语言可能受到强烈的文化约束，像是皮拉罕语中的直接经验原则，但这样的约束不能覆盖进化的普遍影响和结果，也不能掩盖沟通的本质。名词和某些类型的概念化，是我们进化的部分遗产，这是文化原则所无法推翻的，即使它们确实表明文化和语法密切相关。但研究仍在进行中。皮拉罕语中是否存在递归的问题还远未解决。但是证据正在不断地累积之中，很多独立研究者的解释与我的结论一致。

自从我开始思考语法与文化间可能的关联，一种现象便吸引了我的注意，那就是不管多么有用的理论，都会阻碍新的想法。我们的理论就相当于文化。一如皮拉罕文化在算数、颜色单词等方面的缺陷，一些理论在解释某些事物方面也可能有局限，而其他理论恰恰可以对此进行弥补。从这个意义上讲，理论和文化都能塑造我们的思想以及感知世界的能力，有时是积极的，有时是消极的，这取决于各自设定的目标。

如果皮拉罕语中没有递归，那么对皮拉罕语法而言，这又意味着什么呢？首先，这意味着其语法不是无限的，其产生的句子数量有个上限。但这并不意味着这门语言是有限的，因为皮拉罕语故事中有递归现象，有些故事是依据次要情节、人物、事件以及彼此间的各种关系来构建的。

这是个很有趣的现象，因为它意味着在数量无限制的语言中，语法的作用并不是那么重要，你可以在有限的语法中变幻出无限的语言，而这是乔姆斯基关于递归重要性的理论无法解释和容纳的。这也意味着，你可以为这类语言中的特定句子定出长度上限，但却不是话语的长度上限。对一门语言而言，这听起来有些诡异。一些语言学家或认知科学家甚至认为，缺乏递归会使一门语言在某些方面存在缺陷。但这并不正确。

即使一门语言的语法是有限的，也并不意味着其语法不够丰富甚至无趣。

想想国际象棋，棋子移动的步数也是有限的，但这种限制并不会造成什么实质上的影响。国际象棋仍是一个存在各种可能性的游戏，所以已经风行了好几个世纪。仅从国际象棋的有限移动上，我们无法得知它是否丰富或重要。皮拉罕人的言谈丰富，艺术美感十足，并且能在自我强加的限制内表达出任何他们想说的话。

所以有限的语法并不意味着使用该语法的人不正常，也不意味着它会对沟通造成阻碍，甚至不意味着拥有该语法的语言是有限的。但是如果真有这样的语言，它们应该在什么地方或何种情况下出现呢？

如果你的理论设立认为所有的语法都不是有限的，那就一定存在递归性。如此一来，缺乏递归的语言就会让你困惑，你的理论就会束缚住你。就好像在我们自身的文化中，我们很少在动物园之外的地方接触到危险动物，而缺乏这种经验让我容易沦为鳄鱼的猎物。

反过来，如果你的理论不是建立在递归是语言的重要组成部分的基础上，那么递归又从何而来呢？

毋庸置疑，大多数人类语言中都有递归，而且多数人也认为递归存在于人类思考中。但我的观点是，递归属于大脑的一般认知能力。即使它不是使用者语言结构的一部分，但它也是人类思考的一部分。人类能使用递归，是因为他们比不具备该能力的动物更聪明。尽管目前还没有人知道递归是否可以产生大智慧，但是不少文献已经做出了这样的论断。

事实上，正如前文中提到的，赫伯特·西蒙在其著名论文《体系结构的复杂性》中表达过几乎一模一样的观点。他在这篇文章中指出，递归是信息处理的基础，人类不仅在语言中，而且在经济学和问题解决中都会用到递归。

递归在所有的故事中都至关重要。令人惊讶的是，人类谈话从未成为乔姆斯基学派的研究主题。但正如我们刚刚看到的，这是一个巨大疏忽，因为递归可以在语法之外寻得，这一点大大减少了语法在理解语言交流本质中的重要性。作为社会性要素或者至少作为非语言结构，谈话被乔姆斯基有意忽略了。然而，我们发现皮拉罕人讲述的故事有递归性，但他们的递归不是发生在某个单独的句子中。实际上，皮拉罕人的递归是一个意思包含在另一个意思里，故事的一部分包含在另一部分之内。这样的递归不是语法的一部分，是故事的一部分。

沿着西蒙的论点，我们可以提出一些建议，比如将递归当作人类大脑的绝对基础。这是因为人类的脑容量比其他物种的更大，脑回路比其他物种更多。当然，递归是不是人类特有的，这一点未有定论。我们能确定的是，我们不知道递归是不是语法的一部分，而在语言中使用递归，是因为它是一个有用且存在的认知工具。

西蒙的提议在语言研究中的重要应用，在于提出语言中的层次结构并非基本属性，而是"意外"属性，而这一直以来也是乔姆斯基学派研究中的焦点问题。也就是说，语言中的递归性，印证了我们的大脑具有以递归的方式思考的能力，而且也有能力解决以递归进行沟通的文化或社会中存在的问题。

如果递归真的像乔姆斯基及其众多追随者所说的那样，是人类语言的核心要素，如果一种或多种语言中没有递归，那么乔姆斯基的提议就站不住脚了。

但如果递归不是核心要素，那么皮拉罕语也证明，我们需要的理论并不是简单地将语言视作一种本能。相反，我们需要的是可以仔细研究的语法，以及语言的其他部分，以便更好地解决沟通的问题，也就是说在特定环境中如何进行恰当的交流。

我认为皮拉罕语不是唯一挑战我们先前思考递归、人类语言以及文化和语法的互动关系的语言。如果我们再看看新几内亚、澳大利亚和非洲等地的原住民，可能会发现与皮拉罕语类似的向内交流的例子，以及由于群体关系而带来的缺乏递归性的社会。要解释皮拉罕语中存在争议的一面，向内交流可能会对我们助益良多。

马萨诸塞州大学的心理学家托马斯·鲁普（Thomas Roeper）和格罗宁根大学的心理学家巴特·赫莱布兰德斯（Bart Hollebrandse）已经部分证实了向内交流可以用来理解皮拉罕语。这个研究表明，在如今的现代工业化社会，语言需要深度沟通并承载资讯，递归能使句子传达更多的讯息。但在皮拉罕社会中，递归与直接经验原则不兼容，而且他们沟通的深奥神秘的本质也使得递归并不重要。

我们需要寻找的是那些由于种种原因，长期以来被隔绝的大型文明。皮拉罕人孤立的原因是他们有非常强烈的优越感，因而对其他文化不屑一顾。

与其他语言和文化相比，皮拉罕人缺乏很多东西，但他们并不因此感到自卑。相反，他们认为自己的生活方式是最好的。他们没有兴趣学习和吸收其他文化，所以我们几乎看不到有其他文化或语言渗入其中。因此我们需要把文化和语言拿来深入研究。

语言的创造性使用可以用一种不借助递归的方法来描述，即语言不受环境控制，也不单纯局限于"实用"功能。美国语言学家查尔斯·霍凯特（Charles Hockett）称之为语言的"生产力"。原则上，随着智慧的增长，我们可以谈论任何事情。

当然，实际情况并不如此。我们对大多数事情都混沌无知，所以不可能谈论任何事情。我们甚至不知道这些事情是否存在。此外，我们每天都会遇到许多司空见惯的事情，比如我们见到的面孔、我们熟悉的餐厅方位等，这些东西我们往往也很难用语言描述。这就是为什么图片、地图和其他视觉上的辅助工具会如此有用。

然而，近四个世纪以来，语言中的创造性的观念都电照风行。人类是特殊的，至少人类的心智超越了很多动物受到的限制——这个观点极具吸引力。

乔姆斯基推崇的法国哲学家笛卡儿就相信，人类与其他动物的差别在于独立精神和创造性的本质。伴随这个想法而来的另一个观点是，人类除了肉体外还有灵魂。这种带有"上帝口吻"的二元论认为，人类具有深刻而特殊的语言，它使人类的身体拥有了自主的活力，同时又使身体成为我们意识的居所。

撇开含有大量宗教的、神秘的二元论色彩的笛卡儿的研究，以及乔姆斯基的一些论作，我认为我们应该对语言有更具体的理解。语言不是特殊的普遍语法，而是人类认知的一般属性，加上灵长类动物常见的沟通限制，比如，说出的单词需要有一定语序，必须用单词来表现事件等，以及特定的人类文化对语言的总体限制，而结合成的副产物。

语言可以脱离原有的文化环境，例如，一个搬到洛杉矶生活的皮拉罕人，与生活在麦茨河畔的皮拉罕人相比，他将失去许多文化约束。他或她的语言可能会改变。但如果他们的语言最后没有改变，这就说明语言确实可以与文化相隔离。

　　我在这里提出的建议是，尽量从最初的文化背景去理解语言。如果这是正确的，语言学家的田野调查便不能脱离语言的文化背景。我不会通过生活在洛杉矶的一个说皮拉罕语的人去理解皮拉罕语，也无法通过生活在图森的一个说纳瓦霍语的人去理解纳瓦霍语。我必须在语言所处的文化下研究语言。当然，我们也能脱离文化背景学会一门语言，而且也会发现很多有趣的事情，但是语法中最基础的困惑可能会因此无法解释。

Don't Sleep, There Are Snakes

第 16 章
语言与真理：皮拉罕人与外人

在我和巴西国家印第安人基金会一行人到皮拉罕地区勘探他们的领地后不久，皮拉罕人的语言和文化引起了一些巴西人类学家的关注。一个里约热内卢的研究生找到我，希望我能帮助他研究皮拉罕人和他们的文化。为了帮助他在皮拉罕地区站稳脚跟，我用皮拉罕语录了一段话，把他介绍给皮拉罕人认识，告诉他们这位年轻人想学习他们的语言，并请求皮拉罕人帮他盖一间房子。皮拉罕人听到录音机里我的声音，便以为这是他们熟悉的对讲机。

在听了我的录音后，这位年轻人便开始了他的调查，他问我皮拉罕人如何看待世界的创造。他从村庄回到城市之后，有一天来圣保罗找我，向我展示了他的成果。我们坐下来喝咖啡并听录音。

"你错了，丹尼尔。"我们还没开始听录音带，他就没忍住脱口而出。

我放下了手中的咖啡："你说我错了是什么意思？"

"我的意思是，我发现了他们创世纪的神话，"他微笑着说，"你

292

以前说过他们没有这类神话，但是我找到了。你能否先听录音，然后再帮我翻译？"

这个研究生之所以选择皮拉罕文化作为论文课题，其中一部分原因是他曾经听我说过皮拉罕人没有创世纪神话，也就是没有关于过去、他们如何而来、这个世界是怎么创造的故事。

"好，我们来听一下。"我心中充满好奇。

我们开始播放录音带。一开始是这位人类学专业研究生的声音，他用葡萄牙语和一个皮拉罕人说话。这个学生只知道皮拉罕单词的皮毛，所以尽管只有少数皮拉罕人会说几句葡萄牙语，他也不得不用葡萄牙语和他们交流。

学生："谁创造了世界？"

皮拉罕男人："世界……"（一再重复问题的最后两个字。）

学生："世界是怎么创造出来的？"

皮拉罕男人："创造……"

学生："第一个被创造出来的东西是什么？第一个东西？"

很长的一段沉默。

录音带里传来其他人的声音，很快就有人在话筒边重复："香蕉！"

学生："然后呢？第二个被创造出来的是什么？"

传来其他皮拉罕人的声音："番木瓜……"

麦克风旁边的皮拉罕人也跟风回答："番木瓜！"然后他又大声地切换了话题："嘿，丹尼尔！你能听到我说话吗？我想要火柴和布料。我的孩子病了，他需要一些药。"

接下来，皮拉罕人都在录音带里谈起村子里的事情、有谁在那里、他们需要什么，还有我什么时候会回去等。这名学生以为，录音带里的这段相对流畅愉悦的谈话就是他们的创世纪神话。但其实这只是因为皮拉罕人知道，通过曾经看到过的设备，比如手机和收音机，我能直接听到他们说话，于是他们就一厢情愿地认为只要是电子设备，哪怕是录音机，都可以用同样的方式跟我交流。

接下来的部分，他们都是在跟我说话，而不是回答学生的问题。虽然他得知这个消息后并不失落，但还是很困惑自己竟然可以被如此误导。我们经常会找到自己正在寻找的东西，即便它们并不存在。至少他意识到，要学习皮拉罕语需要与皮拉罕人相处更长的时间，因此这项研究比他最初预计的要复杂许多。

我这位朋友面临的问题，是他试图以"曲线思维（葡萄牙语）"来理解"直线思维（皮拉罕语）"。但这不是我们在沟通时都会碰到的问题吗？我们常常想要超越自身对沟通的固有理解，而从其他的对话视角来看待问题。这个问题普遍存在于科学、我们的职业和个人生活、夫妇、父母和孩子、老板和员工之中。我们经常认为自己知道对方在说些什么，但到头来当我们更仔细地审视我们的对话时，会发现其中存在大量误解。

这些误解可以让我们知道人类思维、语言的本质，以及人类到底为何。为了找到答案，我们需要先绕个圈子，从知识和人类的本质展开讨论，并以创世纪神话故事为催化剂。迂回的目的是便于我们研究皮拉罕语带给我们的更大的议题。

我们应该反对会受到自身文化背景影响的前提假设。当朋友告诉我在十字路口左转时，他不需要刻意说明"在白线后停下，等交通灯变绿后再转向"。作为受美国文化熏陶的一员，他知道我一定明白这些常识。同样，当皮拉罕社会的一位父亲叫儿子去河里抓鱼时，他不需要额外叮咛他在独木舟一动不动地坐上几个小时，或者要瞄准鱼的下部，以弥补光线折射带来的视觉反差。静坐和调整捕鱼角度，都是皮拉罕文化中必备的技能，是所有皮拉罕人都默认的知识，不需要被强调。

皮拉罕人像我们所有人一样，认为知识是通过文化和个人心理诠释后的经验。对皮拉罕人而言，知识需要目睹，但这个目睹不需要接受"同行评审"。

如果我向村民报告看到了一只翼展长达 6 米的蝙蝠，大多数人都不会相信我说的话。但为了确认我说的话，他们会出发去寻找这只蝙蝠。如果我说我看到一只美洲豹变成了人，他们会追问我是在何时何地看到的、事情如何发生。原则上，除了我的目击证明，没有更可靠的证据来证实这一点，但这并不意味着他们不能说谎。坦率地说，就像所有社会那样，皮拉罕人之间也经常撒谎（说谎有实际的进化功能，比如保护自己和家人）。虽然如此，知识是个人对自身经历的解释，而且是个体自认为最有用的解释。

从这个意义上讲，皮拉罕人对知识、真理和上帝的态度，与威廉·詹姆斯、C.S. 皮尔斯（C.S.Peirce）等实用主义哲学的著作相似。这个学派本身也受到北美原住民对物质和文化差异的看法的影响。皮拉罕人和实用主义者都持有一个共同观点，认为检验知识的标准并非在于其是否正确，而是在于其是否有用。他们只想知道自己所需要的知识，以便自己采取相应的行动。这些知识主要基于对有用行动的文化理解，而理论是其中的一个组成部分。所以，当我们处于文化之中时，文化就能帮助到我们。

不过当我们到了新的领域，也就是我们原有文化在身体上和智力上都没有让我们做足准备的地方，我们的文化就会成为一个障碍。我可以举出很多例子，表明在面对皮拉罕社会的新环境时，我的文化使我显得很笨拙。

一天晚上，我和一个皮拉罕少年凯欧亚出去散步。天黑后我们从他的小屋走到我家，这是一条大约 450 米长的丛林小道，中间有一潭浅浅的沼泽地。我一边大声和凯欧亚聊天，一边用手电筒照明。凯欧亚走在我身后稍远、没有被电筒光照到的地方。他突然打断我的滔滔不绝，轻声地说道：“快看，前面有鳄鱼！”

我把手电筒照向他指去的方向，但什么也没发现。

“关掉你手上像闪电的东西，”凯欧亚说，“然后在黑暗中看看。”

我依照他的指示，但还是什么也没看见。

“你在说什么？根本没东西啊。”我问道，开始觉得他是在和我开玩笑。

“有啊！你看！”凯欧亚咯咯地笑道。我总是无法敏锐地发现近在眼前的事物，这已经成了皮拉罕人的笑柄。他继续说：“你没看到那边有一双像血一样的眼睛吗？”

我努力瞪大自己的眼睛，果不其然，我依稀看到前方约 30 米远的地方有两个红点。凯欧亚说，那是鳄鱼的眼睛。他从黑暗的丛林中捡起一根厚重的木棍，朝我前方跑去。几秒钟后，我听到了棍子击打的声音，但我看不见发生了什么。

没过多久，凯欧亚笑着跑回来找我，手里抓着鳄鱼的尾巴，这只鳄鱼大约一米长，已经被打晕了，但还没有断气。显然，这只鳄鱼想走出沼泽去周围的灌木中捕捉青蛙和蛇。它不会对我的生命构成威胁，但如果我刚刚还只顾喋喋不休，大步流星地向前走，它足以咬掉我的脚趾或在我裸露的大腿上狠狠咬上一口。

习惯了城市生活的人总是在路上注意汽车、自行车与行人，而不会关注到史前的爬行动物。我不知道在丛林小道快步行走时应该要留意什么。这是认知和文化关系的另一堂课，尽管在当时我并没有意识到。我们习惯于用自身文化教给我们的方式去感知世界。但如果我们受文化约束的认知阻碍了我们，那么在一些特定环境中，比如皮拉罕人聚居的原生态区域，我们原有的文化就会使我们处于不利地位。

还有一次，我正和科贺在家门前的河里游泳。我们一边聊天一边用凉水解暑，身心完全放松。此时几名妇女来到离我们不远处的河流下游，并且还带着一只死猴子。

猴子刚刚被烧焦了，它的皮毛被火燎去，皮肤也被火烧黑，手掌和脚掌也已经被砍掉了，想必已经成了儿童的解馋小食。她们把这只烧焦了的灵长类动物放在河边，开始给它开膛破肚，然后直截了当地把它的内脏取出来。干完了这些后，她们把猴子的胳膊和腿砍了下来，把血在河水中洗净，再接着把一大堆灰色的肠子放入水中清洗，然后再收回来。我很快就发现，河水里出现了泡沫。

"那是什么？"我问科贺。

"食人鱼，"他说，"它们喜欢吃血和内脏。"

我很害怕，因为要上岸就必须游过那片泛起泡沫的水域。万一食人鱼在我附近寻找白色肉类食物，我该怎么办？

"它们不会吃我们吧？"我问。

"不会，它们只吃猴子的内脏。"科贺悠然自得地在我旁边玩水。没过多久，他说他要上岸了。

"正好，我也想上岸！"我立即说道。我尽可能地贴着他，等走到河边跨上岸时，我才不禁舒了口气。

得益于我的南加州文化，我对食人鱼有一些了解，虽然也不是特别准确，但我还不知道如何在野外判断它们的踪迹，也不知道如何在它们附近保持冷静。能否在丛林中保持镇定，有时是生与死的差别。

图 16.1　能否在丛林中保持镇定，有时是生与死的差别。

　　一如文明社会中的人往往无法应对丛林生活，常年生活在丛林中的皮拉罕人也很难适应城市生活。皮拉罕人无法理解西方社会中甚至连孩子都懂得的事情。其中一例便是，皮拉罕人无法辨识图纸和照片之类的二维空间物体。他们搞不清楚图片的重点，经常会斜着或倒举着图片问我这是什么。现在他们已经接触过很多照片，因此在这方面已经进步了很多，但有时还是不那么顺手。

　　针对皮拉罕人对二维表征对象的知觉能力，麻省理工学院和斯坦福大学的一个研究小组近期做了一个实验。实验内容包括让皮拉罕人识别从清晰到逐渐损毁的照片。

　　随后该团队报告了他们的调查结果：

　　　　尽管皮拉罕人能够解释没有变化的完美图片，但他们无法辨识变形的图像，尽管这些图像完全是由原图一步步演变而来的。与该实验的比照组——美国的被试对象相比，两者呈现出的结果截然不同。虽然这还只是一项初步研究，但它提供了启发性的证据，表明皮拉罕人在视觉抽象方面的障碍或者缺乏经验……

　　由此可见，哪怕是解读照片这样的简单小事，文化的影响也举足轻重。那么，文化在日常生活中到底有多重要呢？在这方面，之前我已经结合自己的经验给出了不少的例子。但就皮拉罕人而言，也还有很多例子可以看出文化在日常生活中的影响。

　　1979 年，在凯伦从疟疾中康复的期间，因为没办法留在村里，所以我带了两个皮拉罕男子到波多韦柳港，继续学习皮拉罕语。他们每人都只穿一条运动短裤，这让他们在巴西人聚集的城市里感到不好意思。皮拉罕人在丛林中见过的巴西人主要是商人，他们通常也只穿运动短裤和人字拖，至少在工作时，这些商人的着装就这么简单随意。但在城市里，他们的服装要复杂得多，特别是巴西女性，她们喜欢色彩鲜艳的衣服和时髦的着装。

和我一同前来的伊波吉和阿侯比西问了我很多城市女性的问题。然后他们还问我，能不能给他们买鞋子、长裤和衬衫，好让他们能稍微适应城市生活。

于是，我们到波多韦柳港的主要街区买衣服。我们边走边聊天，他们问了我很多问题，比如汽车（"这些房子是谁造的？竟然跑得那么快！"）、建筑物（"这是谁造的？原来巴西人真会造房子！"）、路面（"这些黑色硬地面是什么？"），以及巴西人（"他们在哪里捕猎？""我们看到的这些东西都是谁做的？"）。

路人盯着这些赤脚裸胸的皮拉罕人，他们俩也睁大眼睛回敬过去。伊波吉和阿侯比西觉得，这些衣着整洁、外表花哨、浑身香气的巴西女性很漂亮，他们想知道，这些女性能否和他们做爱。我回答说恐怕不能，因为她们对皮拉罕人一无所知。

我们走进一家商店，走来一个面容姣好、皮肤棕色的年轻女子。她戴着手镯，一袭黑色长发，衣着合身，脚穿凉鞋，身上散发出醉人的淡淡香味。她笑容甜美，热情地过来招呼我们。皮拉罕人笑了。

在她的帮助下，我们给这两个皮拉罕男子找到了合适的裤子、鞋子和衬衫。他们是典型的皮拉罕人，身高 1.6 米，体重 50 千克，腰围 70 厘米。店员小姐对皮拉罕人提出了很多问题，我在一旁及时充当翻译，皮拉罕人也问了她几个问题。两人穿上了新衣服后，我们又买了牙刷、除臭剂、梳子、须后水等他们听说的城市生活的必需品。他们肌肉发达，身材苗条，肤色黝黑健康，穿上西方人的服装后，看起来非常精神，很有吸引力。

我以为一切顺利，把皮拉罕人带到城市不会有任何问题，我原先的担心是多虑了。我好奇地发现，皮拉罕人走在城市的街上也坚持一前一后，就像他们穿越丛林时一样。

我们在城里溜达时，伊波吉走在我身后，而阿侯比西走在伊波吉的身后。我放缓脚步，以便他们赶上来。但是我一慢下来，他们也随之慢了下来。就这样，我们重复了好几次。我停下来，他们也停下脚步，他们就是不在我旁边，跟着我并排走，就算我要求他们，他们也不愿意。

在狭窄的丛林小道行走时，一前一后的方式确实有它的道理。因为丛林小道没有足够的空间，除非你不厌其烦地再开辟出一块空地，把路拓宽到可以容纳两个人并排行走。在丛林中并排行走也不太安全，人在并排行走时，更容易成为捕食者的目标，而且彼此之间很难相互保护，以应对蛇或其他动物带来的危险。

在城市里，并排行走虽然会让空间变得狭窄，但彼此间却更容易交谈，而且还表示我们几个人是一个群体。我不禁为我们走路的方式感到好笑，就这样，我们在波多韦柳港最繁华的区域，等待红绿灯的信号，穿过马路。

我一边带路，一边对伊波吉和阿侯比西说："跟我来，我们去那个商店。"我指着街对面的一家杂货店。

走过街口四分之三，我回头一看，发现伊波吉和阿侯比西恐惧地愣在那里，盯着面前的等待红绿灯、马达发出浓重声音的汽车。我想要回到他们身边，但这时交通灯变了，车子开始朝愣在路中央的皮拉罕人大声鸣笛。

他们显然被吓坏了，惊慌失措地看着车流从他们身边经过。毕竟车子跟丛林里的任何野生动物都不同，因此他们不知道怎么判断车子运动的方向，只能傻傻地站在那里。我走到他们身边，拉着他们的手，带着他们走到我之前已经到达的街道对面。我们终于走到了相对安全的人行道上。

"那些东西在吓唬我们。"他们惊恐地说，还没有从紧张中缓过来。

"它们也吓到了我。"我附和着说道。

"它们比美洲豹还可怕。"伊波吉抱怨道。

围绕皮拉罕语展开的辩论在于，它是否迫使我们重新思考语言或文化的主要理论。乔姆斯基是现代语言理论最著名和最有影响力的创始人，他并不认可我描述的皮拉罕语特性，而认为皮拉罕语和其他语言一样。但要理解为何他的理论会引导他否认我的观点，我们需要对他的理论有更深入的研究。

乔姆斯基的观点是他想找到"真正的普遍语法理论"，并认为它是我们生物禀赋中特定的语言组成部分。我们目前尚不清楚乔姆斯基所说的"真正理论"到底为何，但在我看来，它指的是理论与现实完全匹配（这并非乔姆斯基独有的问题，大多数科学家和哲学家在使用"真正"这个词时，外人很难理解其意义）。这一点值得仔细思考。在某种程度上，普遍语法似乎是个必要概念，毕竟这只有人类才有，在植物、岩石或动物中都不存在。

我们都同意，语言来自人类的生物学属性。从这个意义上讲，乔姆斯基的观点虽然正确，但没有说到重点。真正的问题在于，这点生物禀赋对语言来说具体意味着什么（与之相反的观点则认为，语言的能力不过是遵循一般的认知能力而来），以及这种生物禀赋是如何决定了特定人类语言的最终语法形式。还有个相关的问题，即一个可能看起来有些离题的问题，身为科学家，我们如何获得知识，以检验我们的假设。

科学中有两种典型的研究方法：实验室研究和田野调查。如物理和化学等所谓的自然科学，以及大部分的社会科学，许多实验都是在气候受控制、舒适的空间，以及设备优良的条件下进行。

在美国、德国、英国或法国等富裕国家中，科学研究是由少数特权人士为全社会而做的。至少在理论上，科学研究的赞助商期望研究结果能够使社会更大的族群受益。年轻科学家在该领域权威领导者的安全伞下工作。在语言学界，乔姆斯基的地位就如同美国的西部开拓者丹尼尔·布恩（Daniel Boone），大多数语言学家都是在他开拓的领地上工作。

过去几十年里，语言学发生了变化，变得更像是地质学、人类学和生物学等"田野调查学科"的一支，其研究越来越需要走出实验室，去艰苦的野外展开实地调查。当然，许多语言学家仍然在世界各地对语言学做田野研究。

但自从 20 世纪 50 年代乔姆斯基学派出现后，语言学的爆炸式增长深刻改变了该学科的风气。许多语言学家（包括我）会受到乔姆斯基的吸引，不是因为其实地研究方法，而是其理论的优雅。

乔姆斯基 20 多岁时便写下了具有突破性意义的论文《语言学理论的逻辑结构》（*The Logical Structure of Linguistic Theory*），首度显示了他理论的前提和公理。他随后发表的《句法结构》（*Syntactic Structures*）、《句法理论要略》（*Aspects of the Theory of Syntax*）、《管辖与约束讲稿》（*Lectures on Government and Binding*）和《最简方案》（*The Minimalist Program*）等，让一代代的语言学家相信，乔姆斯基的理论可能会引领我们得出显著的成果。像许多语言学家一样，我把这些著作读了一遍又一遍。我在教授研究生时，还采用了其中大部分的理论。

乔姆斯基学派的影响力扩大，也得益于他所在的麻省理工学院吸引了不少当今世界的顶尖学子。

这个新的语言学文化，为语言学方法论及其目标带来了巨大变化，而这也是乔姆斯基学派的另一个特征。在乔姆斯基之前，想成为一名美国语言学家，无一例外地要在某个少数语言族群聚居区生活一到两年，并记录下当地语言的语法。这几乎成了北美语言学家一个必经的仪式。

但是乔姆斯基出现后，由于他本人没有从事过田野调查，而他的语言学研究成果，却比从事田野调查的研究者的成果更加有趣，所以可以理解的是，在乔姆斯基的影响下，许多学生和随后加入的教授开始认为，最好的研究方法是演绎而不是归纳，他们从不深入田野，只在研究机构里，从优雅的理论开始，预先设定一些可能适合的前提。

以下是我对这些想法的理解。语言研究的归纳允许每种语言"自证其明"。我们可能通过研究人员田野调查做出的编目来观察语言，先是找到该语言的相关要素（单词、词组、句子、文章等，或者其他研究者在探求该语言时认为重要的元素，田野调查者怎么标注它们都行），然后再观察这些元素是如何组合在一起的（比如该语言的使用者如何用这些要素组成句子、段落或其他单元，他们如何使用这些单元组成对话、故事和其他社会语言的互动形式）。

另外，演绎是从理论出发，先有一些预设的盒子，然后把语言的各个层面纳入其中。你也可以制作新盒子，但人们不赞成这种做法。演绎理论的大部分争论都集中在盒子的各个面向和边界上。我们也不应该忽略，受乔姆斯基语言学研究的演绎方法影响，文化价值被认为是语言学的关键部分。这些文化价值至少包括以下几点：要成为一个出色的语言学家，田野调查并非必要条件；研究自己的母语，与田野调查此前没有接触过的语言一样重要；语法是独立于文化之外的正式体系。

在 21 世纪，一些人声称，我们对语言形式和意义的知识，已经远远超过了之前所知。这既是科学进步的结果，也是我们站在巨人的肩膀上不断积累知识的结果。莫蒂默·阿德勒（Mortimer Adler）在其著作《西方世界的伟大著作》（*Great Books of the Western World*）的简介中，将此形容为生命的"伟大对话"。

但同时，许多科学家也相信另一个与之矛盾的观念：科学革命。

这个理念由哲学家托马斯·库恩（Thomas Kuhn）率先提出，认为科学理论可能会致科学于困境，科学家将被困在其中，除非有人在上面炸出一个洞，让科学研究在先前的理论藩篱外探索出新的方法。只要与理论不符的事实越来越多，并且理论需要不断地拼凑修补以及用增加例外的方式来说明事实（这就是"辅助假设"），那么这个爆破就会发生。

和其他与之相仿的少数民族语言一样，皮拉罕语呈现出许多与理论不合的特征，毫无疑问，我相信还会发现更多背离先验理论的特征。这些事实要求我们，在墙上凿个洞以便建立一个新的理论。这是皮拉罕语带给我的有关目前盛行理论的反思。

就像我试图让皮拉罕人跟我并排走在城市的大街上一样，研究其他人类的尝试会受到文化的影响。文化不仅会影响科学观察者，同时也会影响我们的研究对象。为了理解人类语言的理论，我们需要考量文化对理论建构的影响，以及文化在塑造研究对象中起到的作用。

这是一个富有争议的观点。史蒂芬·平克（Steven Pinker）在其名著《语言本能》（*The Language Instinct*）中认为，文化对塑造人类语法几乎毫无作用。

平克认为，文化的确对我们讨论的事情负有重大责任。所以某个年代的美国人会用马龙·白兰度（Marlon Brando）和猫王埃尔维斯·普雷斯利（Elvis Presley）来形容谁相对性感，也可能讨论谷歌对研究现代美国社会的影响力；皮拉罕人则喜欢谈论丛林里碰到的神灵或者抓鲈鱼的最佳办法。

文化还会决定词汇。在苏格兰我们会碰到"肉馅羊肚"（haggis）这个词。肉馅羊肚的传统做法是，把羊的内脏（心、肝、肺）剁碎，和洋葱、燕麦粥、香料、板油、盐等佐料混合在动物的胃里，然后再煮上大约 3 个小时。我很喜欢这道菜，但并非所有人都喜欢。它只是一道传统的苏格兰菜，所以无须对苏格兰人为他们文化传统的一部分起了一个特定的词语而感到诧异。

另一个例子是巴西词语 jeito，字面意思是"躺下"或"休息"，不过这是巴西人自己赋予的一个观念，是认为自己有解决问题的特殊技巧或技能的专门术语。例如，我们经常听到巴西人说"我们擅长 jeitos"。不管是这种技能，还是巴西人谈论这种技能的热忱，都属于文化价值的一部分。巴西文化中的成员巧妙地仅用这个单词，就适当地表达了巴西文化中的一个重要概念。这是另一个证明文化和语言通常携手合作、齐头并进的例子。当然，皮拉罕语中也有"快嘴"的说法，它代表当地人独有的一种神灵。

但是大多数语言理论都没有把文化看作塑造语法的独特因素。皮拉罕文化似乎对语法起到了塑造作用，而一些理论家却很难相信，这就是为什么研究皮拉罕语显得愈发重要的原因。

考虑到乔姆斯基提出的一个主要问题（语言之间的相似性解释），我们可以用对人类语言属性的最初理解来欣赏皮拉罕语。

我们在审视世界上的各种语言时，往往会看到许多相似之处。这些相似性比比皆是，而且循环出现，我们似乎本能地不会去思考这些是否只是巧合。在西方文化传统中，作为科学家的我们有义务为这种现象提供一个解释。

　　乔姆斯基敦促我们，把解释这些相似性的重点放在遗传学上，这是寻求解释的一个合理支点。毕竟是共同的基因使我们成为智人这个同一物种，而且我们在其他方面都存在相似之处，比如我们的很多需要、欲望、共同的经历和情绪。

　　按照上述逻辑，我们可以看到，虽然俾格米人[①]和荷兰人看起来非常不同，但他们的共同点远远大于外表的差异，因为跟所有其他人类一样，他们都有共同的遗传基因。不理解进化和遗传学，我们就很难理解人类这个物种的本质。所以，不同语言之间的相似性可以用遗传学来解释，这似乎不无道理。

　　它可以解释为什么各种语言都有类似的词性分类（动词、名词、介词、连词等）。也许，并非所有语言都有上述一整套词性分类，但到目前为止，一种语言中的词性，我们或多或少都能在另一种语言中找到类似的对应。

　　遗传学也可以解释，语言在构成句子的过程中，会受到相应的心理语言学的限制（例如，无论是何种语言，即使句子中的语法完美无瑕，但 "Oysters oysters eat eat oysters" 这样的句子还是难以理解）。这个句子的问题在于有作为中心语嵌入的句子，即一个从句（关系从句 oysters eat）嵌入到另一个从句中（主要的从句是 Oysters eat oysters）。我们可以通过标记来更好地理解这个句子，标记可以提示我们哪里是从句开始的地方，通过插入一个 that，上面的句子就变得通顺了一些："Oysters that oysters eat eat oysters.（牡蛎吃的牡蛎会吃牡蛎。）"

---

① 泛指男性平均身高不足 1.5 米的民族，源于古希腊人对非洲中部矮人的称呼。

语言在意义上呈现出相似的限制。例如，在我们所知的语言中，一个动词要完成它的意义，最多只需要三个名词来构成动宾短语，有些理论说是不超过四个名词。

有的语言允许动词后面不接名词，或是只有不指代任何意义的名词，类似于占位符，比如"It rains（天下雨）"中的"it"。动词也可以只带有一个名词，如"John runs（约翰跑）"；或是带有两个名词，如"Bill kissed Mary（比尔亲吻玛丽）"；甚至是三个名词，如"Peter put the book on the shelf（彼得把书放在架子上）"。但到此为止，不能更多了。"John gave Bill the book Susan"这样的句子并不正确，我们需要更多的动词、更多的句子或是介词，才能加四个或四个以上的名词，如"John gave the book to Bill for Susan（约翰帮苏珊把书给了比尔）[1]"。

当前理论认为，语法是大脑机理的一部分。在此之前，曾有过一个短暂时期，语言研究的纯行为学理论占有主导地位，具体可见B.F. 斯金纳（B. F. Skinner）的研究。

因为行为主义没有将认知纳入研究，所以在解释如何学习语言以及语言之间的相似性上，它的确显得捉襟见肘。但是，对于这一点，以普遍语法为基础的理论似乎也没有好多少。

造成如此结果的原因有很多。在这几年里，涌现出了很多优秀的新研究理念，它们既不建立在斯金纳的极端观点上，认为语言跟

---

[1] 英语的祈使句中没有主语，比如"Run!（快跑！）"这个句子。但语言学家认为，因为祈使句的主语一定是"你"，所以这里有一个大家都能理解的隐含主语。当我说"快跑！"时，我肯定是指"你"快跑，而不是指其他人。

人类行为别无二致，也不是建立在乔姆斯基的观点之上，认为语法存在于我们的基因中。其他可能的解释，包括沟通的逻辑要求，这伴随着社会和文化的本质而来。

马克尔·托马塞洛（Michael Tomasello）的语言心理学研究小组位于德国莱比锡的马克斯·普朗克进化人类学研究所（Max Planck Institute for Evolutionary Anthropology），这是一个世界顶尖的团队，致力于研究语言，以及语言如何在社会中出现。该团队的研究不受行为主义和乔姆斯基理论的束缚。

乔姆斯基的影响力之所以渐渐衰退，一个主要原因是，在如今，许多人发现它过于模糊而且无法验证。许多语言学家都发现，乔姆斯基目前的研究对他们似乎没有太大的用处。

乔姆斯基语言理论还有一个问题，也就是我想在此指出的，是语言与乔姆斯基的设想并不一致，实际上它们之间的差异十分巨大。

如果皮拉罕人是西方意义上的哲学家和语言学家，那么他们便不大可能发展出与乔姆斯基相似的语言学理论。与笛卡儿的创造力概念不同，皮拉罕的文化价值观限制了可接受对象的范围和谈话方式，使之局限于狭窄的直接经验范围之内。

但同时，皮拉罕人又很爱谈天。从造访过皮拉罕村的人那里，我听到的最普遍的评论是，皮拉罕人总是在一起有说有笑。至少在自己的村子里，皮拉罕人一点也不拘束。

他们经常躺在小屋里从不熄灭的火堆旁，把土豆或块茎埋在煤炭里慢慢烧，然后不断地谈论钓鱼、神灵、刚刚来访的外国人、今年巴西坚果产量减少的原因等。他们会暂停一下，从火堆里取出土豆，把皮剥开食用，然后一边思考，一边继续谈话。

有很多话题他们都不会谈及。而我在南加州长大，在我的成长过程中，我的家人也有很多话题都不谈。我们会谈论牛群、收成、拳击、烧烤、酒馆、电影和政治等一些话题。但我的家人对"笛卡儿的创造力"不感兴趣。也许语言学家会对它感兴趣，但这并不是因为他们谈论的话题更多。事实上，我认识很多大学教授，他们谈论的话题也很狭窄，跟皮拉罕人相差无几。

大部分时间里，语言学家都在讨论语言学和其他语言学家，哲学家都在谈论哲学、其他哲学家和酒。很多人的话题基本上也是如此，受限于自身的职业和相关领域。当然，要用单一语言谈论上述话题，我们的语言必须要有足够的词汇，才能谈论所有的学科、职业和贸易等。

我们经常认为，自己的知识放诸四海皆为准绳，似乎我们对圣地亚哥的了解和感知，也同样适用于德里。但是我们所知所思的东西，都受到地域信息的局限，也没办法运用在新的环境，其困难程度，类似于把 110 伏的电器接到 220 伏的电源上。

例如，对于在现代大学做语言理论研究的语言学家来说，当到实地做田野调查时，如果对新环境足够敏感，那么他很快就会明白，自己的理论与现实中的语言并不能精确匹配。如果能适应当地，那么理论可能就会有用；如果不能，事实就必须掐头去尾才能符合这个理论。

对于认为语言或语法是天生的理论，这一点直击其要害。尽管这些理论在教室里看起来很有吸引力，但它们很难与事实相符。乔姆斯基和平克认为天性可以解释人类语法的演化与当前形势。

乔姆斯基的普遍语法和平克的语言本能认为，语言是我们基因的一部分。几十年来，这些观点对人类的心理学和语言学研究产生了重大影响。但是，对于心理学、进化以及人类语法和语言形式，还存在其他可能的理论解释。

例如，斯金纳认为，语言不过是环境的产物，它不是天生的，而是后天养成的。乔姆斯基在 1959 年对斯金纳的理论大力抨击，认为斯金纳的模式无法有效解释语言系统、物种和个体的出现。但另一方面，乔姆斯基和平克将语言的核心归因于天性的解释，也显然存在一定的问题。比如皮拉罕语中没有递归，以及其文化对语法的限制，这些都有悖于普遍语法。这也说明，语言的起源和本质比任何简单的二分法都更加复杂。

如果这个理论不够充分，那么，我们还有什么别的选择呢？

我们还有一个理论：无论在何种文化中，语法（即语言的结构）的重要性，都远不如文化的意义及其限制。

如果这是正确的，那么它在语言学研究的方法论上意义深远。这意味着我们无法离开文化背景去研究语言，特别是当目标语言的文化背景与研究者的文化背景截然不同时。

这也意味着，像大多数当代语言学家认为的那样，语言学并不是心理学的一部分，而应该是人类学的一部分（像萨丕尔认为的那样）。事实上，这意味着心理学本身就是人类学的一部分，萨丕尔也同意这一点。脱离了人类学和田野调查的语言学，就像是脱离了化学物质和实验室的化学研究。

　　不过有时候，当我们研究这些文化时，学到的知识远远超出了我们的科学目标。在皮拉罕人身上，我学到了很多对自身灵性的认识，这些认识足以永远改变我的人生。

Don't Sleep,
There Are Snakes

Life and Language
in the Amazonian Jungle

Don't Sleep,
There Are Snakes

*Life and Language
in the Amazonian Jungle*

第三部分
尾　声

第 **17** 章

"被洗脑"的传教士

既不传道也不施行洗礼,他们避免扮演牧师的角色。确切地说,他们认为,要给原住民传播福音,最有效的方式就是把《新约》翻译成当地语言。传教士相信《圣经》是上帝说的话,因此他们认为,《圣经》能替他们发言便合情合理了。所以在皮拉罕地区,我的日常活动主要是深入研究皮拉罕语,以便更准确地翻译《新约》。

在翻译的过程中,我每翻译一章,都会向不同的村民验证我的翻译是否准确。在白天空闲的时候,我常常跟人谈论我的信仰,告诉他们信仰于我的重要之处。我的传教活动大概如此,与典型的传教士并无二致。

1983 年 11 月的一个清晨,当时我已经在皮拉罕地区生活了大约 14 个月,正坐在屋里和几个皮拉罕男子一起喝咖啡,咖啡味很淡,放了很多糖。

当时大约 10 点钟,天越来越热,而且会一直热下去,直到 16 点,然后才会逐渐降温。我面对河岸享受微风吹拂在我的脸上,和皮拉罕人谈论他们听到的一英里（约 1.6 千米）外从马梅卢斯河上传来的船声。这时科贺走了进来，我起身给他倒了一杯咖啡。

科贺从我手里接过杯子，说道："嘿，丹尼尔，我想跟你谈谈。皮拉罕人都知道，你为什么离开家人和祖国，来到这儿与我们一起生活。你这么做是为了给我们宣扬耶稣，你想让我们像美国人一样生活。但是皮拉罕人不想像美国人一样。我们喜欢喝酒，我们喜欢享受齐人之福，我们不想要耶稣。但是我们喜欢你，你可以跟我们待在一起。但是不要再谈任何关于耶稣的事了，好吗？"

尽管暑期语言学院从不允许其成员在皮拉罕人中传教，但在与我交谈，帮助我翻译《新约》的过程中，科贺已多次听说过我的信仰。然后，他提到在我之前来村子的那些美国传教士，补充道："阿洛给我们讲耶稣，史蒂夫也给我们讲耶稣，但是我们不需要耶稣。"

在场的其他男人非常赞同他的观点。

我回答说："如果你们不想要耶稣，你们也肯定不需要我了。我们一家人来到这里，就是为了告诉你们耶稣的存在。"

我说我得去学习了。围坐着的人纷纷起身，轮到他们去打鱼了，因为其他男人已经回到村里，有独木舟可供他们使用了。

科贺的话让我感到震惊，它给了我一个明确的道德选择。当时在我看来，向皮拉罕人传教，是为了让他们选择有目的的而不是虚度的生活，让他们选择永生而不是死亡，让他们选择快乐和信心而不是绝望和恐惧，让他们选择天堂而不是地狱。

如果皮拉罕人理解福音而拒绝它，这就是另一回事了。但也许他们根本就不清楚福音的内容，事情很有可能就是这样，因为和本地人相比,我的皮拉罕语还有待提高。

在和皮拉罕人一起生活的最初阶段里,有一次,我以为自己的皮拉罕语已经很不错了,足以用地道的方式告诉他们,为什么耶稣是我的救世主。这是福音派基督徒的通常做法,叫作"给你救赎"。它是想告诉人们,如果你信仰耶稣前的生活很糟糕,那么获得耶稣救赎的事迹就越奇特,而听众接受耶稣的动机也就越强烈。

那天晚上 7 点左右,我和家人刚刚吃完晚餐。我们先前已经在麦茨河里洗完澡,现在仍然觉得很凉爽。这时候,皮拉罕人会来到我们家里,我们一边喝咖啡一边聊天。我通常会谈谈我对上帝的信仰,以及为什么皮拉罕人也应该像我一样信仰上帝。由于皮拉罕语中没有"上帝"这个词,我便使用了谢尔登建议的一个术语"Baíxi Hioóxio(高高在上的父亲)"。

我告诉他们:"那位高高在上的父亲使我的生活更加美好。我过去像你们一样喜欢喝酒,有许多女人,但却很不开心。后来,高高在上的父亲走进我的心里,改变了我的生活。"

我没有想过,皮拉罕人能否理解这些新的概念、隐喻和我发明的名词。但它们对我是有意义的。当天晚上,我决定告诉他们一些非常私人的事,我认为这能让他们理解上帝在我生活中的重要作用。于是,我给皮拉罕人讲我的继母自杀的故事,这件事让我戒酒戒毒,在信仰耶稣之后,我的生活发生了可喜的变化。我认真严肃地讲述了这个故事。

当我讲完后,皮拉罕人哄堂大笑。说实在的,我没想到会是这样的效果。我习惯了这样的反应:"上帝真好!"我相信听众会对我人生中的挫折，以及上帝如何帮助我渡过难关的故事印象深刻。

"你们为什么会笑？"

"她竟然自杀？哈哈哈！太蠢了。皮拉罕人不会自杀。"

他们完全不为所动。显然，对于亲人自杀促使我信仰上帝这件事，皮拉罕人根本无法理解。而且我的故事恰恰适得其反，凸显了我们之间的分歧。这让我很受挫，之后，我花了好几天的时间思索我来皮拉罕村的目的。

我开始逐渐明白任务的艰巨。我或多或少正确地向皮拉罕人传达了基督教信仰。听我讲故事的人会知道，有个叫耶稣的人，他希望别人能照着他说的话行事。

皮拉罕人接着就会问："嘿，丹尼尔，耶稣长什么样子？他跟我们一样黑，还是像你一样白？"

我说："嗯！实际上我从未见过他，他生活在很久很久以前，我只知道他说过的话。"

"喔，丹尼尔，你从来没听过他讲话，也没见过他，那你怎么会受到他的感召？"

然后他们会明确表示，如果我没有见过这个人，是实际上的见到，而不是在任何隐喻意义上，那么任何关于耶稣的故事，他们都不感兴趣。现在我已经明白，这是因为皮拉罕人只相信他们看到的事物。有时他们也相信别人告诉他们的事情，只要是说话的人亲眼所见。

我当时判断，皮拉罕人之所以难以接受福音，部分原因是波斯多诺沃的皮拉罕人与卡巴克罗文化的接触太频繁，以至于他们认为比起美国文化,卡巴克罗文化更符合他们的生活方式,而这关乎他们对福音的态度。于是我推断,如果我搬到一个远离河流交易之外的皮拉罕村,我的传教活动应该就能成功。我知道两个这样的村庄,一个在跨亚马孙高速公路旁边,另一个则很偏远,从跨亚马孙公路出发,要花上一天的时间,而从我们目前住的地方出发,开摩托艇也大概要三天的时间。

我跟凯伦讨论此事。我们都认为,不管做何决定,都应该先休一次假,这也是我们五年来第一次返回美国。我们正好可以给赞助商汇报情况,并且好好休整一下,同时评估下一步的传教工作。

在休假期间,我再次认真思考了传教工作面临的挑战:说服一个快乐满足的民族,告诉对方,他们已经在生活中迷失,需要耶稣的救赎。拜欧拉大学的神学教授柯蒂斯·米切尔(Curtis Mitchell)曾说:"先得让他们陷入迷茫,然后才能让他们得救。"如果人们不认为自己的生活缺少了什么,那么他们是不太可能接受新信仰的,特别是关于上帝和救赎的信仰。我面临严峻的语言和文化的挑战,我甚至连皮拉罕语还说不好,而且不知道,皮拉罕语的特点几乎保证我不能向他们传递任何公元一世纪的信息。

我们前往一个偏僻的村庄。我们沿着上游走了约250千米到阿吉欧派村,要是从下游的跨亚马孙高速公路走,得花上6个小时。这个新的皮拉罕村热情欢迎我们的到来。在这个新定居地的头几年里,我们主要睡帐篷。如果想到村子里来,我们要么搭便车,要么自己租车,要么开着我们的小越野车,先上到跨亚马孙公路,然后在中途交换交通工具,乘摩托艇沿着麦茨河到达村里。暑期语言学院的传教士负责用皮卡把我们的后勤物资载到河边。

　　我给这群皮拉罕人带来了一些新的东西：一本刚刚翻译出来的皮拉罕语版《马可福音》。我在这上面花了不少心思，直到搬到这个村庄的前几周才完成。

　　在把翻译本分发给皮拉罕人使用之前，暑期语言学院要求我安排个时间进行所谓的"核查会议"。我说服多托尔来波多韦柳港，他在学院待了几个星期，帮我审查翻译的质量。

　　威克利夫圣经翻译协会（Wycliffe Bible Translators）的主任约翰·泰勒（John Taylor）曾在牛津大学学习古典语文，他同意来检查我的成果。在第一次会议中，约翰把希腊语版的《新约》放在面前，让我用皮拉罕语问多托尔，他如何理解《马可福音》的某些章节。多托尔听了我的第一个问题，但几乎没有抬头看我，只是专心摸着脚后跟上的老茧。

　　房间里开着空调，多托尔玩烦了脚上的茧子后，指着空调问道："那是什么？"然后他指着门把手、桌子和房间里的其他物件，一一重复着这个问题。约翰起初担心，是不是多托尔没理解我的翻译。

　　我也很紧张，因为我热切地希望能够通过这次翻译审查。我催促多托尔，直到他终于正面回答了我的问题。我们很快就进入每天几小时的常规工作节奏。两个星期之后，约翰相信多托尔理解了《马可福音》。威克利夫圣经翻译协会的一个要求是，参与审查的当地人从未在翻译过程中担任实际工作。他们希望审查者是个"局外人"，与翻译成果没有任何的利益纠葛。

　　虽然多托尔理解了这个翻译，但结果并没有让我很开心，反而让我有些不安。如果多托尔真的像看上去的那样理解了《圣经》，为什么他的态度如此冷淡？多托尔对《马可福音》传递出的"信息"既不感兴趣也无动于衷。

回到村庄后，我录下自己用皮拉罕语读的《马可福音》，把它拿给当地人听。然后我带来了上发条的录音机，并且教皮拉罕人怎么使用。让我惊讶的是，有些小孩真的学会了。我和凯伦离开了村庄，几个星期后回到那里，发现孩子负责操作机器，人们仍然在听福音。一开始，这一幕让我十分开心，但是随后我就发现，他们只是重复听这本书的一部分而已，也就是施洗者约翰被砍头的那部分："哇，他们砍了他的头。再放一遍！"

我想，也许是因为我的口音问题，所以他们才没有听完整部福音。为了解决这个问题，我决定让皮拉罕人读翻译本，并且把他们的声音录下来。我说一句，然后他跟着说一句，尽量让语调保持自然。完成后我们到工作室增加音乐和音效，还对录音做了比较专业的剪辑。这一次，录音听起来完美无瑕。

我们复刻了好几盘录音带，还买了更多的手摇式录音机。好几天的时间里，皮拉罕人每天都要播放录音好几个小时。我们确信，有了这个新工具，让皮拉罕人皈依基督轻而易举。

录音机有一个坚硬的绿色塑料外壳和一个黄色的手柄，我教刚刚结识的阿欧比西怎么使用。我坐在他旁边，向他展示如何扭动手柄，慢慢地保持电力的稳定。我们一起听录音，他笑着说他很喜欢。我很高兴，于是起身离开，让他单独聆听。

第二天傍晚，我看到一群人坐在村子河对岸的沙滩上，围着火堆一边吃鱼一边欢笑。于是,我带着录音机划向他们,问他们是否想听。"好啊!"他们异口同声地回答,表现出极高的兴致。他们喜欢打破单调的新鲜事物,果然没有让我失望。我慢慢地摇动手柄,开始从头播放《马可福音》。我问他们能否明白录音的内容,他们回答能,还把听到的转述给我,让我知道的确如此。夜幕降临,我们坐在沙滩上,围着篝火谈论福音。这是我梦寐以求的一幕。

但是突然,多托尔问了我一个问题。

"嘿!丹尼尔,录音机里的人是谁?听上去像是皮欧阿泰。"

"是皮欧阿泰。"我回答。

"哦,但是他从来没见过耶稣。他告诉我们他不认识耶稣,也不想要耶稣。"

通过这个简单的观察,皮拉罕人已经认定这些磁带没有多少精神上的营养,他们不会让这样的认识论控制自己的思想。

但是我没有放弃,我一边播放《马可福音》,一边又以《新约》相关内容的商业化幻灯片做补充,场景包括耶稣、门徒等。

就在影片放映结束后,第二天早上,一个叫卡阿欧伊的皮拉罕老人过来帮我处理语言研究中遇到的问题。工作时他突然说了句话,把我吓了一跳:"妇女们害怕耶稣,我们不想要他。"

"为什么呢?"我问,很想知道其中的缘由。

"因为昨晚他来到村里,还想和村里的女人做爱。他在村里追着她们到处跑,想把他的大阴茎插进她们的身体里。"

卡阿欧伊还用他的两只手向我比画耶稣的阴茎尺寸:足足有90厘米长!

我不知道该说些什么。我不知道是不是某个皮拉罕男人冒充耶稣，假装他有很长的阴茎，或者这个消息背后是否还有其他的秘密。显然，卡阿欧伊不是在胡编乱造，他述说这件事儿是因为感到担心。后来，我又问了村里另外两个男人，他们表示确有此事。

我在皮拉罕地区遇到的核心问题在于，我用尽心力，赌上自己的生活和事业所传递的福音并不被皮拉罕人接受。至少我从中得到一个教训，我满心以为福音对所有人都有精神方面的吸引力，但这一点毫无根据。

皮拉罕人并不需要新的世界观，他们守护好原来的就可以了。如果在第一次造访皮拉罕人前，我能花时间阅读相关资料，应该就会明白，200多年来，传教士一直在试图改变他们的信仰，但每一次都劳而无功。早在18世纪，就有传教士接触皮拉罕人和穆拉人的记载，这两个种族有密切联系，而且都以"顽固"著称，目前所知，没有哪个时期皮拉罕人曾真正改宗。但即使当时我已经知道了这些知识，恐怕我也不会却步。我会像所有新进传教士那样，把这些事实放在一边，并坚信我的信仰最终能够克服任何障碍。但皮拉罕人从不觉得迷茫，所以他们也不需要救赎。

直接经验原则意味着，如果你不曾直接经历一些事情，那么你说的任何话都无足轻重。这使得皮拉罕人对传教士费尽口舌的话语无动于衷，因为他们提到的故事都发生在久远的时代，现在活着的人都不曾目击。这解释了为什么他们长期以来抵制传教士的布道，创世纪神话并不符合他们对证据的执念。

令人惊讶的是，我完全同意他们的立场。皮拉罕人并不因言立人，这也并非完全出乎我的意料。我从不相信传教工作是一件简单的事，但身临其间，感觉还是更胜一筹。

真正令我吃惊的是，皮拉罕人对福音的拒绝态度竟使我质疑自己的信仰。毕竟我不是新手。我以优异的成绩从穆迪圣经学院毕业，曾在芝加哥的街头布道，用救赎的口吻四处演说，还曾上门布施，在自己的文化中与无神论者和不可知论者激烈辩论。在传播福音方面，我可谓经验老到、训练有素。

但我也是一个训练有素的科学家，认为证据至关重要。对于科学问题，我会寻找证据的支撑，就像皮拉罕人要求的那样。但现在我没有他们想要的证据，只有一些主观感受来支撑我说的话。

还有一个挑战是，随着与皮拉罕人接触的深入，我越来越敬佩他们。他们身上有许多我欣赏的地方，他们是一个有主权意识的民族。他们实际上想告诉我的是，去其他地方兜售你的商品，在我们这里，福音没有市场。

所有我珍视的教义和信仰与皮拉罕文化都大有径庭。在皮拉罕人看来，我的信仰是一种迷信。而现在，我也越来越觉得这是迷信。

我开始认真质疑信仰的本质，以及相信不可见事物的行为。宗教书籍把死而复生、天使、奇迹等抽象的、违反直觉的信念神圣化。皮拉罕人对直接经验和证据的价值执念，使这一切显得非常可疑。他们自己的信仰与幻想或奇迹无关，他们信仰的神灵实际上是环境中平凡无奇的生物，不管我是否认为他们是真实的神灵。皮拉罕人没有"原罪"的概念，也不认为人类需要"救赎"。

总的来说，他们认为事物都有其可以接受的存在面貌。他们对死亡无所畏惧，他们的信仰就在自己的生活之中，这并非我第一次质疑自己的信仰。巴西的知识分子、我的嬉皮士背景和阅读的大量书籍，都曾让我对信仰产生怀疑。但是，皮拉罕人是压垮我的最后一根稻草。

因此，在 20 世纪 80 年代晚期，我开始暗自承认，自己不再相信任何信仰或超自然的事物。我私底下成了一个无神论者，但我并不为此感到自豪。我担心我爱的人发现这个秘密。尽管我知道终究要跟他们坦承一切，但我害怕面对后果。

在传教士及其赞助者中，他们总有一种情怀，认为传教工作是一项崇高的挑战，需要献出自己的金钱和青春，自愿去世界上危险而艰苦的地区为耶稣服务。传教士每到一处，他或她便立刻开始了兼具冒险和利他主义的生活。显然，传教士会受到自身愿望的驱动，转而想要让他人相信自己的真理观，但是劝服的效果往往因人而异，有时也会出现糟糕的结果。

我终于准备好承担后果，打算让别人知道我的"叛变"时，已经是我第一次怀疑信仰的 20 年之后。如我所料，当我宣布自己的信仰已经改变时，它给我个人带来了严重的后果。无论任何人，对亲密的朋友和家人坦白自己与他们不再有相同的信仰，都是一个艰难的决定，毕竟，正是因为共同的信仰，大家才走到了一起。这就像同性恋者突然宣布出柜，会使毫无准备的亲友大吃一惊。

最后，我放弃了信仰，并因此出现了认识论上的危机。最终，这导致我最不愿意看到的事情发生了：家庭破裂。

在亚马孙河牺牲的传教士吉姆·艾略特（Jim Elliot）曾经说过

一句话:"智者付出无法保留的东西,而得到无法失去的东西。"这句话影响我多年。当然,他的意思是说,这个世界是我们无法得到的东西,上帝和天堂是我们无法失去的东西,放弃世界得到天堂,这是一桩划算的买卖。

我放弃了留不住的信仰,以获取无法失去的自由,从托马斯·杰斐逊(Thomas Jefferson)的"思想的暴政"中解脱出来,遵循个人的意愿而非权威。

皮拉罕人促使我质疑长期以来坚持和依靠的一些真理。对上帝信仰的质疑,以及在皮拉罕地区生活的经历,让我甚至开始质疑现代思想中更为基础的一些思想,比如真理概念。实际上,我觉得自己仿佛生活在真理的错觉中。上帝和真理是一枚硬币的两面,如果皮拉罕人没错的话,那么上述两者都阻碍了生活和精神。皮拉罕人生活的品质、内心的幸福和满足,都强烈支持他们的价值观。

从出生开始,我们就试图简化周围的世界。对我们来说,弄清这个世界过于复杂,除非我们已经决定该注意什么、该忽略什么,不然有太多的声音、景象和刺激需要应付,我们会因此寸步难行。

在特定的知识领域,我们把这种简化称为"假设"和"理论"。科学家们把自己的事业和精力投入某些简化的尝试中。他们向各种组织申请资金,让他们前往或者构建一个新环境,以检验他们的简化方案。

现在,我越来越不满足这种"优雅的理论"(它得到的结果虽然漂亮,却未必有用)。做这类研究的人通常都觉得,自己正走在通往真理的大道上。但正如美国实用主义哲学家和心理学家威廉·詹姆斯的告诫，不要把自己太当回事儿。我们不过是进化而来的灵长类动物而已，不要荒谬地认为宇宙是一片专为我们预留的净土。终其一生，我们都不过是摸象的盲人，或是在错误的方向寻找钥匙，只因为路这边光线更亮。

皮拉罕人坚守实用主义的概念。他们不相信头顶有天堂，也不相信脚下有地狱，更不相信任何仁人志士为之抛头颅洒热血的抽象事业。他们给了我们一个机会去探索，没有公义、圣洁和罪恶等绝对真理，人生会有怎样的可能。

没有了宗教和真理的支撑，人类还有可能生活吗？皮拉罕人就是这样生活的。当然，他们也跟我们一样会有担忧，因为许多担忧都源于生物性，而与文化无关。我们的文化会赋予无法形容，但确实存在的担忧以意义。但很多时候，他们的生活都超脱于这些担忧之外，因为他们活在当下，每天都会从生活中发现更多的意义，因此很快就会轻松消除担心、恐惧、绝望等诸多困扰西方社会的因素。

他们不渴求超越现实的真理。事实上，在他们的价值中，这个概念也没有立足之地。皮拉罕人的真理体现在打鱼、划独木船、与孩子嬉笑、爱自己的哥哥、死于疟疾等事情上。这使他们显得原始吗？许多人类学家的确是这么认为的，于是他们急切地想要找到皮拉罕人对上帝、世界和创造的看法。

但是，还可以从另一个方面来思考问题。也许，存在这些担忧的文化才更加原始，而没有这些担忧的文化可能更加先进。如果这个假设正确，那皮拉罕人就是十分先进的民族。这听起来牵强吗？

让我们扪心自问，是带着惶恐和担忧去看待宇宙，相信文明能够理解一切，还是随遇而安地享受生活，并认识到寻找真理或上帝不过是一场徒劳？这两种文化，哪一种更为先进呢？

皮拉罕人围绕生存的实用性来构筑他们的文化。他们不担心未知的东西，不狂妄地认为自己知晓一切，也不渴望得到别人的知识或解决问题的方法。他们的态度，与我在此总结的枯燥条陈并不完全一致，但这种态度的确贯穿在皮拉罕人的日常生活中，在检视自己的生活和秉持的信仰时，也对我有很大帮助。我之所以是今天的我，包括我的无神论世界观在内，在很大程度上都要归功于皮拉罕人的影响。

Don't Sleep, There Are Snakes

*Life and Language
in the Amazonian Jungle*

为什么要关心其他的文化和语言？

汉斯·劳辛濒危语种工程（The Hans Rausing Endangered Languages Project）由伦敦大学的亚非研究所发起。汉斯·劳辛（Hans Rausing）的女儿丽斯贝特·劳辛（Lisbet Rausing）向该项目捐赠 2 000 万英镑，旨在记录世界上各种濒临灭绝的语言。

只为研究一个弱小部落的语言，为什么就有人愿意豪掷 2 000 万英镑？说得客气些，这些地方根本不会有游客的踪影。而且，我们轻易就能证明，无论是语言的产生、消失、传播，还是新语言的诞生，都是自然选择。一个以濒危语种为母语的人在生活中会有诸多不便，因为他们的母语快消亡了，所以不得不学习一门新的语言。

事实上，如果人们认为，巴别塔①仅仅只是一个诅咒，或是人类某些问题的象征符号，那么实际上，对于人类语言的均质化或"全

---

① 记载于《圣经·旧约·创世记》第 11 章，指当时人类联合起来兴建的、希望能通往天堂的高塔。为了阻止人类的计划，上帝让人类说不同的语言，使人类相互之间不能沟通，计划因此失败，人类自此各散东西。此事件，为世上出现不同语言和种族提供了解释。

球化"而言,口语的减少可以说是一件好事。

在劳辛濒危语种工程的网站上,他们列举了为什么要保存濒危语种的理由:今天,世界上大约有 6 500 种语言,在未来 50—100 年内,有一半面临灭绝的威胁。这将是一个社会、文化和科学的灾难,因为语言代表的是某一群体独特的知识、历史和世界观。在人类沟通能力演化的过程中,每种语言都是一个特殊变体。

这听起来很有说服力。单是皮拉罕语和当地文化的结合,就告诉给我们人类认知的一些秘密。现在可以思考一下,我们还能从其他濒危语种中学到很多类似的教训。

语言之所以濒危,至少有两个方面的原因。第一,讲这种语言的人本身也面临着灭绝的危险。皮拉罕人已经不足 400,这个族群很脆弱,因为他们对疾病几乎没有抵抗能力,而他们与外部世界的接触越来越频密,巴西政府也无法有效控制外人进入他们的领地。所以皮拉罕语的危机也是皮拉罕人面临的危机,他们的生存受到了严重威胁。

第二,"市场作用"或自然选择的结果。比如爱尔兰语、迪埃格诺语、巴纳瓦语等少数语言的使用者,开始使用官方的主流语言如英语、葡萄牙语等,因为这样在经济上更为有利。巴西土著的巴纳瓦人离开他们原来的土地,去为巴西人打工,因为他们开始依赖工业商品。他们在新环境中使用自己的语言会被人耻笑,而葡萄牙语才是与巴西人共事时所需的语言。巴纳瓦语因此开始消失。

不过,从第二个层面上说,皮拉罕语不会灭绝,因为皮拉罕人对葡萄牙语或任何其他语言不感兴趣,他们没有放弃自己语言的必要。

在探讨语言和文化的独特关系后，我们引发了一个更普遍的问题：对于那些不使用濒危语言的人而言，他们会有些怎样的损失呢？我们真的会有损失吗？答案是肯定的。

实际上，在历史的某个特定时期，人类使用的语言不过是可能发展出的语种中的一部分而已。语言是特定文化经验的载体，失去一种语言，就意味着失去一门语言的单词和语法知识。假设这种语言没有得到研究或记录下来，这样的知识就永远无法被人类发现。当然，并非所有已经灭绝的语言都会带来实际的利益，但是它们的重要性在于，能教会我们用不同的视角思考生活，帮助我们更好地理解生命的本质。

除了皮拉罕人，我还研究过巴纳瓦人。巴纳瓦人是亚马孙流域印第安人的一支，他们懂得制造和使用箭毒——一种涂在吹箭或箭镞上，能快速致命的士的宁毒素。这种制毒能力是几个世纪以来知识和经验的积累，使用的植物种类和制造过程也需要懂得巴纳瓦语才能了解。但这些知识也面临灭绝的危险，因为最后 70 个懂得巴纳瓦语的人都渐渐转为使用葡萄牙语。

对许多像巴纳瓦人的族群来说，语言的消逝，意味着身份认同、群体意识、传统精神甚至是生存意志的消失。

拯救巴纳瓦语、皮拉罕语以及世界上其他即将灭绝的语言，需要语言学家、人类学家和其他志愿者付出巨大的努力。至少我们需要确定世界上哪些语言已经濒危，先要对它们有足够的了解，以便编纂字典，记录语法，留下语言的书面文字，训练以这些语言为母语的人成为老师和语言学家，并获得政府的支持以保护和尊重这些语言及其使用者。这项工作任重而道远。

每种语言都向我们展示某个人类分支面对周遭世界的独特方式。每个种族都会用不同方法来解决语言学、心理学、社会学和文化问题。当一门语言没有留下记录就消失，我们随之就会失去一块了解人类语言起源的拼图。但更重要的是，人类也失去了一个生活方式的典范。恐怖主义等威胁着社会互信和共同预期，此时此刻，濒危语言所树立的典范力量便显得弥足珍贵，语言的灭绝会让我们这一物种丧失更多生存的希望。

除此之外，它还能为暴力、强奸、种族歧视、社会弱势成员、亲子关系等长期存在的普遍问题，提供新颖、深刻且非常有用的处理办法。例如一个有趣的现象，在我研究过的亚马孙部落中，没有人会用儿语与小孩子交谈。皮拉罕人不说儿语，主要是因为当地人秉承一种信念，即所有社会成员都是平等的，不能把孩子与大人区别看待，每个人都有对社会负责的义务，社会也有照顾好每个成员的责任。

再仔细审视一下皮拉罕语和皮拉罕文化，我们还能得到其他同样重要的经验教训。皮拉罕人几乎没有抑郁、慢性疲劳、极度焦虑、恐慌或其他在工业化国家常见的心理疾病。但这种心理健康，并不是很多人想象的那样，是他们没有生活压力的缘故。只有处在工业化社会中的人才存在心理压力，或者说心理困境只出现在文明社会的说法，是一种民族中心主义的论调。

诚然，皮拉罕人不会担心账单或者让孩子上大学的问题。但是他们面对着很多随时会危及其生命的疾病，如疟疾、感染、病毒、利什曼病等。他们热爱生活，需要供养家人；他们的婴儿死亡率很高；

他们经常要面对凶险的爬行动物、哺乳动物、昆虫和其他生物；他们还要面对外界对其领地的骚扰、入侵和暴力威胁。尽管我的生活要比当地人容易得多，但我还是有很多事情需要思考忧心。我跟他们之间的分野无非在于，我的确忧心忡忡，而他们没有。

我从未听闻皮拉罕人谈论他或她的担心。事实上，就我所知，皮拉罕语中没有"担心"这个词。麻省理工学院大脑与认知科学学院的心理学家曾到皮拉罕地区参观考察，他们评价皮拉罕人是他们见过的最幸福的人。

我询问他们，凭什么有此断言？他们回答我，一个简单的衡量方法是，测量皮拉罕人一天中欢笑的平均时间，然后把这个数据与其他国家和地区的居民做对比。他们表示皮拉罕人一定会轻而易举地胜出。过去 30 年里，我研究过 20 多个遗世独立的亚马孙部落，只有皮拉罕人展示出了这种非比寻常的幸福感。我研究过的其他族群通常都阴沉寡言，挣扎在保持自身文化与获取外界商品的矛盾之中。而皮拉罕人从来不曾为此纠结。

根据我与皮拉罕人共处的感受，这些同事说得没错。皮拉罕人是难得的知足常乐的族群。我甚至可以进一步断定，相比我知道的任何有信仰的民族，皮拉罕人都更加快乐健康，也能更好地适应环境。

Don't Sleep, There Are Snakes

Life and Language
in the Amazonian Jungle

致 谢

Don't Sleep,
There Are Snakes

本书得以付梓，我要再次衷心感谢与我有共同经历，并让这些经历转化为文字的人。首先是所有的皮拉罕人，在过去几十年中，他们教会了我很多东西。他们的智慧、美丽、耐心、诚挚的友谊，以及他们对我和我家人的爱护，令我的世界变得更加美好。

感谢巴西国家印第安人基金会驻波多韦柳港的所有成员，特别是希尔·奥斯曼（Seu Osman）和希尔·罗慕（Seu Rómulo）长期以来对我的研究工作的支持。我和奥斯曼几乎在同一时期开始对亚马孙流域的印第安人展开研究，他的无私奉献精神令我无比钦佩。

我的前妻凯伦与我经历了本书所记录的大部分生活，真诚地感谢她陪伴我度过那么多个铭心刻骨的日子。还有我的孩子莎伦、克里斯和卡莱布，每当我身陷危机，是他们让我保持镇定和理智，我才得以安然度过一个又一个险境。

没有家人的陪伴和支持，书中所有的经历和由此得出的启发都将无从实现。十七章记录的变化使得我们之间的关系变得紧张，但我相信，诚如使徒保罗所言，爱可以超越一切。

史蒂夫·谢尔登先于我在皮拉罕地区传教，多年来，他一直支持我的工作，是我的良师益友，在此我向他深表谢意。从多年前他介绍我到皮拉罕地区，到后来亲自帮我打印博士论文，30多年来，我们同舟共济，一起应对各种困境。我无法用语言精确地描述史蒂夫给予我的巨大帮助。我衷心地感谢他，以及他的前一任传教士，也是皮拉罕地区的第一个传教士阿洛·海因里希斯，感谢他们在此之前打下的良好基础。

迄今为止，许多皮拉罕人都念念不忘在 20 世纪 60 年代初期，当麻疹疫情暴发时，阿洛如何帮助他们狩猎，为他们寻找食物。村里的老人打心眼里感谢阿洛和史蒂夫，皮拉罕这个族群能继续繁衍生息，二人功不可没。我希望过去 30 年中，我为皮拉罕人提供的微不足道的医疗帮助，能或多或少地报答他们多年来对我人生的贡献。我希望那些因注射氯喹或青霉素而得以幸免于难的孩子，会记得曾经有个人来过他们生活的地方，他的名字叫鲍艾西。这是我内心小小的奢望。

当然，没有伊利诺伊州州立大学同事给予的慷慨支持，我无法写完这本书。感谢我们这个温暖、学术氛围浓厚的大家庭；感谢语言、文学、文化等科系的同事宽容我如此热情地投入这个项目；感谢校长阿尔·鲍曼（Al Bowman）先生在多个场合对我的鼎力支持。院长加里·奥尔森（Gary Olson）先生给我提供了极大的帮助和支持，我没齿难忘，对此表示深深的谢意。

我还要在此感谢拨冗阅读部分或全部手稿、提供建议，甚至是细致批评的人，他们是曼弗雷德·克里夫卡（Manfred Krifka）、莎伦·拉塞尔（Shannon Russell）、克里斯坦妮·迪金斯（Kristene Diggins）、琳达·埃弗里特（Linda Everett）、米切尔·马托克斯（Mitchell Mattox）、迈克·弗兰克（Mike Frank）、海蒂·哈雷（Heidi Harley）、珍妮特·萨凯尔（Jeanette Sakel）、泰德·吉布森（Ted Gibson）、罗伯特·万·瓦兰（Robert Van Valin）、杰弗里·普勒姆（Geoffrey Pullum）、科马克·麦卡锡（Cormac McCarthy）、C.C. 伍德（C. C. Wood）和约翰·塞尔（John Searle）。他们的意见和建议为本书增色不少。匹兹堡大学的院长大卫·布朗姆博（David Brumble）也给予了重大帮助，他幽默而直率的建议，让我的表述更加清晰。

过去 25 年来，我在亚马孙地区的语言研究得到美国国家科学基金会、国家人文基金会（National Endowment for the Humanities）、欧盟（the European Union）、艺术与人文研究委员会（Arts and Humanities Research Council）以及英国经济和社会研究理事会（the Economics and Social Research Council of the United Kingdom）、圣保罗州科研资助基金会（Fundação de Amparo à Pesquisa do Estado de São Paulo）等机构的支持。我感谢这些组织机构的慷慨，允许我使用巴西、欧洲、英国和美国纳税人的钱去研究亚马孙地区的濒危语言。

《纽约客》（The New Yorker）的摄影师马丁·舍勒（Martin Schoeller）非常慷慨地让本书使用他在皮拉罕地区拍摄的照片。《纽约客》作家约翰·克拉品托（John Colapinto）则间接帮助我以高水平的文笔书写本书，在写作的过程中，我多次从他"不朽的散文"中得到力量和灵感。

感谢 Pantheon 出版社的编辑爱德华·卡斯坦米尔（Edward Kastenmeier），在本书写作过程中，他曾多次同我用心探讨，帮助我用更形象的方式描述皮拉罕人，让他们从众多意象中脱颖而出。在整个写作过程中，编辑约翰·戴维（John Davey）也提供了许多宝贵意见。

最后也是最重要的，感谢我的经纪人马克斯·布罗克曼（Max Brock-man），是他的鼎力支持才使这本书得以出版。他的信任使我有勇气去完成这本书。

共读书单
Don't Sleep,
There Are Snakes

　　以下是历年来我们的读者推荐的各类兼具权威性和实用性的书籍。

人文历史

《麦哲伦与大航海时代》(*Over the Edge of the World*)
　　劳伦斯·贝尔格林(Laurence Bergreen)

《丝绸、瓷器与人间天堂》(*Marco Polo*)
　　劳伦斯·贝尔格林 (Laurence Bergreen)

《海洋征服者与新航路》(*Columbus : the four voyages*)
　　劳伦斯·贝尔格林(Laurence Bergreen)

《格调与文明》（*How to Be a Victorian*）

露丝·古德曼（Ruth Goodman）

《鱼宴：人类生存进化史》（*Fishing*）

布莱恩·费根（Brian Fagan）

《雨林行者》（*Throwim Way Leg*）

蒂姆·弗兰纳里（Tim Flannery）

《石像、神庙与失落的世界》（*Jungle of Stone*）

威廉·卡尔森（William Carlsen）

国际洞察

《国家兴衰》（*The Rise and Fall of Nations*）

鲁奇尔·夏尔马（Ruchir Sharma）

《美元陷阱》（*The Dollar Trap*）

埃斯瓦尔·S. 普拉萨德（Eswar S.Prasad）

《即将到来的地缘战争》（*The Revenge of Geography*）

罗伯特·D. 卡普兰（Robert D.Kaplan）

《弗里德曼说，下一个一百年地缘大冲突》(*The Next 100 Years*)

乔治·弗里德曼（George Friedman）

《欧洲新燃点》(*Flashpoints*)

乔治·弗里德曼（George Friedman）

《一个经济杀手的自白》(*Confessions Of An Economic Hit Man*)

约翰·珀金斯（John Perkins）

《一个商业航天开创者的自白》(*Escaping Gravity*)

洛丽·加弗（Lori Garver）

《躁动的帝国》(*The Untold History of the United States*)

奥利弗·斯通（Oliver Stone）和彼得·库茨尼克（Peter Kuznik）

《科技掠夺行动》(*Operation Paperclip*)

安妮·雅各布森 (Annie Jacobsen)

《即将到来的能源战争》(*Oil*)

瓦茨拉夫·斯米尔（Vaclav Smil）

GRAND CHINA

中 资 海 派 图 书

[美]劳伦斯·贝尔格林　著

李文远　译

定价：128.00 元

扫码购书

《麦哲伦与大航海时代》

探索精神引领全球化
彻底改变人类的历史轨迹

《麦哲伦与大航海时代》真实再现了人类首次环球航行的完整历程，这是关于全球探索的故事，刷新了西方世界对宇宙学和地理学的认知，颠覆性地改变了此后探险家在海洋中航行的方式，促进了全球范围内的经济、贸易、文化交流，拓展了海上丝绸之路。

大航海时代没有后世想象中的美好与浪漫，那里的确有财富和梦想，但也伴随着惊涛骇浪与无尽杀戮。相比于那个时代，如今人类对世界的探索早已从陆地、海洋延展到太空。航天工程、海底探索、地心探索，下一个"大航海时代"即将来临。

[英] 露丝·古德曼 著

亓 贰 译

定价：98.00 元

扫码购书

《格调与文明》

经久不衰的时代风范
深刻塑造了今天的品位感知

　　只有了解维多利亚人的日常生活形态，才能理解这种文化的追求。从贵族的绫罗绸缎到农民的粗布麻衣，从上流的法式大餐到底层的饥饿难耐，从时尚杂志上的精美图样到黑暗矿井里的极度剥削……维多利亚人的晚宴、游戏、礼仪、禁忌，甚至隐秘性事，均被露丝·古德曼以时间为序呈现笔下，叙述内容的时间跨度长达 60 年。

　　更难能可贵的是，古德曼将理论与个人实践相结合，亲自化身维多利亚人持续一年体验当时生活，不仅将当时的穿着打扮、饮食文化和日常工作呈现在本书中，还讲述了当时的个人卫生、厨房科学和性等方面极大的观念革新，回顾了经济极度繁荣的宏观社会中的微观个体，展现了这段迷人历史中真正的细节。

中资海派文化
GRAND CHINA

READING
YOUR LIFE

人与知识的美好链接

20 年来，中资海派陪伴数百万读者在阅读中收获更好的事业、更多的财富、更美满的生活和更和谐的人际关系，拓展读者的视界，见证读者的成长和进步。

现在，我们可以通过电子书（微信读书、掌阅、今日头条、得到、当当云阅读、Kindle 等平台），有声书（喜马拉雅等平台），视频解读和线上线下读书会等更多方式，满足不同场景的读者体验。

关注微信公众号"**中资海派文化**"，随时了解更多更全的图书及活动资讯，获取更多优惠惊喜。你还可以将阅读需求和建议告诉我们，认识更多志同道合的书友。让派酱陪伴读者们一起成长。

微信搜一搜　Q **中资海派文化**

了解更多图书资讯，请扫描封底下方二维码，加入"中资书院"。

也可以通过以下方式与我们取得联系：

📗 采购热线：18926056206 / 18926056062　　📞 服务热线：0755-25970306

✉ 投稿请至：szmiss@126.com　　　　　　　　🔲 新浪微博：中资海派图书

更 多 精 彩 请 访 问 中 资 海 派 官 网　　(www.hpbook.com.cn ⟩)